中等职业教育物流专业系列教材

物流运输实务

WULIU YUNSHU SHIWU

○ 主　编　薛贵明
○ 副主编　赵　岚　刘睿琳

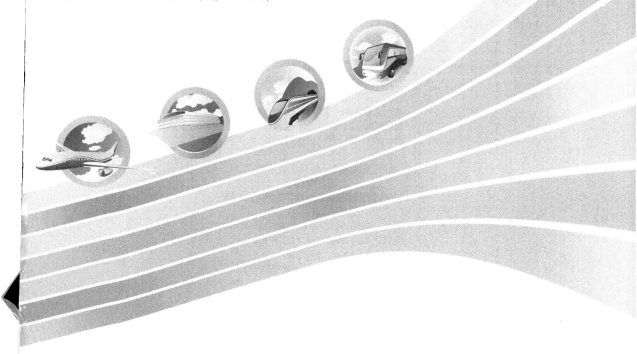

重庆大学出版社

内 容 提 要

运输是物流系统的重要环节。本书以教育部、劳动和社会保障部、中国物流与采购联合会制订的《中等职业学校物流专业紧缺人才培养培训教学指导方案》为指导,以货运代理的独特视角,从运输作业的操作层面出发,介绍了物流运输市场的概况,介绍了办理铁路货物运输、公路货物运输、水路货物运输、航空货物运输、集装箱运输和国际多式联运业务的要点,并涉及了货物运输商务活动的业务要点,如办理货物运输保险、办理保价运输,并且对如何进行运输决策作了探讨。

本书着重从操作层面出发,注重实务,适合中等职业学校物流专业的学生学习使用,也适合物流行业的广大从业人员职业培训使用。

图书在版编目(CIP)数据

物流运输实务/薛贵明主编.—重庆:重庆大学出版社,
2009.9(2022.1 重印)
(中等职业教育物流专业系列教材)
ISBN 978-7-5624-5032-0

Ⅰ.物… Ⅱ.薛… Ⅲ.物流—货物运输—专业学校—教
材 Ⅳ.F252

中国版本图书馆 CIP 数据核字(2009)第 146108 号

中等职业教育物流专业系列教材
物流运输实务
主 编 薛贵明
副主编 赵 岚 刘睿琳
责任编辑:江欣蔚 版式设计:汤 立
责任校对:夏 宇 责任印制:张 策
*
重庆大学出版社出版发行
出版人:饶帮华
社址:重庆市沙坪坝区大学城西路 21 号
邮编:401331
电话:(023) 88617190 88617185(中小学)
传真:(023) 88617186 88617166
网址:http://www.cqup.com.cn
邮箱:fxk@ cqup.com.cn(营销中心)
全国新华书店经销
POD:重庆市圣立印刷有限公司
*
开本:720mm×960mm 1/16 印张:17.75 字数:323千
2009 年 9 月第 1 版 2022 年 1 月第 4 次印刷
ISBN 978-7-5624-5032-0 定价:49.00元

编委会

总 序

中等职业学校物流专业教育在我国蓬勃发展已 5 年有余,各开办学校在贯彻教育部、劳动部及中国物流与采购联合会制订的《中等职业学校物流专业紧缺人才培养培训教学指导方案》过程中,不断采用新的职教方法,课程体系内容也更加接近企业用工实际,教育部中职教材出版基地——重庆大学出版社组织全国一批优秀的中等职业学校和企业界的专家共同编写了这套中职物流专业系列教材。

本套教材在培养目标与规格上与《中等职业学校物流专业紧缺人才培养培训教学指导方案》保持一致,力图紧紧围绕培养现代物流企业一线操作型人才为核心,以行动导向教育理念为指导,贴近物流企业工作实际,方便教师组织教学。

本套教材的编写思路是,突破传统学科体系,以物流企业岗位为主线,以任务引导展开各岗位的应知与应会,具体写作中将本专业公共素质类知识用综合课程涵盖,其内容兼容职业资格证的内容。而具体岗位类课程以实务为主,实务中突出具体任务要求及做法,同时每个任务后都布置了相应的实训内容用以巩固课堂所学。

本套教材每一分册均由若干任务构成,每个任务由以下模块构成:

教学要求:指明本任务所要达成教学目标。

学时建议:建议本任务采用的课型与课时,为教师整体规划本任务教学提供参考。

导 学 语:用图文并茂对话形式,引起学生对本任务的重视。

卷首案例:用生动有趣的案例故事,引入学习内容。

学 一 学:完成本任务所需要掌握的必备知识。

做 一 做:通过案例阅读与分析巩固必备知识,实训活动组织与实施则是检查学生技能掌握程度的途径。

任务回顾:小结本任务基本知识与技能。

名词速查:方便学生熟记最基本专业名词。

任务检测:通过单选、多选、判断及思考等题型的练习,巩固所学知识,自我检查任务完成情况。

参考答案:对任务检测中的习题给出参考答案,方便学生自测。

本套教材作者均由中等职业学校一线骨干教师组成,对职业教育新观点、新理念、新方法均有自己独到的见解,他们将自己宝贵的教学实践活动融入到一个个任务分析与解决方案上,他们的探索应该说还是一个创新,但相信也会有一些值得商榷和不完善的地方,希望各位同仁提出宝贵意见!

编委会

2009 年 7 月

～ 前 言 ～

　　运输是物流作业中最直观的要素之一,具有扩大市场、稳定价格、促进社会分工等社会经济功能。随着经济全球化发展,运输呈现出点多、线长、涉及部门众多的特点,运输需求持续增长,运输方式正在从粗放型向集约型转变,运输供给能力和服务水平的提高成为增长关键。

　　本书从操作层面出发,以货运代理的独特视角,介绍了5种运输方式的特点、主要运输单据的填制、基本运费的计算、运输计划的制订、运输调度组织、运输过程的监控、特殊货物的运输要求、运输保险合同的签订以及运输决策的相关内容。本书共分为10个任务,从内容上来说,包括以下4项:

　　①运输市场的相关知识;

　　②铁路、公路、水路、航空、集装箱和国际多式联运的货运业务;

　　③运输商务活动的相关内容,如运输保险、保价运输;

　　④运输决策的相关知识。

　　本书注重基本知识与基本技能的结合,注重实训过程。在每一个任务中,融入形式多样的实训环节:现场实习、调研、校内模拟演练、案例讨论,方便不同教学条件的院校使用。这种边学边练的形式对培养学生的专业技能十分有效,并有助于提高学生的主动性和增强学习的趣味性。

编者在编写过程中走访了许多运输企业,浏览了大量运输企业的网站,参考了一些权威的资料。本书遵从运输行业的实践规律和相应的法律法规,汲取多年的教学体会和经验,力求反映新知识、新技术和新方法,力求使教材内容精练、实用、通俗易懂,力求使学生能掌握运输工作岗位所需的业务知识、基本技能,并具有初步的经验。

本书由石家庄铁路运输学校薛贵明主编,成都铁路运输学校赵岚、刘睿琳副主编,由武汉市财政学校王桂姣主审,参加编写的有薛贵明(第1,2,10任务)、赵岚(第3,9任务)、刘睿琳(第6,7,8任务)、甘毅(第4,5任务)。建议教学课时72学时(包括实训学时),参见下表:

任务	教学内容	总课时	理论教学课时	实训课时
1	认识物流运输市场	8	6	2
2	办理铁路货物运输	14	12	2
3	办理公路货物运输	10	8	2
4	办理江河货物运输	2	2	
5	办理海洋货物运输	9	7	2
6	办理航空货物运输	6	5	1
7	办理集装箱运输	6	5	1
8	办理国际多式联运	2	2	
9	进行物流运输决策	8	8	
10	进行与运输有关的商务活动	7	6	1
总　计		72	61	11

由于编者水平所限,书中难免有缺点和不妥之处,敬请读者批评指正。

编　者

2009年5月于济南

目 录

任务 10　办理与运输有关的商务活动

参考文献

任务 1
认识物流运输市场

教学要求

1. 掌握运输的含义和运输种类;

2. 知道物流运输市场的参与者;

3. 了解运输供给与运输需求的特征;

4. 理解运输市场的特点;

5. 了解运输价格的特点及影响因素;

6. 了解运输价格的结构形式及分类;

7. 尝试建立一个模拟的货运代理公司。

学时建议

知识性学习:6 课时

实训学习:2 课时

现场观察学习:6 课时(业余自主学习)

【导学语】

让我们一起来看一个关于运输的故事：

云南某地水果商刘强有一批 10 吨的当地水果要运往北京。他先来到铁路部门申请运输，得到的答复是，他的货物虽然只有 10 吨，但因为货物需要冷藏运输，所以需要按整车办理，使用一辆车型为 B_{18} 的机械冷藏车，计费重量为 32 吨。刘强觉得不划算，刚好他认识运输个体户张某，于是就把这个运输业务交给了张某。双方约定 6 天内运到北京，要保证水果的新鲜度，以便在北京以一个合理的价格销售。刘强事先给张某运输费 8 000 元。张某在开往北京运输水果的途中，在安徽境内中途停车吃饭，谁料饭店的酒菜存在卫生问题，导致张某食物中毒，昏迷不醒，张某被紧急送往医院抢救，等张某基本康复时已是第二天深夜。张某考虑到水果保鲜期较短，如果不及时运输，将会导致水果无法在合理的价格范围内出售，而自己身体虚弱无法开车进行长途运输。于是，张某找到了一家当地的公路运输公司委托其将水果运到北京指定地点，张某交纳了运输费 4 000 元。虽然运输公司将货物换上一辆性能良好的冷藏车，及时起运，但由于水果已经在七月的骄阳下耽搁了两天，运到时水果已经很不新鲜，只能以较低的价格在北京出售，本来可以按 2 万元出售的水果，只能按 1 万元出售。就这样刘强比预计的利润损失了大约 1 万元。故刘强提出，张某没有完成既定的运输任务，应对损失承担责任。张某说自己也是受害者，住院花了很多钱，运输费用也没挣到多少，况且二人未签订运输合同，自己已经充分为刘强考虑了，及时找了一家运输公司，尽量将损失降到了最低，自己不应该承担刘某的损失。

看完这个故事，大家一定有很多问题吧！铁路部门不按货物重量来计费吗？刘强和张某之间存在运输合同吗？公路运输公司提供的服务怎么样？……

这些问题都是运输市场中的常见问题，相信学习完以下内容，大家会对这个故事有更清晰的理解。

【学一学】

1.1　走进运输市场

1.1.1　运输的分类与功能

1)运输的定义

GB/T 18354—2006《物流术语》中对运输 Transportation 的定义为:用专用运输设备将物品从一地点向另一地点运送。其中包括集货、分配、搬运、中转、装入、卸下、分散等一系列操作。

运输是通过一系列的操作来完成货物的空间位移,一般来说,是完成大范围、长距离的货物位移,所以运输与物流活动中的搬运、配送是有区别的。搬运是在同一区域小范围、短距离地进行货物位移,如在车站内、仓库内进行货物的位移;而配送是物品完成干线运输之后的终端物流活动,是小运量、短距离、面向最终用户的活动,包括商业交易、分拣配货、送达服务等内容。

2)运输的分类

货物运输可按运输工具、运输线路、运输协作方式等分类:

(1)按运输工具分类

按运输工具分,货物运输可分为铁路运输、公路运输、水路运输、航空运输和管道运输5种运输方式。

铁路运输具有运输能力大、通用性能好、运营适应性强、能耗相对较少、环境污染程序低、安全程序高等特点。铁路运输是我国陆上货物运输的最重要的方式,承担了我国大部分资源性物资的运输任务,如煤炭、矿石、粮食、木材等。

公路运输具有机动灵活、可以实现"门到门"运输、公路建设投资少等优点,但公路运输能力相对较小,运输成本相对较高。公路运输在中短途运输中具有优势。

水路运输具有运输能力大、运输成本低的优点,但水路运输易受自然条件影响,运输速度较慢。水路运输包括内河运输、沿海运输和海洋运输。我国内河航道多,有通航条件很好的长江、珠江等水域,承担了大量的沿线货物运输任务;我国有1.8 万公里的海岸线,有众多的优良海港,比如上海港、天津新港,另外还有一些内陆港,如重庆港等。目前,国际贸易总运量的2/3 以上、我国进出口货运量约90% ,是利用海洋运输完成的。

航空运输具有运送速度快、连续性好的特点,但航空运输能耗大、技术复杂、载运量小、运费高,适合于体积小、价值高的物品的运输。

管道运输主要以运送石油、天然气为对象。管道运输具有运量大、货物损耗小、运输效率高、易管理等优点;但管道运输有单向运输、管道铺设好后机动性差、一次性固定投资大等缺点。因此管道运输只能承担单向转移、定点发送与接收的液体和气体货物。

(2)按运输线路分类

按运输线路分,货物运输可分为干线运输、支线运输两类。

干线运输是指利用铁路、公路、水路的干线进行长距离、大批量货物的运送。干线运输具有速度快、成本低的特点,实现了运输的主要功能。

支线运输是与干线运输相接的分线或支线运输,它是干线运输与收、发货地点之间的补充性运输形式,路程较短,运量相对较小。

(3)按运输协作方式分类

按运输协作方式,货物运输可以分为一般运输、联合运输和国际多式联运。

一般运输是指独立地采用不同运输工具或同类运输工具而没有协作关系的运输,如汽车运输、铁路运输等。

联合运输是指一次委托,使用两种或者两种以上运输方式,或不同的运输企业将一批货物运送到目的地的运输。对用户来说,采用联合运输可以简化托运手续,加快运输速度,有利于节省运费。经常采用的联合运输形式有:铁海联运、公铁联运、公海联运等。其中以公路运输衔接干线运输实现"门到门"的联合运输最为普遍。

国际多式联运是按照多式联运合同,以至少两种不同的运输方式,由多式联运经营人将货物从一国境内的接管地点运至另一国境内指定交付地点的货物运输。国际多式联运的核心是总承运人,由总承运人向托运人开立提单,以一张提单、单一费率、一次保险,实现全程运输。

另外,运输还可以按照是否中转分为直达运输和中转运输,按照货物批量的大小分为整车运输、零担运输和集装箱运输等。

3)运输的功能

(1)物品空间效用

任何物品从供应方到需求方实现其使用功能,都不能离开运输。运输的目的就是以最低的成本,在合理的时间内,保质保量地完成物品从卖方向买方的转移。

（2）物品短期存储效用

运输可以实现物品临时存储的功能。物品在中转运输过程中，需要较短时间的停顿，考虑到物品卸货与装货的成本及仓储的成本，不如将物品暂时存放在运输工具中，实现物品存储的作用。

4）运输的原理

（1）规模经济原理

规模经济的特点是随着装运规模的增长，单位重量货物的运输成本在降低。例如，整车的单位运输成本低于零担运输。同样，铁路和水路之类运输能力较大的运输工具，它每单位货物的运输费用要低于汽车和飞机等运输能力较小的运输工具。

运输规模经济的存在，是因为与转移一批货物有关的固定费用，可以按整批货物的重量分摊，所以一批货物越重就越能分摊费用。

（2）距离经济原理

距离经济是指每单位运输距离的成本随着运输距离的增加而减少。例如，在完成相同吨公里运输的情况下，一次运输 1 000 km 的成本要低于两次运输 500 km 的总成本。因为一次运输的距离越长，不仅可以使货物装卸所发生的有关费用可以分摊到更多的公里数上，也可以使办理货运手续等固定费用分摊到更多的公里上，从而使每公里支付的运输费用更低。

1.1.2　物流运输市场的参与者

1）运输市场的概念

运输市场是运输生产者和运输需求者之间进行运输产品交易的场所和领域。运输生产者指运输承运人，如铁路运输企业、公路运输企业、水路运输企业、航空运输企业、管道运输企业等；运输需求者指托运人和收货人；运输产品就是指货物的位移。

运输市场有狭义和广义之分，狭义的运输市场是指运输承运人提供运输工具和运输服务，满足货主或旅客对运输需求的交易活动场所；广义的运输市场除了包括一定的交易场所，还包括各种直观的和隐蔽的业务活动，如相关的运输法规、运输需求与供应的变化等。

2）运输市场的参与者

运输市场的主要参与者是承运人、托运人和收货人，他们分别是运输产品的卖方和买方；同时，运输作为重要的服务性商品，也受到政府的干预，因此，政府也是运输市场的重要参与者；而运输环境和运输服务的扩展又使社会公众成为运输市场不可忽视的角色。

（1）承运人

承运人是运输服务的提供者，是运输服务产品的卖方，如铁路运输部门、公路运输企业、轮船公司、航空公司等。承运人最基本的义务是安全、准确、及时地将货物运送到指定的目的地；最基本的权利是收取运费。

（2）托运人

托运人是运输服务产品的买方，托运人可以是货物的所有者，也可以是货主的代理人。实践中也经常被称为发货人。托运人最基本的义务是支付运费，按照运输企业的要求做好货物的运输包装并按约定提交货物，正确地进行运输申报；托运人最基本的权利是提出运输需求。

（3）收货人

收货人是托运人在货物运单等单证上指定的货物到达目的地后提取货物的单位或个人。收货人与托运人一样都是运输市场的买方。收货人最基本的权利是在收货地点提取货物；最基本的义务是支付运费等其他费用。

（4）政府

运输是社会生产中产品生产与销售之间的纽带，运输市场是社会主义市场体系有机的组成部分，运输活动的效率对经济环境有明显的影响。因此政府总是采用多种方式干预和影响运输市场，期望运输环境稳定而且有效率，能促进经济持续增长。政府往往通过干预承运人的活动来控制运输市场，例如通过制定法规限制承运人进入运输市场；通过制定收费标准、服务价格来控制运输价格；通过支持研究开发或提供交通控制系统的通行权来保障承运人的业务发展等。这样做的结果大大地促进了运输市场的发展，但控制过紧也会带来一定的负面影响。

（5）公众

公众是指所有参与运输市场的社会事业、企业、团体等单位或个人。由于运输市场的庞大，运输与每个人的关系越来越密切，因此运输服务活动更多地受到公众的关注。

直接参与运输市场的公众关注运输服务产品的可得性、效率和费用；没有直接参与运输的公众则关注运输服务的安全性、带来的环保问题等。所以降低运输成本,提高运输安全,防止运输对环境的污染,这关系到全社会所有消费者的切身利益。

1.1.3　运输供给与运输需求

1)运输供给

运输供给是指在运输市场上,运力的供给者在不同的运输条件下提供的运力数量。简单地说,就是运输企业的运输能力。

影响运输供给的主要因素有:

①国家经济发展状况。随着国家工农业的发展,对运输的需求就会增加,相应的运输供给量也会增加。

②国家政策。国家以能源、交通为重点,则对运输业的发展有利。

③科技的发展。机车车辆制造业、造船业与汽车工业和航空工业的技术进步,使运输工具成本降低,技术更高,速度更快,从而会提高运输供给量。

2)运输需求

需求与需要是两个不同概念。从经济上讲,有支付能力的需要,构成对商品或服务的需求。因此,运输需求是在一定时期内、一定价格水平下,社会经济生活对人与货物空间位移所提出的有支付能力的需要。显然,具有实现位移的愿望和具备支付能力是运输需求的两个必要条件。运输需求与其他产品的需求相比,具有以下特征:

(1)派生性

市场需求有本源需求与派生需求,本源需求就是消费者对最终产品的需求,而派生需求则是由于对某一最终产品的需求而引起的其他需求。运输活动并不创造和生产有形产品,运输产品是货物的位移,它是由其他经济或社会活动派生出来的需求,属于派生需求。

(2)广泛性

运输需求产生于人类生活和社会生产的各个角落,运输业作为一个独立的产业部门,任何社会活动都不可能脱离它而独立存在,因此与其他商品和服务的需求相比,运输需求具有广泛性,是一种带有普遍性的需求。

(3)多样性

货物运输服务提供者面对的是种类繁多的货物。承运的货物由于在重量、体积、形状、性质、包装上各有不同,因而对运输条件的要求也不同。在运输过程中,必须采取相应的技术措施。

(4)规律性

这包括运输需求在运输空间上和时间上的规律性。运输活动是为其他经济或社会活动服务的,由于我国经济资源呈现出一定的规律性,例如煤炭资源、天然气资源等在西部,而经济发达地区在东部,这必然带来煤炭运输、天然气运输自西向东的规律性。另外,运输需求在发生的时间上也有一定的规律性。例如,周末和重要节日前后的客运需求明显高于其他时间;蔬菜和瓜果的收获季节也正是这些货物的运输繁忙期。

运输需求在时间和空间上的不均衡,或者说呈现出来的规律性,就要求运输企业在空间和时间上协调运力来满足运输需求的这种规律性。

3)运输供给与运输需求的关系

运输供给与运输需求是构成运输市场的两个基本方面。运输需求是运输供给的原因,而运输供给则是运输需求的基础。从长期和宏观的趋势来看,运输需求和供给总是不能完全匹配,其矛盾主要表现在:经济发展对运输的需求,总是相对均匀地变化着,而运输供给主要是交通基础设施的能力总是相对离散地跳变的,二者是一种动态适应的关系。

比如,我们经常说:"要想富,先修路。"只有路畅通了,能够提供一定的运力了,才会带来更多的运输需求;而运输需求的增长,可能使原来的运力满足不了需要,于是又会有更多的车辆投入运营,或者修更多的道路,运力进一步增长。

1.1.4　运输市场的种类

运输市场,其实质是运输需求方(买主)和运输供给方(卖主)相互作用并共同决定运价和运输数量的机制。市场机制的自行调节,使供给和需求形成规律性的运动,出现某种量价关系的均衡状态,即市场均衡。但随着时间的推移、生产的发展,供给与需求条件按各自的规律在发生变化,这种量价关系就要被打破,从而向新的均衡推进。

(1)按照行业

可以将运输市场划分为铁路运输市场、公路运输市场、水路运输市场、航空运输市场和管道运输市场。

(2)按照运输的范围

可以将运输市场分为国内运输市场和国际运输市场;国际运输市场与国内运

输市场相比,监管机构更多、运输距离更长、运输过程更复杂、运输单证的流转更要注意安全性和便利性。

（3）按供求关系划分

运输市场可分为买方运输市场和卖方运输市场。买方运输市场是指运输服务产品供大于求,买方在运输价格等方面有主动权和一定的控制权;卖方运输市场是指运输服务产品供不应求,卖方在运输价格等方面有主动权和控制权,比如目前我国铁路运输市场。在不同的运输市场环境下,运输企业往往采取不同的价格策略和营销策略。

（4）根据运输市场的竞争特点

将市场分为完全竞争运输市场、完全垄断运输市场、垄断竞争运输市场和寡头垄断运输市场。

①完全竞争运输市场:是指运输价格完全由供求关系决定的运输市场。在此种市场上,运输企业和货主都是运输价格的接受者。在现实中,虽然并不存在严格意义上的这种运输市场,但基本具备该市场条件的是海运中的租船市场,即不定期船市场。

②完全垄断运输市场:该运输市场完全被一个或少数几个运输企业所垄断和控制,在这种市场上,垄断企业有完全自由的定价权,它们可以通过垄断价格获取高额利润。在现实中,严格意义上的完全垄断运输市场也并不存在。但我国铁路运输市场,由国家独立经营,对铁路运输实行指令性价格,故具有垄断运输市场的性质。然而,我国对铁路运输价格实行的指令性价格,并不是以获得高额利润作为出发点,相反,是以稳定物价水平作为出发点,所以同一般意义上的垄断价格有很大区别。

③垄断竞争运输市场:是指既有独占倾向又有竞争成分的运输市场。这种市场的特点是:有较多的运输企业提供同类运输产品,市场竞争激烈;但是不同运输企业的运输服务又有较大差异,比如在快捷性、服务范围等方面有所不同。这样某些具有较大优势的运输企业就具有一定的垄断性,这种运输企业已不是一个消极的运输价格的接受者,而是具有一定程度决策权的决策者。我国公路运输市场、江河运输市场具备这种运输市场的基本特点。

④寡头垄断运输市场:是指某种运输产品由少数几家运输企业垄断的市场。在这种市场中,运输价格由几家大企业通过协议或某种默契来控制。海运中的班轮运输市场是较为典型的寡头垄断运输市场。

1.2 了解运输价格

1.2.1 运输价格的特征

1)什么是运输价格

运输价格是运输企业对特定货物或旅客所提供的运输劳务的价格。运输价格具有实物产品价格的一般特征,即能在一定程度内有效地调节运输需求,使得在总体运输能力基本不变的情况下,运输需求会因运输价格的变动而有所改变。但毕竟货物运输需求属于派生性需求,运输总需求的大小主要还是取决于社会经济活动的总体水平,运输价格的高低对运输需求产生的影响是有限的。

2)运输价格的特征

运输业是独立的物质生产部门之一,但它不生产有形产品,其生产活动只是使旅客或货物发生空间位移,其生产过程与消费过程是同一过程。这使运输价格不同于一般工农业产品的价格,其特点是:

(1)以运价率作为运价的单位

同种货物的运价会因运输距离和货物重量的不同而有所差别,运输距离和重量是影响运价的两个主要因素。运价的这种特性,可以用运价率表示,运价率就是每单位运输产品的运价。所以运价的计算单位是元/吨公里、元/人公里等形式。

(2)只有销售价格一种形式

工业产品有出厂价格和销售价格之分,农业产品有收购价格和销售价格之分,商品在不同的流通环节有批发价格与零售价格之分,而运价只有销售价格一种形式。这是由运输的生产过程同时又是销售过程这一特点决定的。

虽然运价只有销售价格一种形式,但它却是形成商品各种价格形式的重要因素。这是因为,所有商品经过运输后,运费必须在商品销售时收回。可见运价直接参与商品价格的构成。

(3)运价随货物种类及运输方式的不同而变化

首先,运输对象繁多决定了运价的种类繁多;其次,运输方式不同,运价也不同,同样是机械样品,以公路运输和以航空运输,价格差异会很大。另外,同种运输方式,服务质量不同,运价也不同。比如铁路货物运输中,普通货物运输和快运的运价率就有很大差别。

1.2.2 运价的结构形式和种类

1)运价的结构形式

运价结构是指运价体系各部分构成及其相互关系。简单地说,就是运输服务产品的价格由哪几部分构成,分别与哪些因素有关。比如,出租车的运价由起步价2公里5元和里程价2.0元/公里构成,其中,起步价在2公里内不变,超过2公里时里程价与运距成正比增长。这就是出租车的运价结构。货物运输的运价结构形式主要有按距离区别的差别运价结构以及按货种区别的差别运价结构两种形式:

(1)按距离区别的差别运价结构(里程运价结构)

运输费用是随着运输距离的延长而增加的,按距离远近制订运价是最简单也是最基本的运价结构形式。但实际中并不是完全按距离远近成正比例地制订运价。这是因为运输成本的变化是递远递减的,即单位运输成本是随着运输距离的延长而逐渐降低的。按运输作业过程可以把运输支出划分为始发及到达作业费、中转作业费和运行作业费3个部分,随着运距的增加,运输总支出也在增加,然而随运距成比例增加的只是中转作业费和运行作业费,不管运距多长,始发到达作业费是不变的。因此,运距越长,分摊到单位运输里程的始发到达作业费就越少,运输成本也就越低。运输成本结构的这种变化是实行递远递减运价的基础。

(2)按货种区别的差别运价结构

按货种区别的差别运价结构是指不同的货物适用不同的运价。实行按货种区别的差别运价的依据在于各种货物的运输价值或运输成本客观上存在着差异。

①各种货物的性质和状态不同,需要使用不同类型的车辆或货舱装载。例如,在铁路运输中,散堆装货物需要使用敞车或砂石车,贵重品、怕湿货物则需要使用棚车,易腐货物需要使用冷藏车,等等。而各种车辆的载重、造价、修理费和折旧费不同,从而对运输成本有不同的影响。

②各种货物的比重和包装状态不同,对载运工具载重力的利用程度也不同。例如,在铁路运输中,重质货物在整车运送时可以达到货车的标记载重量;而轻质货物单位体积的重量低,则不能充分利用车辆载重力。因此,完成同样重量的不同货物所占用的运输能力和所花费的支出是不相同的,运价也应有所差别。

③货物运输种类不同以及所使用的载运工具不同,会带来停留时间不同、装卸作业难度不同。例如,在铁路运输中,煤炭、矿石等大宗货物,发送和到达比较集中,便于组织运输;而有些零担货物则需要在车站有更长的集结时间,这都会使运输成本发生变化。因此对整车货物和零担货物也应制订不同的运价。

按货种区别的差别运价是通过货物分类和确定级差来实现的。我国现行运价体制,铁路采用分号制,公路和水运则采用分级制。它们分别将货物运价划分为若干号或若干等级,每一个运行号、运价等级都规定一个基本运价率,各类货物根据自己对应的运行号或运价等级来确定运价率。

这两种运价的结构形式在各种运输方式的运价结构中都有体现。比如,铁路运输的运价首先考虑了货物种类,不同的货物对应不同的运价号,不同的运价号对应不同的运价率;其次考虑了距离,距离越远运输费用越高,但并不是完全按比例,而是体现了递远递减的原理。

2)影响运输价格的因素

(1)运输成本

运输成本是运输企业在进行运输生产过程中发生的各种耗费的总和。运输成本是运输价格形成的决定性因素。

(2)运输供求关系

卖方运输市场下,运输服务产品供不应求,运输企业可以制订相对较高的运输价格;买方运输市场下,运输服务产品供大于求,运输企业之间的竞争加剧,往往制订较低的运输价格。

(3)运输市场的结构模式

比如在完全竞争的运输市场下,运输价格的主要决定因素是供求关系,而在完全垄断的运输市场下,运输价格的主要决定因素则是垄断企业的定价策略。

(4)国家的经济政策

国家对运输业实行的税收政策、信贷政策、投资政策等都会直接或间接地影响运输价格水平。例如,我国对运输业所征营业税是第三产业中最低的,税率仅为3%,这种优惠的税率政策必然有利于稳定运输价格并促进运输业的发展。

3)运价的种类

按照不同的标准,运价有以下几类:

(1)根据运输对象的不同

分为客运运价、货物运价和行李包裹运价。

(2)根据运输方式的不同

分为铁路运价、公路运价、水运运价(包括长江运价、地方内河运价、沿海海运运价和远洋运价)、航空运价,以及当货物运输由几种运输方式联合完成时在各种运输方式运价基础上形成的联运运价。

（3）根据运价适用的地区

分为适用于国际运输线路和航线的国际运价,适用于国内货物运输的国内运价,适用于某一地区的地方运价。

（4）根据运价适用的范围

分为普通运价、特定运价和优待运价等。普通运价是运价的基本形式,如铁路有适用于全国正式营业线路的全国统一运价;特定运价是普通运价的补充形式,适用于一定的货物、一定的车型、一定的地区、一定的线路或航线;优待运价属于优待减价性质,货运优待价适用于某些部门或有专门用途的货物以及回空方向运输的货物等。

（5）根据托运货物的数量

分为整车运价、零担运价和集装箱运价。一般来说,由于零担货物批量小、到站分散、货物种类繁多,在运输中需要比整车货物花费较多的支出,所以同一品名货物的零担运价要比整车运价高。

1.3　建立货运代理公司

1.3.1　运输代理制

随着全球化经济的发展和社会分工越来越专业化,国际贸易有了很大的发展,涉及的地域范围及商品种类、性质等都在不断扩大和变化。运输是贸易的基础,随着国际国内贸易的这种变化,贸易商品的运输距离不断延长,运输涉及的环节和技术越来越复杂。由于缺乏专业知识和经验或设立分支机构在经济上不合理等原因,许多货主将货物运输的有关业务、手续和其他服务委托给一些专业公司办理。这些专业公司就是货运代理企业,他们利用自己在运输及相关专业技术、知识经验和地理区位等方面的优势,专门接受货主的委托,代办货物运输的各种业务、手续和相关服务,并收取一定的报酬。

国际货运代理协会联合会(FIATA)对"货运代理"的定义是:货运代理是根据客户的指示,为客户的利益而揽取货物运输的人,其本人并不是承运人。货运代理也可以依照这些条件,从事与运送合同有关的活动,如储货、报关、验收、收款等。

货运代理企业的发展可分为两个阶段,第一个阶段是以被代理人名义从事业务活动的阶段;第二个阶段是以本人名义独立从事运输经营业务的阶段。

以被代理人名义从事业务活动的主要特征是:货运代理企业接受委托人的委托,在委托人授权范围和时间内,以委托人的名义代办因贸易运输而产生的各种服务业务,并收取佣金。由于是以委托人的名义开展业务活动,所以在授权范围内按指示办理的一切行为与不行为的法律后果由被代理人承担;货运代理人只对自己没有执行代理合同及执行代理合同过程中的失职造成的损失负责。

通过长期的工作,较有实力的货运代理企业扩大了自己的业务。这时它们采取的代理方式是:不仅就提供货物运输的服务事宜与货方达成协议,而且以本人名义与货方订立货物运输合同,签发运输单据;然后再以本人名义与各种运输方式的实际承运人订立货物运输合同;货物运抵目的地后,货运代理人从实际承运人手中接收货物,再向收货人交付货物,从而履行与货方订立的运输合同。这种变化标志着货运代理企业的业务已进入运输经营领域,对发展到这一阶段的货运代理企业,一般称为独立从事运输经营业务的货运代理或无船公共承运人。目前,货运代理企业正在向这个阶段发展。

1.3.2　国际货运代理

1)国际货运代理的概念

《中华人民共和国国际货物运输代理业管理规定》所称国际货物运输代理业,是指接受进出口货物收货人、发货人的委托,以委托人的名义或者以自己的名义,为委托人办理国际货物运输及相关业务并收取服务报酬的行业。当国际货运代理以自己的名义,为委托人办理国际货物运输时,他已不是中间人,而是以自己拥有的运载工具或与其他船东或承运人签订协议,承办货物的运输事宜,还可以自己拥有各类仓库、堆场等,从事货运延伸服务乃至综合物流服务。

2)国际货运代理人的作用

在国际贸易及国际物流活动中,国际货运代理业不仅发挥着一般代理作用,而且还作为专业代理人在以下方面起着重要作用:

①能迅速、方便地组织进出口货物运输,为委托人办理国际货物运输中某一环节或全程各个环节的业务,对于委托人来说手续简单方便。

②能提供专业、优质的服务。根据委托人托运货物的具体情况,选择合适的运输方式、运输工具、最佳的运输路线和最优的运输方案,降低物流总成本。

③能够就运费、包装、单证、结关、检验检疫等提供咨询,并对国外市场的价格、销售情况提供信息和建议。

④能够掌握货物全程的运输信息。通过代理人的网络和先进的通信技术,可以对货运及整个物流过程进行跟踪服务和监管,确保货运各个环节的安全,按照委托人的要求提供完善的全过程相关业务和信息服务。

⑤能够把小批量的货物集中为成组货物进行运输,既方便了货主,也方便了承运人。

⑥货运代理人不仅能组织和协调运输,而且影响新运输方式的创造、新运输路线的开发及新费率的制定。

总之,在国际贸易和国际物流增长,社会分工越来越细的情况下,国际货运代理正在成为整个国际货物运输的设计师和组织者,它的地位越来越重要。

3)国际货运代理的业务范围

《中华人民共和国国际货物运输代理业管理规定》明确指出,国际货物运输代理企业可以接受委托,代为办理下列部分或者全部业务:

①订舱、仓储;

②货物的监装、监卸,集装箱拼装拆箱;

③国际多式联运;

④国际快递,私人信函除外;

⑤报关、报检、报验,保险;

⑥缮制有关单证,交付运费,结算、交付杂费;

⑦其他国际货物运输代理业务。

4)国际货运代理的服务对象

(1)代表发货人(出口商)

选择运输路线、运输方式和适当的承运人;向选定的承运人订舱;提取货物并签发有关单证;研究信用证条款和相关政府的规定;进行货物包装或提出建议;对货物进行储存;称重和量尺码;安排保险;办理货物的报关及其他出口手续,并将货物交给承运人;办理有关货物运输的外汇交易;支付运费及其他费用;收取已签发的正本提单,并交付发货人;安排货物转运;通知收货人货物动态;记录货物灭失情况;协助收货人向有关责任方进行索赔。

(2)代表收货人(进口商)

报告货物动态;接收和审核所有与运输有关的单据;提货和付运费;安排报关、支付关税及其他费用;安排运输过程中的存仓;向收货人交付已结关的货物;协助收货人储存或分拨货物。

(3)作为多式联运经营人

货物运输集装箱化的一个深远的影响是,使国际货运代理介入了多式联运。货运代理人充当了主要承运人的角色,以多式联运经营人的身份,一方面与发货人签订多式联运合同,提供门到门的运输服务;另一方面与其他承运人或其他服务提供者分别谈判并签约,这些分拨合同不会影响多式联运合同的执行。在货代作为多式联运经营人时,通常需要提供包括所有运输和分拨过程的一个全面的"一揽子"服务,并对它的客户承担一个更高水平的责任。

(4)其他服务

如根据客户的特殊需要进行监装、监卸、货物混装、集装箱拼装拆箱、特种货物装挂运输服务、运输咨询服务以及海外展览运输服务等。

国际货运代理协会联合会(International Federation of Freight Forwarders Associations,法文缩写为FIATA),是世界国际货运代理的行业组织。该会于1926年5月31日在奥地利维也纳成立,总部设在瑞士苏黎世。该会的宗旨是保障和提高国际货运代理在全球的利益,工作目标是团结全世界的货运代理行业;以顾问或专家身份参加国际性组织,处理运输业务,代表、促进和保护运输业的利益;通过发布信息、分发出版物等方式,使贸易界、工业界和公众熟悉货运代理人提供的服务;提高制定和推广统一货运代理单据、标准交易条件,改进和提高货运代理的服务质量,协助货运代理人进行职业培训,处理责任保险问题,提供电子商务工具。我国对外贸易运输总公司作为国家级会员的身份,于1985年加入了该组织。2000年9月中国国际货运代理协会成立,次年作为国家级会员加入FIATA。

(资料来源:http://baike.baidu.com/view/393647.htm)

【做一做】

一、阅读资料

金融危机下的港口运输市场

1.港口市场形势严峻

2008年美国次贷危机蔓延和我国国内经济增速下滑,抑制了中国港口吞吐量的持续增长。以集装箱业务为主的港口,来自美国航线的吞吐量从2008年4月份开始出现连续下跌,而随着金融危机向全球肆虐,进一步抑制了国际贸易的增幅,进而影响到港口其他货种的吞吐量。

过去在每年12月份,一直都是港口运输一年中最旺的月份,不少满载圣诞礼物的货轮从中国的港口起锚,驶向欧洲。但2008年12月,传统的圣诞礼物货轮遇到了"滑铁卢"。由于圣诞礼物的订单大量减少,欧洲公司担心,圣诞礼物即使运到了,也卖不出去。他们宁愿毁约,定金不要了,也不愿继续履约。由于一艘船满载不了货物,不少船公司就采取了航线削减、撤并的办法,或者干脆把欧洲航线、地中海航线合并在一起运输。对于一些已经没有订单的航线,只能停驶船舶。在金融危机恶化的国际大环境下,在美国消费下降的时候,欧洲和日本的消费基本也呈现下降趋势。这三个对中国出口最重要的经济体消费需求的下降,严重影响到中国港口的外贸出口运输。

针对中国港口2008年吞吐量增幅出现的前高后低现象,有经济专家分析认为,对沿海港口吞吐量增长产生根本影响的仍然是经济和对外贸易发展。造成这一结果的主要原因是人民币升值、劳动力成本上升和金融危机的影响,使外贸吞吐量比内贸受害更大。

2. 内需拉动

2008年11月中央及时果断出台的4万亿元扩大内需政策及10项措施,给全国人民以极大的鼓舞和信心,为我国战胜国际金融危机影响造成的经济困难提供了重要机遇。随之而来的10个重要产业的调整和振兴规划,将这些政策措施进一步具体和丰富,并与国家中长期发展规划紧密结合起来,既着眼于解决当前的实际问题,又着眼于产业的长远发展,为克服当前困难和促进经济增长提供了重要支撑。

2009年全国交通运输工作会议对加快交通运输基础设施建设,积极推进综合运输体系发展,加快结构调整和发展方式转变,大力发展现代交通运输业,作出了明确部署,为扩大内需、保持经济平稳较快增长做好交通运输保障提出了具体要求。今后一个时期,我国将有效推进交通运输大建设大发展。在港口方面,将加快推进沿海主要港口进出港航道建设和调整老码头技术改造、老港区功能,促进港口持续发展和港城协调发展,加强沿海港口进出港航道、防波堤建设、港口集疏运体系建设等,这都为沿海港口完善产业结构、转变经营方式、提高竞争实力,搭建了理想的平台和载体。同时,港口企业在抵御金融危机冲击的同时,也将赢得自身发展的空间。

3. 主动出击

对于2009年集装箱运输市场的需求,业内人士认为,主要依赖于美国和欧洲经济的稳定及回升。

港口管理专家建议,我国港口行业要想更好地应对金融危机,首先要进一步加强与政府、航运公司的合作,以提升港口的服务水平和竞争力。同时,加快集装箱运输内支线的发展,减少对境外港口中转的依赖。码头公司之间要切实加强合作,争取由政府出面进一步规范竞争秩序,避免出现杀价竞争的局面。当然,还必须开拓新的经济腹地,加快建设无水港,积极支持集疏运延伸线建设,适时收购弱势企业,增强企业实力。

尽管目前增速下滑主导着港口市场,但中国港口业凭据政府的坚强领导,凭据国家金融系统的稳健和货币流动性的充裕,凭据国内广阔的市场和丰富的资源,以及自身优势,对战胜金融风暴依然信心十足,紧紧把握当前机遇纷纷开展生产自救。在危机中寻求突破,在应变中求得发展,让处于金融风暴严寒里的人们感受到了阵阵"暖流"。

进入 2009 年,对中国港口行业来说,也许是到了最为关键、最困难的一年。但我国港口业依然表现出将把全球金融风暴的影响降低到最低程度的自信心,各港口企业紧紧抓住中央扩大内需政策措施的新机遇,结合实际作出了一系列重大决策:挖潜原有营销优势,面向国内外开辟新市场资源,加大合作、联盟力度,大力发展多元化产业……我国港口行业打响了阻挡金融风暴进一步破坏的反击战。

阅读思考:

1. 分析港口运输市场与经济发展、对外贸易的关系?
2. 讨论我国港口运输市场的应对策略和发展趋势。

二、实训活动

◎ 内容

建立一个模拟的货运代理公司。

◎ 目的

通过建立模拟的货运代理公司,掌握货运代理公司的功能作用,并为以后办理各种运输方式的货运服务做好组织结构上的准备。

◎ 人员

①实训指导:任课老师;
②实训编组:学生按 8 ~ 10 人分成若干组,每组选组长及记录员各一人。

◎ 时间

3 ~ 5 天

◎ 步骤

①认真学习《中华人民共和国国际货物运输代理业管理规定》的相关规定。
②有条件的可与一个真实的货运代理公司联系,并组织学生集体去该企业参观。

③邀请货运代理公司的业务部主管介绍公司主要业务或上网收集某个货运代理公司的组织机构及相关业务。

④分组讨论公司建立的条件和功能,并做好记录。

⑤人员分配角色,写出公司的章程。

⑥实训小结。

◎ 要求

利用业余时间,根据具体情况选择有一定代表性的物流企业,了解其物流作业规章及流程,并进一步分析其功能;通过对物流企业的了解,进一步体会物流运输市场的特征和现状。

◎ 认识

运输是物流系统的重要环节,结合实际了解运输市场的特点,模拟建立货运代理公司,对于我们继续学习货物运输的业务流程,做好货物运输工作是有很大帮助的。

【任务回顾】

通过对本章的学习,使我们初步掌握了运输的功能和原理;掌握了5种运输方式的特点和适用范围;了解了运输市场的特征;了解了运输价格的特点和结构形式;并通过建立一个模拟的货运代理公司认识了货运代理公司在运输市场上的作用以及它的业务范围。

【名词速查】

1. 运输

运输是指用设备和工具,将物品从一地点向另一地点运送的物流活动。其中包括集货、分配、搬运、中转、装入、卸下、分散等一系列操作。

2. 承运人

承运人是运输服务的提供者,是运输服务产品的卖方。

3. 托运人

托运人是运输服务产品的买方,托运人可以是货物的所有者,也可以是货主的代理人。

4.收货人

收货人是托运人在货物运单等单证上指定的货物到达目的地后提取货物的单位或个人。

5.国际货运代理业

国际货运代理业是指接受进出口货物收货人、发货人的委托,以委托人的名义或者以自己的名义,为委托人办理国际货物运输及相关业务并收取服务报酬的行业。

【任务检测】

一、填空题

1.基本的物流运输方式有铁路运输、公路运输、_____运输、_____运输和管道运输。

2.运输服务产品的卖方是_____,买方是_____和收货人。

二、单选题

1.将100 kg鲜玫瑰从广州运往北京,选用_____方式比较合适。

    A.铁路运输   B.公路运输   C.水路运输   D.航空运输

2.将山西大同的1万吨煤炭运往天津某电厂,选用_____方式比较合适。

    A.铁路运输   B.公路运输   C.水路运输   D.航空运输

3.将重庆的2万吨红薯运往湖北汉口,选用_____方式比较合适。

    A.铁路运输   B.公路运输   C.水路运输   D.航空运输

4.运输需求的特征不包括下列哪项_____。

    A.派生性   B.广泛性   C.规律性   D.单一性

三、多选题

1.铁路运输的优点有( )。

    A.运输能力大   B.通用性能好

    C.能耗相对较少,环境污染程度较小 D.运输成本相对较低

    E.容易实现"门到门"运输

2.水路运输的优点有( )

    A.运输能力大   B.运输成本低

    C.水运建设投资省   D.易受自然条件影响,风险大

E. 运送货物速度快

3. 物流运输市场的参与者包括(　　　　)

A. 承运人　　　　　　　　　　B. 托运人

C. 收货人　　　　　　　　　　D. 政府

E. 公众

四、判断题

1. 管道运输适合运输石油、天然气等液体和气体货物,具有运输能力大、运输效率高的特点。　　　　　　　　　　　　　　　　　　　　　　　　　(　　)

2. 运输的规模经济原理是指随着装运规模的增长,单位重量货物的运输成本在提高。　　　　　　　　　　　　　　　　　　　　　　　　　　　　　　(　　)

3. 物流运输市场的参与者只有承运人、托运人、收货人三方。　　　　(　　)

4. 运输需求是一种派生性需求,随本源需求的增长而增长。　　　　　(　　)

5. 运输成本是运输价格形成的决定性因素。　　　　　　　　　　　　(　　)

五、思考题

1. 货物运输按不同标准可分为哪些种类?

2. 简述运输的原理。

3. 简述运输价格的特征。

4. 国际货运代理企业的业务范围是什么?

参考答案

一、填空题

1. 水路、航空　　2. 承运人、托运人

二、单项选择题

1. D　　2. A　　3. C　　4. D

三、多项选择题

1. ABCD　　2. ABC　　3. ABCDE

四、判断题

1. √　　2. ×　　3. ×　　4. √　　5. √

五、思考题

1. 答:

①按运输工具分为铁路运输、公路运输、水路运输、航空运输和管道运输5种运输方式;

②按运输线路分为干线运输、支线运输两类；

③按运输协作方式分为一般运输、联合运输和国际多式联运。

2. 答：

①规模经济原理：规模经济的特点是随着装运规模的增长，单位重量货物的运输成本在降低。

②距离经济原理：距离经济是指每单位运输距离的成本随着运输距离的增加而减少。

3. 答：

①以运价率作为运价的单位；

②只有销售价格一种形式；

③运价随货物种类及运输方式的不同而变化。

4. 答：

①订舱、仓储；

②货物的监装、监卸，集装箱拼装拆箱；

③国际多式联运；

④国际快递、私人信函除外；

⑤报关、报检、报验，保险；

⑥缮制有关单证，交付运费，结算、交付杂费；

⑦其他国际货物运输代理业务。

任务 2
办理铁路货物运输

教学要求

1. 认识我国铁路货物运输的重要作用；

2. 掌握铁路货物运输的程序；

3. 掌握铁路货物运输单证的填写；

4. 了解铁路特种货物运输的办理条件。

学时建议

知识性学习：12 课时

实训学习：2 课时

现场观察学习：6 课时（业余自主学习）

【导学语】

一天,某货运代理公司的服务人员接到客户打来的货运需求电话。

我该了解哪些货物信息呢?如何回答客户有关运输的问题呢?

A客户咨询一批普通货物,60吨,运往杭州,要求4天到货;B客户咨询一批新鲜水果,运往哈尔滨,要求保温运输,5天到货;C客户咨询一批日用百货,5吨,运往上海,要求3天到货。面对不同客户的货运需求,我们应该给客户分别办理什么样的铁路货物运输呢?

要想更好地提供铁路货运代理服务,我们就有必要掌握铁路货物运输的种类,了解铁路货物运输的程序,会填写铁路货物运输的相关单证,等等。

【学一学】

2.1 了解铁路货物运输的发展及重要性

2.1.1 世界铁路运输的发展

1825年第一列由斯蒂芬森设计的蒸汽机车牵引列车运载450名旅客以24 km/h的速度从达林顿驶到斯托克顿,这被公认为铁路运输业诞生的标志。在当时的社会背景下,铁路很快便以其运量大、速度快的优势,在英国和世界各地通行起来。

第二次世界大战后,以柴油和电力驱动的列车逐渐取代蒸汽推动的列车。19世纪60年代起,多个国家均修建高速铁路。铁路线路连接至港口,并与海运合作,以货柜运送大量货物,从而大大降低了运输成本。

目前,全世界117个国家和地区拥有铁路约120余万千米,其中美国铁路20多万千米,俄罗斯铁路10多万千米,中国铁路突破7万千米,印度、加拿大的铁路6万多千米。

铁路作为陆上运输的主力军,在长达一个多世纪的时间里居于垄断地位。但是自21世纪以来,随着汽车、航空和管道运输的迅速发展,铁路不断受到新的运输浪潮的冲击。为了适应社会和经济发展的需要,适应货主和旅客——安全、准确、快速、方便、舒适的要求,各国铁路纷纷进行大规模的现代化技术改造。各国铁路客运发展的共同趋势是高速、大密度,扩编或采用双层客车,采用动车组和电力机车牵引旅客列车是实现客运高速化的重要条件;在货物运输方面,集中化、单元化和大宗货物运输重载化是各国铁路发展的共同趋势。这些高新技术的发展和应用,使得铁路依然是世界上载客量和货运量最高的交通工具,拥有无法被取代的地位。

2.1.2　铁路运输在我国运输体系中的重要作用

1)我国铁路运输的发展

1876年,中国土地上出现了第一条铁路,吴淞铁路。5年后,在清政府洋务派的主持下,于1881年开始修建唐山至胥各庄铁路,从而揭开了中国自主修建铁路的序幕。中国自己设计、自己施工的第一条铁路——京张铁路(北京丰台至张家口)于1909年10月建成通车,它是由詹天佑主持修建的。

新中国成立后,我国铁路发展进入了快速发展时期。1949年,中国铁路营业里程只有2.18万千米,年完成客货运输周转量314亿吨千米;2007年中国铁路营业里程达到7.79万千米,居亚洲第一位,年完成客货运输周转量31 013亿吨千米。

新中国铁路取得的成绩巨大,但也不能忽视存在的问题。至今铁路部门所面临的形势和任务,依然十分严峻和艰巨。一直处于发展中的中国铁路,始终存在着运量与运能之间的突出矛盾:每年春运时车站的压力,夏天电煤运输的紧张……,铁路运输能力的增加和运输质量的提高以及运输方法的改善,仍然需要追赶国民经济的不断发展和人民生活日益提高的客观需要。

2008年调整的《中长期铁路网规划》,明确了我国铁路网中长期的建设目标:"到2020年,全国铁路营业里程达到12万千米以上,复线率和电化率分别达到50%和60%以上,主要繁忙干线实现客货分线,基本形成布局合理、结构清晰、功能完善、衔接顺畅的铁路网络,运输能力满足国民经济和社会发展需要,主要技术装备达到或接近国际先进水平。"

举世瞩目的青藏铁路已于 2006 年 7 月 1 日起正式运行。青藏铁路的建设是我国乃至世界铁路建设的奇迹。青藏铁路全长 1 956 km，其中格尔木至拉萨段长 1 142 m，标高全部在海拔 3 000 m 以上，是世界上海拔最高和线路最长的高原铁路；唐古拉车站位于海拔 5 068 m 的唐古拉山垭口多年冻土区，是世界上海拔最高的车站；青藏铁路是世界上穿越冻土里程最长的高原铁路，铁路穿越多年连续冻土里程达 550 km；风火山隧道位于海拔 5 010 m 的风火山上，全长 1 338 m，轨面海拔标高 4 905 m，全部位于永久性高原冻土层内，是目前世界上海拔最高、横跨冻土区最长的高原永久冻土隧道，有"世界第一高隧"之称。

青藏铁路全线贯通，对改变青藏高原贫困落后面貌，增进各民族团结进步和共同繁荣，促进青海与西藏经济发展产生了广泛而深远的影响。青藏铁路不仅是一条美丽的天路，更是一条具有划时代意义的经济线、文化线。

2）铁路运输的重要作用

铁路作为国家重要的基础设施、国民经济的大动脉和大众化的交通工具，在现代物流体系中发挥着重要作用。我国铁路的平均运输密度居世界第一位，是世界上最繁忙的铁路。尤其是铁路运输承担了我国资源性物资的大部分运输任务，例如，2007 年，铁路完成煤炭运量 154 374 万吨，占全国原煤产量的 60.9%，完成石油运量 15 319 万吨，占我国原油产量的 82.1%，完成钢铁运量 21 874 万吨，占全国钢铁产量的 21.1%，完成粮食运量 11 245 万吨，占全国粮食产量的 22.4%，完成棉花运量 394 万吨，占全国棉花产量的 51.7%。铁路为国民经济持续、快速、协调、健康发展提供了强大的运力支持，为物流业的快速发展奠定了坚实的基础。

2.2 认识铁路货物运输的种类

2.2.1 铁路运输中"一批"货物的概念

铁路货物运输中的"一批"，是指使用一张货物运单和一份货票，按照同一运输条件运送的货物，即按一批托运的货物，必须托运人、收货人、发站、到站和装卸地点相同（整车分卸货物除外），它是承运货物、计算运费和交付货物的一个基本单位。

①整车货物以每车为一批，跨装、爬装及使用游车的货物，每一车组为一批。

②零担货物或使用集装箱运输的货物，以每张货物运单为一批。使用集装箱运输的货物每批必须同一箱型，至少一箱，最多不得超过铁路一辆货车所能装运的箱数。

注意，下列运输条件不同或根据货物性质不能在一起混装的货物不得按一批托运：

①易腐货物与非易腐货物（如新鲜水果与百货商品）；

②危险货物与非危险货物（另有规定者除外，例如，能直接配装的危险货物与非危险货物在专用线卸车时，可作为一批托运）；

③根据货物的性质不能混装运输的货物（如液体货物与怕湿货物，食品与有异味的货物，配装条件不同的危险货物等）；

④按保价运输的货物与不按保价运输的货物；

⑤投保运输险的货物与未投保运输险的货物；

⑥运输条件不同的货物（如罐装货物与散堆装货物，需要卫生检疫的货物与不需要卫生检疫的货物，海关监管的货物与非海关监管的货物，不同热状态的易腐货物）。

2.2.2　整车、零担和集装箱运输

铁路货物运输按照一批货物的重量、体积、性质、形状分为整车运输、零担运输和集装箱运输。

1）整车货物运输

（1）整车运输的含义

一批货物的重量、体积、形状或性质需要一辆及其以上货车运输的，应按整车运输。

我国铁路货车以棚车、敞车、平车和罐车为主，标记载重大都在 50 t、60 t，棚车的容积一般在 100 m³ 以上，所以达到货车的重量或容积条件的即可按整车办理。

整车运输装载量大、运输费用较低、运送速度快，是铁路主要的运输形式。

（2）限按整车办理的货物

有些货物，由于性质特殊，或需特殊照料，或受铁路现有设备条件的限制，尽管不够整车运输条件，也必须按整车托运。这就是限按整车运输的货物，主要包括：

①需要冷藏、保温或加温运输的货物；

②规定限按整车运输的危险货物（如限按整车托运的爆炸品、1 t 以上的放射性包装货件、气体放射性货物等）；

③易于污染其他货物的污秽品（如未经过消毒处理或未使用密封不漏包装的牲骨、湿毛皮、粪便、炭黑等）；

④蜜蜂；

⑤不易计算件数的货物；

⑥未装容器的活动物(铁路局规定在管内可按零担运输的除外);

⑦一件货物重量超过 2 t,体积超过 3 m³ 或长度超过 9 m 的货物(经发站确认不致影响中转站和到站装卸作业的除外)。

(3)特殊的整车货物运输

①整车分卸:上述限按整车运输的货物,除蜜蜂和使用冷藏车装运需要制冷、保温的货物,以及不易计算件数的货物外,其数量不够一车,如托运人要求将同一经路上两个或三个到站在站内卸车的货物,装在同一货车内,作为一批运输时,可按整车分卸托运。这是方便货主的一种特殊整车运输,须满足以下条件:

a.托运的货物是:规定限按整车办理的危险货物;易于污染其他货物的污秽品;未装容器的活动物;一件货物重量超过 2 t、体积超过 3 m³ 或长度超过 9 m 的货物。其他货物不能办理整车分卸;

b.货物数量不够一车;

c.货物到站是同一经路上的两个或三个到站;

d.途中到站卸车可在站内进行。

整车分卸可以充分利用货车的载重能力,方便托运人,节省货主的运输费用。

②准米轨直通运输,我国铁路运输线采用铁路标准轨距,1 435 mm,只有滇越铁路采用的是窄轨,轨距为 1 000 mm。如果从标准轨距的车站托运一批货物到窄轨的车站,当符合一定条件时,可以办理准、米轨直通运输,这也是一种特殊的整车运输。

准、米轨间只办理整车货物直通运输,但下列货物不予办理:

a.鲜活货物及需要冷藏、保温或加温运输的货物;

b.罐车运输的货物;

c.每件重量超过 5 t(特别商定者除外),长度超过 16 m 或体积超过米轨装载限界的货物。

2)零担货物运输

一批货物的重量、体积、形状和性质不需要单独使用一辆货车装运的货物,可按零担方式办理运输。即把多位货主的货物组织到一辆车内运送。

为了便于配装和保管,每批零担货物不得超过 300 件,每一件零担货物的体积最小不得小于 0.02 m³(一件重量在 10 kg 以上的除外)。

3)集装箱运输

符合集装箱运输条件的适箱货物,可装入集装箱,按集装箱托运。贵重、怕湿、易碎货物都适于采用集装箱运输。

集装箱所装货物应适合集装箱运输的要求,不得腐蚀、损坏箱体。性质互相抵触的货物不得混装于同一箱内。下列易于污染箱体的货物不得使用铁路通用集装箱装运:

①易于污染和腐蚀箱体的货物,如水泥、炭黑、化肥、盐、油脂、生毛皮、牲骨、没有衬垫的油漆等;

②易于损坏箱体的货物,如生铁块、废钢铁、无包装的铸件和金属块等;

③鲜活货物(经铁路局确定,在一定季节和一定区域内不易腐烂的货物除外);

④危险货物(另有规定的除外)。

集装箱办理站(包括办理集装箱的专用铁路、铁路专用线)是全国营业铁路办理集装箱运输业务的车站。集装箱办理站名在《货物运价里程表》中公布。集装箱在集装箱办理站间办理运输。

对一批货物来讲,究竟按整车、零担还是集装箱运输,需要货主从安全、迅速、经济、便利等方面去考虑,还要符合这些运输种别对运输条件的规定。

2.2.3　快速货物运输

1)快速货物运输

为加速货物送达,提高货物运输质量,适应市场经济的需要,铁路开办了快速货物运输(简称快运),并在全路的主要干线上开行了快运货物列车。

货物快速运输,分为必须按快运办理和按托运人要求办理两种。

(1)必须按快运办理的货物

这是指由许昌、驻马店、信阳、孝感、岳阳、长沙北、株洲、衡阳、新龙华、嘉兴、金华、义乌、绍兴、鹰潭、向塘等车站发往深圳北站的用于供应港澳地区的整车鲜活货物。

(2)托运人要求按快运办理的货物

托运人托运的整车、零担、集装箱货物,除不需按快运办理的煤、焦炭、矿石、矿建等品类的货物外,托运人要求按快运办理时,经铁路同意,即可按快运办理。

托运人托运按快运办理的货物时,应在月度要车计划表内用红色戳记或红笔注明"快运"字样。经批准后,向车站托运货物时,须提出快运货物运单,车站亦应填写快运货票。

2)快运货物列车的主要形式

我国铁路开行的快运货物列车主要有鲜活快运直达列车、"五定"班列、集装箱快运直达列车3种。

(1)"五定"班列

"五定"班列是指定点(装车站和卸车站)、定线(列车运行线)、定车次(直达班列车次)、定时(货物运到时间)、定价(全程运输价格)的直达快运货物列车。

"五定"班列具有以下特点:运达快捷,"五定"班列日均运行600～800 km,运达速度快;手续简便,托运人可在车站一个窗口,一次办理好货物承运手续;价格优惠,"五定"班列明码标价,档次高,多运多优惠;安全优质,"五定"班列保质保量,货物运到时间有保证,安全系数高。

(2)集装箱快运直达列车

集装箱快运直达列车,从1992年起铁道部组织开行了定点定线的集装箱快运直达列车,体现了快速、高效、安全的特点,是提高运输效率和质量的有效措施。

(3)鲜活货物快运直达列车

1962年,遵照周恩来总理的指示,铁道部开行了"供应港澳鲜活冷冻商品三趟快运货物列车",分别从江岸西、新龙华、郑州北开行快运货物列车到深圳北站。铁道部在三趟列车的运输组织上,本着"优质、适量、均衡、应时"的方针,优先配车、优先挂车、优先放行,确保供应。即使在生活困难年代,都没停止过运行。多年来,大量鲜活冷冻商品源源不断运往港澳,对于保持港澳的繁荣稳定作出了巨大贡献。

2.3 了解铁路货物运输的程序

2.3.1 签订铁路货物运输合同

1)铁路货物运输合同的概念

铁路货物运输合同是铁路承运人将货物从起运地点以铁路运输的方式,运输到约定地点,托运人或收货人支付运输费用的合同。按《铁路货物运输合同实施细则》的规定,托运人利用铁路运输货物,应与承运人签订货物运输合同。

2)铁路货物运输合同的表现形式

铁路货物运输合同,应按照优先运输国家指令性计划产品,兼顾指导性计划产品和其他物资的原则,根据国家下达的产品调拨计划、铁路运输计划和铁路运输能力签订。

（1）按年度、半年度、季度或月度签订的货物运输合同

大宗物资的运输,有条件的可按年度、半年度或季度签订货物运输合同,也可以签订更长期限的运输合同;其他整车货物运输、零担货物运输、集装箱货物运输可用铁路货物运输服务订单作为运输合同,交运货物时,还须向承运人递交相应的货物运单。

按年度、半年度、季度或月度签订的货物运输合同,应载明下列基本内容:托运人和收货人名称;发站和到站;货物名称;货物重量;车种和车数;违约责任;双方约定的其他事项。

（2）货物运单

货物运单是铁路货物运输合同的重要组成部分。货物运单在交运货物时按批向铁路部门提交。

货物运单应载明下列内容:托运人、收货人名称及其详细地址;发站、到站及到站的主管铁路局;货物名称;货物包装、标志、件数和重量;承运日期;运到期限;运输费用;货车类型和车号;施封货车和集装箱的施封号码;双方商定的其他事项。

2.3.2 整车货物运输的程序

铁路为完成货物运输任务而进行的基本作业,主要是在车站进行的。按作业流程可分为发送作业、途中作业和到达作业;按作业环节又可分为托运与受理、承运和装车、运送、卸车和交付等作业,具体的货运过程如图2.1所示。

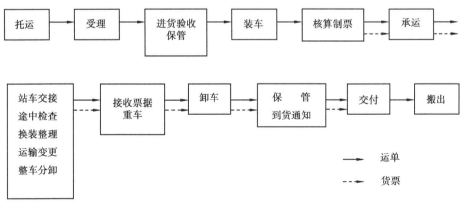

图 2.1 整车货物运输流程图

1）托运

托运人以货物运单向承运人提出货物运输要求,并向承运人交付货物,称为货物的托运。

托运人向承运人交运货物,应向车站按批提出货物运单一份。使用机械冷藏车运输的货物,同一到站、同一收货人可以数批合提一份运单。整车分卸货物,除提出基本货物运单一份外,每一分卸站应另增加分卸货物运单两份,分卸站、收货人各一份,作为分卸站卸车作业和交付货物的凭证。

表2.1 物品清单

发站_____　　　　　　　　　　　　　　　　货票第_____号

货件编号	详细内容			件数或尺寸	重　量	价　格
	货物名称	材质	新旧程度			

托运人盖章或签字_____　　　　　　　　　年　月　日

注意事项

1. 个人托运的物品如(搬家货物、行李),分为保价运输与不保价运输两种,由托运人选定。发生货损、货差时,保价运输的,按保价运输有关规定赔偿;不保价运输的,每重10 kg(不满10 kg按10 kg计算)最多赔偿人民币30元,实际损失低于这个标准的,按货物实际损失的价格赔偿。

2. 本清单由托运人填写,一式三份,记载必须真实、正确。

3. "物品名称"栏要详细填写,如衣服应记明外衣、衬衫、男式、女式、童装等;"材质"栏应写明棉、毛、呢、绒、化纤等;"件数"栏如系衣料应记明尺寸。"价格"栏只供保价运输托运时填写。

4. 个人物品内不得夹带下列物品:

(1)金、银、钻石、珠宝、首饰、古玩、文物字画、手表、照相机。

(2)有价证券、货币、各种票证。

(3)危险货物。

托运人按一批托运的货物品名过多,不能在运单内逐一填记或托运搬家货物以及同一包装内有两种以上的货物,须提出物品清单(见表2.1)一式三份。一份由发站存查;一份随同运输票据递交到站;一份退还托运人。除个人托运的物品外,可以使用具有物品清单内容的其他单据代替物品清单。

整车货物原则上按件数和重量承运,但有些非成件货物或一批货物件数过多而且规格不同,在货运作业中,点件费时费力,只能按重量承运,不计件数。这些货物有:

①散堆装货物;

②成件货物规格相同(规格在3种以内的视作规格相同),一批数量超过2 000件;规格不同,一批数量超过1 600件。

有些货物价值较高,无论规格是否相同,按一批托运时,每件平均重量在10 kg以上,只要托运人能按件点交给车站,铁路都应按件数和重量承运。例如针纺织品、钟表、中西成药、乐器、工艺美术品、医疗器械、电视机、收音机、录音机、电唱机、电风扇、计算机、照相机等。

托运人对其在货物运单和物品清单内所填记的事项负责,匿报、错报货物品名、重量时应按规定支付违约金。

2)受理

车站对托运人提出的货物运单,经审查符合运输要求,在货物运单上签证货物搬入或装车日期后,即为受理。

审查的内容主要有:货物运单各栏填写是否齐全、正确、清楚,领货凭证与运单是否一致;整车货物有无批准的计划号码,计划外运输有无批准命令;货物名称是否准确,是否准许铁路运输,危险货物是否按《危险货物运输管理规则》中列载的品名填写;需要的证明文件是否齐全有效;有无违反按一批托运的限制等。

货物运单经审查符合要求后,整车货物在站内装车的,在货物运单上签写计划号码、货物搬入日期及地点,并将货物运单交还托运人,凭此搬入货物;在专用线装车的,在货物运单上签写计划号码和装车日期,并将货物运单交指定的包线货运员,按时到装车地点检查货物。受理的货运员要加盖受理章和经办人名章。

3)进货验收和保管

托运人凭车站签证后的货物运单,按指定日期将货物搬入货场指定位置即为进货。

货运员对搬入货场的货物进行有关事项的检查核对,确认符合运输要求并同意货物进入场、库指定货位叫验收。需要检查的主要内容有:货物名称、件数是否与运单记载相符;货物的状态是否良好;货物的运输包装和标志是否符合规定,完好的运输包装是保证货物运输安全的重要条件,也是托运人应尽的义务之一。

托运人将货物搬入货场,经验收完毕后,一般不能立即装车,需要在货场内存放,这就产生了保管的问题。

4)装车

装车质量直接影响到货物安全、货物运送速度、车辆周转时间以及列车行车安全,因此合理使用货车、合理组织劳动力和装卸机械、遵守装车作业规章制度和作业程序,对顺利完成装车作业具有重要意义。

货物装车或卸车的组织工作,在车站公共装卸场所内由承运人负责;在其他场所,均由托运人或收货人负责。但是下列货物由于在装卸作业中需要特殊的技术或设备、工具,所以在车站公共装卸场所内进行装卸作业,仍应由托运人或收货人负责组织:

①罐车运输的货物;

②冻结的易腐货物;

③未装容器的活动物、蜜蜂、鱼苗等;

④一件重量超过1 t的放射性同位素;

⑤用人力装卸带有动力的机械和车辆。

监装货运员在装车前一定要认真做好以下"三检"工作:检查货物运单记载的内容是否符合运输要求,有无漏填和误填;按照货物运单核对待装货物的品名、件数,检查标志、标签和货物状态是否符合要求;检查货车是否符合使用条件,货运状态是否良好,货车定检是否过期等。

货物的装车,应做到安全、迅速、满载,这是对装车作业的基本要求。

使用棚车、冷藏车、罐车、集装箱运输的货物都应施封,但派有押运人的货物,需要通风运输的货物和组织装车单位认为不需施封的货物除外。原则上由组织装车单位或装箱单位在货车上或集装箱上施封,并在相应的货物运单、票据封套和货车装载清单上记明施封号码。

使用敞、平车装运易燃、怕湿货物,装载堆码成屋脊形,使用篷布时要苫盖严密、捆绑牢固,绳索余尾长度不超过300 mm。

装车完毕后,按规定需插挂表示牌的车辆应在货车两侧插挂表示牌。表示牌给车站调车人员起提示作用,当车内所装货物在调车作业时按规定应"禁止溜放"或"限速连挂"时,应插挂相应的表示牌,以防违反规定作业发生事故。

监装货运员在装车后,还应进行下列检查工作:检查车辆装载有无超重、偏重、超限现象,装载是否稳妥,捆绑是否牢固,施封是否符合要求等;检查运单有无误填和漏填,车种、车号和运单、货运票据封套记载是否相符;检查货位有无误装或漏装的情况。

经检查符合要求后,即可将票据移交货运室,同时将装车完了时间通知运转室或货运调度员,以便取车、挂运。至此,装车作业全部完成。

5)承运

整车货物装车后,货运员将签收的运单移交货运室填制货票,核收运杂费,然后发站在货物运单上加盖车站日期戳(见图2.2)时起,即为承运。

图2.2　车站承运日期戳

车站在货物运单和货票上加盖车站日期戳并收清费用后,即将领货凭证和货票丙联一并交给托运人。托运人一般会将领货凭证以邮寄等方式交收货人。从承运时起承托双方就要分别履行运输合同的权利、义务和责任。因此,承运意味着铁路负责运输的开始,是承运人与托运人双方划分责任的时间界限,标志着货物正式进入运输过程。

6)途中作业

(1)站车交接和途中检查

为了保证行车安全和货物安全,划清运输责任,对运输中的货物、货车和运输票据,车站与机车乘务员要进行交接检查,并按规定处理。货运交接检查的主要内容有:列车中货物装载、加固状态;车辆篷布苫盖状态;施封及门、窗、盖、阀关闭情况;货车票据完整情况等。发现异状时,应及时按规定处理。

(2)换装整理

在运输途中发现货车装载偏重、超载、货物撒漏以及因车辆技术状态不良,经车辆部门扣留,不能继续运行,或根据站车交接检查的规定需换装整理时,由发现站及时换装整理。进行换装时,应选用与原车类型和标记载重相同的货车,并按照货票检查货物现状,如数量不符或状态有异,应编制货运记录。换装整理的时间不应超过2天,如2天内未整理完毕,应由换装站以电报通知到站,以便收货人查询。换装整理的费用,属于铁路责任的,由铁路内部清算;属于托运人责任的,应由到站向收货人核收。

(3)运输变更或取消

托运人在货物托运后,由于特殊原因需要变更的,经承运人同意,对承运后的货物可以按批在货物所在的途中站或到站办理变更到站或收货人。由于货物运输合同的变更,打乱了正常的运输秩序,降低了货物计划运输质量,有时还会增加货车在途的调车作业和非生产停留时间,延缓货物的送达,因此铁路对货物运输合同

的变更,采取了限制措施。下列情况,铁路不予办理货物合同的变更:

①违反国家法律、行政法规、物资流向、运输限制的变更以及密封的变更;

②变更后货物运到期限大于容许运输期限的;

③变更一批货物中的一部分;

④第二次变更到站。

整车货物和大型集装箱在承运后挂运前,托运人可向发站提出取消托运,经承运人同意,运输合同即告解除。

托运人要求变更和解除运输合同时,应提出领货凭证和货物运输变更要求书,提不出领货凭证时,应提出其他有效证明文件,并在货物运输变更要求书内注明。货物运输变更由车站受理,但整车货物变更到站的,受理站应报主管局同意。办理货物运输变更或取消托运,托运人或收货人应按规定支付费用。

(4)运输阻碍

因不可抗力(如风灾、水灾、雹灾、地震等)的原因致使行车中断,货物运输发生阻碍时,铁路局对已承运的货物,可指示绕路运输;或者在必要时先将货物卸下,妥善保管,待恢复运输时再行装车继续运输,所需装卸费用,由装卸作业的铁路局负担。因货物性质特殊(如动物、易腐货物、危险货物等)绕路运输或卸下再装,可能造成货物损失时,车站应联系托运人或收货人,请其在要求的时间内提出处理办法。超过要求时间未接到答复或因等候答复将使货物造成损失时,比照无法交付的货物处理。处理所得价款先行缴纳装卸、保管、运输、清扫、洗刷除污费后,其余通知托运人领取。

7)重车到达与票据交接

列车到达后,车站应派人接收重车。交接重车时,应详细进行票据与现车的核对,对现车的装载状态进行检查,并与车长或列车乘务员办理重车及货运票据的交接签证。

运转室将到达本站卸车的重车票据登记后,移交给到站货运室。

8)卸车

车站必须认真贯彻"一卸、二排、三装"的运输组织原则,认真做好卸车工作。

为使卸车作业顺利进行,防止误卸并确认货物在运输过程中的完整状态,便于划分责任,卸车货运员应在卸车前做好以下三项检查:

①检查货位。主要检查货位能否容纳下待卸货物,货位的清洁状态,相邻货位上的货物与卸下货物的性质有无抵触。

②检查运输票据。主要检查票据记载的到站与货物实际到站是否相符,了解待卸货物的情况。

③检查现车。主要检查车辆状态是否良好;货物装载状态有无异状;施封是否良好;现车与运输票据是否相符。

卸车作业开始之前,监卸货运员应向卸车工组详细传达卸车要求和注意事项。卸车时,货运员应对施封的货车亲自拆封,并会同装卸工一起开启车门或取下苫盖篷布;要逐批核对货物、清点件数;应合理使用货位、按标准进行码放;对于事故货物则应编制记录。此外,应注意作业安全,加快卸车进度,加速货车周转。

卸车后货运员应将货位记载在运输票据上,将卸车日期填写在货票丁联上;检查货物件数与运单是否相符;堆码是否符合要求;卸后货物安全距离是否符合规定;检查车内货物是否卸净和是否清扫干净;车门、窗、端侧板是否关闭严密;表示牌是否撤除。

货车卸空后,负责卸车单位应将货车清扫干净。下列货车除清扫干净外,还要由铁路部门负责洗刷、消毒,并向收货人核收费用。

①装过活动物、鲜鱼介类、污秽品的车辆。

②受易腐货物污染的冷藏车。

③《危规》规定必须洗刷消毒的货车。

若收货人有洗刷、消毒设备时,也可由收货人自行洗刷、消毒。收货人组织卸车的货车,未进行清扫或清扫不干净时,车站应通知收货人补扫;如收货人未补扫或仍未清扫干净的,车站应以收货人的责任组织人力代行补扫,并向收货人核收货车清扫费和延期使用费。

9)到达通知

货物到达后,承运人应及时向收货人发出催领通知,这是承运人履行运输合同应尽的义务,也是为了使货物尽快搬出货场,腾空货位,以加快货车周转,提高场库使用效率。

发出催领通知的时间,由铁路组织卸车的货物,应不迟于卸车完了的次日。通知的方式可采用电话、书信、电报、广告等,也可与收货人商定其他通知方式。

对到达的货物,收货人有义务及时将货物搬出,铁路也有义务提供一定的免费保管期间。免费保管期间的规定为:由承运人组织卸车的货物应于承运人发出催领通知的次日起算,不能实行催领通知或会同收货人卸车的从卸车次日起算,2 天内将货物搬出,不收取保管费。超过此期限未将货物搬出的,应按规定核收货物暂存费。

10）交付

交付工作包括票据交付和现货交付两部分。

（1）票据交付

收货人要求领取货物时，须向铁路部门提出领货凭证或有效证明文件，经与货物运单票据核对后，由收货人在货票丁联上盖章或签字，收清一切费用，在运单和货票上加盖交付日期戳。收回的领货凭证或证明文件应粘贴在货票丁联上留站存查，并将货物运单交给收货人，凭以到货物存放地点领取货物。

（2）现货交付

交付货运员凭收货人提出的货物运单向收货人点交货物，然后在货物运单上加盖"货物交讫"戳记，并记明交付完毕的时间，将运单交还收货人，凭此将货物搬出货场。由承运人组织卸车或发站由承运人组织装车到站由收货人组织卸车的货物，在向收货人点交货物或办理交接手续后，即为交付完毕；发站由托运人组织装车，到站由收货人组织卸车的货物，在货车交接地点交接完毕，即为交付完毕。

铁路货物运输合同的履行是从承运开始至货物交付完毕时止，因此交付完毕意味着铁路履行运输合同就此终止。

11）搬出

收货人持有加盖"货物交讫"的运单将货物搬出货场，门卫对搬出的货物应认真检查品名、件数、交付日期与运单记载是否相符，经确认无误后放行。

2.3.3　零担货物运输的程序

零担运输的货物多是小批量的物品，对运量不大的托运人来说，零担运输具有灵活、方便的特点。但因其计划性差、占用设备和人力多，使货物运输组织工作相对整车运输要复杂得多。为了更好地释放运能，2006年铁道部对全路的零担业务进行了整合，从而优化了零担货物运输组织和方式，使零担货物运输更加快捷和方便。

目前零担车的组织方式只有一站直达整零车，即车内所装全部货物直接到达同一个到站。车站对零担货物的承运采用承运日期表的方式。这种承运方式是车站在掌握货物流量、流向基本规律的情况下，按主要到站或方向别安排承运日期，事先公布，托运人按规定的日期办理托运。这样，既可以使托运人事先了解各主要车站或方向的进货日期，及时做好发货的准备工作；又有利于车站将分散的零担货流按主要到站的方向集结，便于配装整零车，有利于做好零担货物的运输组织。

　　随着多种运输方式和现代物流的快速发展,铁路零担运量逐年萎缩。铁道部运营货管(2006)242 号印发《关于零担货物运输业务整合工作指导意见》的通知指出:"自 2006 年 11 月 1 日起全路停止办理零担中转业务,零担货物以整车方式运输,以拼车、拼箱、行包运输和一站直达整零组织方式替代传统的零担货物运输组织方式,同时做好在途零担货物的运输和交付工作。办理一站直达整零要向社会公告去向、装车日期,保证当日受理,当日承运,当日装车,当日挂运。2006 年铁路统计公报显示,全路零担车办理站从 669 个压缩到 129 个,全路停办了零担中转业务,一站直达整零办理站整合到 102 个。

　　零担业务的变化也表明铁路部门把运输重点放在整车运输上,长途零担业务简化手续、更加快捷,而短途零担业务分流给公路运输。

　　零担运输的货运程序与整车运输基本一致,其货运程序如图 2.3。

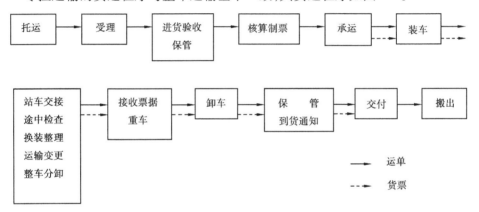

图 2.3　零担货物运输流程图

零担货物运输与整车货物运输基本程序相同,主要区别有以下几点:

(1)承运方式不同

　　整车运输计划性强,要求按铁路货运计划管理有关规定办理;而零担运输多采用承运日期表的方式,货主提交零担货物"铁路货物运输服务订单",车站根据货场能力、运力安排等自主决定是否承运。

(2)承运开始的时间不同

　　整车货物是在装车后,将货物运单移交货运室填制货票,核收运杂费,然后承运,即先装车后承运;而零担货物是由车站接收完毕,核收运杂费,然后在货物运单上加盖车站日期戳,然后再进行配装,也就是先承运后装车。

（3）保管责任开始时间不同

进货验收后，整车货物可根据协议进行保管；而零担货物，车站从收货完毕时即负保管责任。

（4）运输标记的要求不同

托运零担货物，托运人应在每件货物上标明清晰明显的标记（货签，见图2.4）。标记应用坚韧材料制作。在每件货物两端各粘贴或钉固一个，包装不适宜粘贴或钉固时，可使用拴挂的办法。不适宜用纸制标记的货物，应使用油漆在货件上书写标记或用金属、木质、布、塑料板等材料制作标记。

```
运输号码 _____
到    站 _____
收 货 人 _____
货物名称 _____
总 件 数 _____
发    站 _____
```

图 2.4　货签式样

2.3.4　集装箱货物运输的程序

铁路集装箱运输是铁路货运现代化的重要标志。铁路集装箱运输相对于公路安全性好，相对于水运速度快，能够更好地保证货物运输的质量，加上铁路网络深入内陆腹地，使得铁路集装箱运输在内陆长距离运输方面具有绝对优势。按照《中长期铁路网规划》和《铁路"十一五"规划》，铁道部将在全国范围内建设上海、天津、广州等18个铁路集装箱物流中心，逐步形成以集装箱物流中心为枢纽，以集装箱班列为拳头产品，连接全国各大经济区域的铁路集装箱运输网络。

1）铁路集装箱的类型及规格

目前铁路集装箱的类型主要有以下几种：

①干货集装箱——装运一般成件、贵重、高档、易碎等货物。

②冷藏集装箱——装运需冷冻或需保持一定温度的货物。

③保温集装箱——装运怕冻货物。

④通风集装箱——装运新鲜水果等怕热、怕闷货物。

⑤开顶集装箱——装运较重、较大不宜在箱门掏装的货物。

⑥板架集装箱——装运笨重、大件货物。

⑦罐式集装箱——装运液体货物。

⑧其他专用集装箱——装运有特殊要求的其他货物，如危险品、散货等。

根据 GB/T 1413—1998《系列1 集装箱分类　尺寸和额定质量》、《铁路1 t 集装箱技术条件和试验方法》及其他相关规定，我国铁路目前经常使用的集装箱的尺寸和载质量如表2.2。图2.5、图2.6、图2.7分别为1 t 铁路集装箱、40 ft 集装箱和罐式铁路集装箱的图片，图2.8为装载着双层集装箱的铁路集装箱货车。

表 2.2　铁路集装箱的规格

箱型	尺寸	长/mm	宽/mm	高/mm	载重/kg
1 t		900	1 300	1 300	1 000
20 ft	1CC	6 058	2 438	2 591	24 000
	1C			2 438	
	1CX			< 2 438	
40 ft	1AAA	12 192	2 438	2 896	30 480
	1AA			2 591	
	1A			2 438	
	1AX			< 2 438	

图 2.5　1 t 集装箱

图 2.6　40 ft 集装箱

图 2.7　铁路罐式集装箱

图 2.8　装载着双层集装箱的集装箱车

2)集装箱作业程序

在集装箱办理站,集装箱的发送作业流程如图2.9,到达作业流程如图2.10。

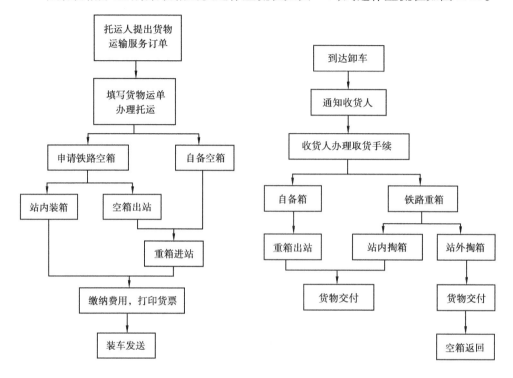

图2.9　发送作业流程　　　　　图2.10　到达作业流程

(1)托运

集装箱运输,以货物运单作为运输合同。托运集装箱应按批提出运单,在运单上要注明要求使用的集装箱吨位,使用自备箱或要求在专用线卸车的,应在"托运人记载事项"栏内记明"使用×吨自备箱"或"在××专用线卸车"。

每批必须是标记总重相同的同一箱型,最多不得超过一辆铁路货车所能装运的箱数。铁路箱和自备箱不得按一批办理。

每箱总重不得超过其标记总重和铁道部规定的限制重量。集装箱内单件货物的重量超过100 kg时,应在运单"托运人记载事项"栏内分别注明实际重量。

集装箱装运多种品名的货物不能在运单内逐一填记时,托运人应按箱提出物品清单一式三份。加盖车站日期戳后,一份由发站存查;一份随同运送票据递交到站;一份退还托运人。

托运的集装箱不得匿报货物品名,货物中不得夹带危险货物、易腐货物、货币、有价证券以及其他政令限制运输的物品。承运人对托运人填写的货物运单进行审核,审核后在运单和领货凭证上加盖"×吨集装箱"戳记。

(2)装箱

使用铁路箱时,承运人应提供状态良好的集装箱。托运人在使用前必须检查箱体状态;发现箱体状态不良时,承运人应予以更换。从车站搬出铁路箱时,车站根据运单填写"铁路箱出站单"作为出站和箱体状况交接的凭证。当然托运人也可以使用自备箱。

集装箱的装箱由托运人负责。装箱时应充分利用箱内容积,码放稳固,装载均匀,不超载、不集重、不偏重、不偏载、不撞砸箱体。要采取防止货物移动、滚动或开门时倒塌的措施,确保箱内货物和集装箱运输安全。

集装箱施封由托运人负责。通用集装箱重箱必须施封,施封时左右箱门锁舌和把手须入座,在右侧箱门把手锁件施封孔施封一枚,用10号镀锌铁线将箱门把手锁件拧固并剪断余尾。托运的空集装箱可不施封,托运人须关紧箱门并用10号镀锌铁线拧固。

托运人施封后,应在运单上逐箱填记集装箱箱号和相应的施封号码。运单内填记不下时,可另附清单。已填记的箱号和施封号码不得随意更改;必须更改时,托运人须在更改处盖章证明。

(3)验收与承运

发送的集装箱应于承运人指定的进站日期当日进站完毕。承运人与托运人或收货人交接集装箱时,施封的凭箱号、封印和箱体外表状况,不施封的凭箱号和箱体外表状况交接。

承运人有权对集装箱货物品名、重量、数量、装载状况等进行检查。需要开箱检查货物时,在发站应通知托运人到场;在到站应通知收货人到场;无法约见托运人或收货人时,应会同驻站公安检查,并做好记录。

发站在接收集装箱时,检查发现箱号或封印内容与运单记载不符或未按规定关闭箱门、拧固、施封的,应由托运人改善后接收。箱体损坏危及货物和运输安全的不得接收。托运人有违约责任时,承运人按合同约定或有关规定向托运人或收货人核收违约金和因检查产生的作业费用。

(4)通知收货人

到站应向运单记载的收货人交付集装箱。到达的集装箱,应于承运人发出催领通知的次日起算,2 日内领取集装箱货物,并于领取的当日内将箱内货物掏完或将集装箱搬出。集装箱货物(含空自备箱)在车站存放超过上述免费暂存期限,应按规定核收货物暂存费。收货人领取自备箱时,自备箱与货物应一并领取。

(5)交接集装箱或货物

收货人在接收集装箱时,应按运单核对箱号,检查施封状态、封印内容和箱体外表状况。发现不符或有异状时,应在接收当时向车站提出。到站检查发现施封锁脱落、失效、站名或号码不符、箱体损坏危及货物安全的集装箱,应向收货人出具货运记录,并按记录点交货物。

集装箱的掏箱由收货人负责,可以在站内进行,也可以在站外进行。铁路箱掏空后,收货人应清扫干净,将箱门关闭良好,撤除货签及无关标记,有污染的须除污洗刷。

(6)空箱返回

车站对交回或卸后的铁路箱空箱应进行检查,发现未清扫或未洗刷的,应在收货人清扫或洗刷干净后接收,或以收货人责任委托清扫人员清扫洗刷。集装箱送回车站时,车站收妥集装箱并结清费用后,在"铁路箱出站单"上加盖车站日期戳和经办人章,将收据交给还箱人。

托运人或收货人使用铁路箱超过下列期限,自超过之日起核收集装箱延期使用费:

①站内装箱时,应于承运人指定的进货日期当日装完。站内掏箱时,应于领取的当日内掏完。

②到达的集装箱应于承运人发出催领通知的次日起算,2 日内领取集装箱。

③集装箱门到门运输重去空回或空去重回时,应于领取的次日送回;重去重回时应于领取的 3 日内送回。

承运人对集装箱货物的责任期间是从接集装箱到交集装箱,但运输过程中由于托运人责任造成的事故和损失由托运人负责;因集装箱质量发生的问题,责任由箱主或集装箱承租人负责;集装箱在承运人的运输责任期内,箱体没有发生危及货物安全的变形或损坏,箱号、施封号码与运单记载一致,施封有效时,箱内货物由托运人负责。

中铁集装箱运输有限责任公司是铁道部负责全路集装箱调度指挥与统计工作的专门机构,目前在全国 30 个省、自治区、直辖市的 740 个铁路车站办理集装箱运输业务。主营国内、国际集装箱铁路运输、集装箱多式联运、国际铁路联运;仓储、装卸、包装、配送等物流服务；集装箱、集装箱专用车辆、集装箱专用设施、铁路篷布等经营和租赁业务；兼营国际、国内货运代理，以及与上述业务相关的经济、技术、信息咨询和服务业务。（参考网站 www.crct.com）

2.4　填写铁路货物运输单证

2.4.1　铁路货物运输订单

1）铁路货物运输服务订单

铁路货物运输服务订单在铁路运输企业办理货物运输和运输服务时使用，是铁路货物运输合同的组成部分，分为整车货物运输和零担、集装箱、班列运输两种（见表2.3、表2.4）。铁路货物运输服务订单由铁路承运人提供，具有运输服务项目选择、报价和运力安排的功能。

表2.3　铁路货物运输服务订单（整车）

_____年_____月份

提表时间：　年　月　日	发　　站	名称				略号					
要求运输时间：　日至　日	发货单位盖章	省/部名称_____　代号_____ 发货单位名称_____　代号_____ 地址_____　电话_____										
受理号码：												

顺号	到局：　　代号：			收货单位				货物		车种代号	车数	特征代号	换装港	终到港	报价（元/吨）（元/车）	备注
	到站	到站电报略号	专用线名称	省/部名称	代号	名　称	代号	品名名称	代码	吨数						

供托运人自愿选择的服务项目（由托运人填写，需要的项目打"√"）	说明或其他要求事项	承运人签章
□1. 发送综合服务　　□5. 清运、消纳垃圾 □2. 到达综合服务　　□6. 代购、代加工装载加固材料 □3. 仓储保管　　　　□7. 代对货物进行包装 □4. 篷布服务　　　　□8. 代办一关三检手续		年　月　日
	□保价运输	

说明：1. 涉及承运人与托运人、收货人的责任和权利，按《铁路货物运输规程》办理。
　　　2. 实施货物运输，托运人还应递交货物运单，承运人应按报价核收费用，装卸等需发生后确定的费用，
　　　　应先列目，金额按实际发生核收。
　　　3. 用户发现超出国家计委、铁道部、省级物价部门公告的铁路货运价格及收费项目、标准收费的行为
　　　　和强制服务、强行收费的行为，有权举报。

举报电话：　　　　　物价部门：　　　　　　　　铁路部门：

表 2.4　铁路货物运输服务订单（零担、集装箱、班列）

×× 铁路局　　编号：

托运人 地址 电话　　　　　邮编			收货人 地址 电话　　　　　　　邮编		
发站	到站（局）		车种/车数	箱型/箱数	
装货地点			卸货地点		
货物品名	品名代码	货物价值	件数	货物重量	体积
要求发站装车日期　月　　日前或班列车次　　日期　月　　日				付款方式	
供托运人/收货人自愿选择的服务项目（由托运人/收货人填写，需要的项目打"√"）					
□1. 发送综合服务　　　　　□5. 清运、消纳垃圾 □2. 到达综合服务　　　　　□6. 代购、代加工装载加固材料 □3. 仓储保管　　　　　　　□7. 代对货物进行包装 □4. 篷布服务　　　　　　　□8. 代办一关三检手续					
说明或其他要求事项　　　　　　　　　　　　　　　□保价运输					

承运人报价　　　　元，具体项目、金额列后：											
序号	项目 名称	单位	数量	收费 标准	金额 （元）	序号	项目 名称	单位	数量	收费 标准	金额 （元）

托运人/收货人签章 年　月　日	承运人签章 年　月　日	车站指定装车日期及货位

说明：1. 涉及承运人与托运人、收货人的责任和权利，按《铁路货物运输规程》办理。
　　　2. 实施货物运输，托运人还应递交货物运单，承运人按报价核收费用，装卸等需发生后确定的费用，
　　　　　应先列目，金额按实际发生核收。
　　　3. 用户发现超出国家计委、铁道部、省级物价部门公告的铁路货运价格及收费项目、标准收费的行为
　　　　　和强制服务、强行收费的行为，有权举报。
举报电话：　　　　　　　物价部门：　　　　　　　铁路部门：

托运人要求货物运输和货物运输服务时，填写铁路货物运输服务订单一式两份。车站对内容进行审核，按订单所提要求计算各项收费并填写报价金额。托运人对报价无异议的，对整车货物的铁路货物运输服务订单按铁路货运计划管理有关规定办理；对零担、集装箱、班列货物，车站根据货场能力、运力安排和班列开行日期随时受理，自主决定是否承运，在零担、集装箱、班列货物的铁路货物运输服务订单上加盖车站日期戳，交与托运人一份，留存一份。在实施铁路货物运输时，托运人还应按批向铁路车站递交货物运单。

2）铁路货运延伸服务订单

铁路货运延伸服务订单（见表2.5）在铁路内外从事铁路货物运输延伸服务的经营者办理货物运输延伸服务时使用。铁路货运延伸服务订单由延伸服务经营者

提供。服务项目栏由托运人、收货人自愿选择,不得强制服务。

在同一批货物运输中,铁路承运人和延伸服务经营者不得重复进行相同的服务项目、重复收费。

表2.5　铁路货运延伸服务订单

延伸服务经营者 　　　　　　　　　　　　　　　　　　　　　　编号:

委托人　　　　电话	发站　　　　　到站	收货人　　　　电话
地址　　　　　邮编	货物名称　　　件数	地址　　　　　邮编

供用户自愿选择的服务项目(由用户填写,需要的项目打"√")	说明或其他要求事项
□1. 发送综合服务　　　　　□5. 清运、消纳垃圾	
□2. 到达综合服务　　　　　□6. 代购、代加工装载加固材料	
□3. 仓储保管　　　　　　　□7. 代对货物进行包装	□代办货运保价
□4. 篷布服务　　　　　　　□8. 代办一关三检手续	

延伸服务经营者报价　　　　　　元,具体项目、金额列后:

序号	项目名称	单位	数量	收费标准	金额(元)	序号	项目名称	单位	数量	收费标准	金额(元)	序号	项目名称	单位	数量	收费标准	金额(元)

委托人签章　　　　　　　　年　月　日	延伸服务经营者签章　　　　　　　　年　月　日

说明:1.涉及延伸服务经营者与委托人的责任和权利,按《合同法》办理。

　　2.延伸服务经营者要严格按照物价部门审批的收费项目、标准及费用报价核收费用。

　　3.用户发现超出国家计委、铁道部、省级物价部门公告的铁路货运价格及收费项目、标准收费的行为和强制服务、强行收费的行为,有权举报。

举报电话:　　　　　　物价部门:　　　　　　铁路部门:

2.4.2　货物运单

铁路货物运单是托运人与承运人之间,为运输货物而签订的一种运输合同。它是确定托运人、承运人、收货人之间在运输过程中的权利、义务和责任的原始依据。货物运单既是托运人向承运人托运货物的申请书,也是承运人承运货物和核收运费、填写货票以及编制记录和备查的依据。

铁路货物运单从格式上来看,分为整车运输、零担运输使用的货物运单(表2.6)和集装箱运输使用的货物运单。货物运单由托运人先行填写,托运人应对其在运单内填写事项的真实性负完全责任;承运人对托运人填写的货物运单进行审核并填写相应内容。填写运单要做到正确、完备、真实、清楚,有更改时,在更改处,属于托运人填记的,应由托运人盖章证明;属于承运人记载各项,由车站加盖站名戳记。

表 2.6　货物运单

货物指定于 月 日搬入　　××铁路局　　承运人/托运人装车　　　领货凭证
货位:　　　　　　　　　　　　　　　　承运人/托运人施封　　车种及车号
计划号码或运输号码:　　货物运单　　　　　　　　　　　　货票第　　号
运到期限　日　　托运人→发站→到站→收货人　　货票第　　号　　运到期限　日

托 运 人 填 写					承 运 人 填 写				发站		
发站		到站(局)			车种车号				到站		
到站所属省(市)自治区					施封号码				托运人		
托运人	名称				经 由	铁路货车篷布号码			收货人		
	住址		电话						货物名称	件数	重量
收货人	名称				运价里程	集装箱号码					
	住址		电话								
货物名称	件数	包装	货物价格	托运人确定重量(公斤)	承运人确定重量(公斤)	计费重量	运价号	运价率	运费		
合计											
托运人记载事项					承运人记载事项				托运人盖章或签字		
									发站承运日期戳		

注:不单不作为收款凭证,　托运人盖章或签字　到站交付　发站承运　　注:收货人领货须知
托运人签约须见背面　　年　月　日　日期戳　日期戳　　　见背面

1)托运人填写部分

(1)"发站"栏和"到站(局)"栏

"发站"和"到站"应分别按《铁路货物运价里程表》规定的站名完整填记,不得填简称。到站(局)名,填写到达站主管铁路局名的第一个字,例如:(哈)、(上)、(广)等,但到达北京铁路局的,则填写(京)字。

"到站所属省(市)、自治区"栏,填写到站所在地的省(市)、自治区名称。

托运人填写的到站、到达局和到站所属省(市)、自治区名称,三者必须相符。

(2)"托运人名称"和"收货人名称"栏

应填写托运单位、收货单位的完整名称,如托运人或收货人为个人时,则应填记托运人或收货人姓名。

(3)"托运人地址"或"收货人地址"栏

应详细填写托运人或收货人所在省、市、自治区城镇街道和门牌号码以及电话。如托运人要求到站于货物到达后用电话通知收货人时,必须将发货人电话号码填写清楚。

(4)"货物名称"栏

应按《铁路货物运价规则》"货物运价分类表"或国家产品目录,危险货物则按《危险货物运输规则》"危险货物品名索引表"所列的货物名称完全、正确填写。个人托运的行李,不明确货物的具体名称,可填写"搬家货物,行李"。

发货人按一批托运的货物,不能逐一将品名填记在运单内时,应另填"物品清单"。

对危险货物、鲜活货物或使用集装箱运输的货物,除填写货物的完整名称外,并应按货物性质,在运单右上角用红色墨水书写或用加盖红色戳记的方法,注明"爆炸品"、"氧化剂"、"毒害品"、"腐蚀物品"、"易腐货物"、"××集装箱"等字样。

(5)"件数"栏

应按货物名称及包装种类,分别写明件数,"合计件数"栏填写该批货物的总件数。

承运人只按重量承运的货物,则在本栏填写"堆"、"散"、"罐"字样。

(6)"包装"栏

写明包装种类,如"木箱"、"纸箱"、"麻袋"、"条筐"、"铁桶"、"绳捆"等。按件承运的货物无包装时,填写"无"字。使用集装箱运输的货物或只按重量承运的货物,本栏可以省略不填。

（7）"货物价格"栏

应填写该项货物的实际价格,全批货物的实际价格为确定货物保价运输保价金额或货物保险运输保险金额的依据。

（8）"托运人确定重量"栏

应按货物名称及包装种类分别将货物实际重量(包括包装重量)用公斤作单位写明,"合计重量"栏,填写该批货物的总重量。

整车货物和集装箱货物的重量由托运人确定,零担货物的重量由承运人确定,填写"承运人确定重量"栏。但下列情况亦可由托运人确定:标准重量的货物;包装上涂有标记重量的货物;附有全批过秤清单的货物;一件重量超过发站衡器最大称量的货物;经承运人同意由专用线或专用铁路组织零担运输的货物。

托运人确定的货物重量,铁路部门有权进行抽查。抽查结果超过衡器最大公差时,托运人或收货人应支付过秤费,并按规定处理。

（9）"托运人记载事项"栏

填记需要由托运人声明的事项。例如:需要凭证明文件运输的货物,应将证明文件名称、号码及填发日期注明;托运人派人押运的货物,注明押运人姓名和证件名称;整车货物在专用线卸车的,应写明"在××专用线卸车"等。

（10）"托运人盖章或签字"栏

托运人于运单(包括领货凭证)填写完毕,并确认无误后,在此栏盖章或签字。

（11）"领货凭证"各栏

托运人填写时(包括印章加盖与签字)应与运单相应各栏记载内容保持一致。

2）承运人填写部分

（1）"货物指定×月×日搬入"栏

发站对托运人提出的运单进行检查,填写正确、齐全,并符合相应运输规定的,应在本栏内填写指定搬入日期,零担货物并应填写运输号码。经办人签字或盖章后,交还托运人凭以将货物搬入车站,继续办理托运手续。

（2）"运到期限××日"栏

填写按规定计算的货物运到期限日数。"货票第××号"栏,根据该批货物所填发的货票号码填写。

货物运到期限是铁路将货物由发站运至到站的最长时间限制,是根据铁路现有技术设备条件和运输工作组织水平确定的,也是铁路承运部分货物的根据。货物运到期限由货物发送期间、运输期间和特殊作业时间三部分组成,具体规定如下:

①货物发送期间为1天。

②货物运输期间:运价里程每250 km或其未满为1天;按快运办理的整车货物,运价里程每500 km或其未满为1天。

③特殊作业时间:运价里程超过250 km的零担货物和1 t集装箱,另加2天;运价里程超过1 000 km的零担货物和1 t集装箱,则另加3天;整车分卸货物,每增加一个分卸站,另加1天;准、米轨间直通运输的整车货物,另加1天。

【例2.1】 某托运人从石家庄东到长沙东托运一批零担货物,重2 900 kg,运价里程为1 312 km,计算其运到期限。

【解】 发送期间为1天;货物运输期间按每250 km或其未满为1天,则1 312 km的运输期间为6天;特殊作业时间,该批货物为运价里程超过1 000 km的零担货物,另加3天。则运到期限为1 + 6 + 3 = 10天。

货物运到期限,起码是3天。货物实际运到日数,从货物承运次日起算,在到站由铁路组织卸车的,至卸车完了时终止;在到站由收货人组织卸车的,到货车调到卸车地点或交接地点时终止。

(3)"车种车号"栏、"货车标重"栏

按整车办理的货物必须填写。运输途中货物发生换装时,换装站应将货物运单和货票丁联原记的车种、车号划线抹消(使它仍可辨认),并将换装后的车种、车号填记清楚,并在改正处加盖车站戳记,换装后的货车标记载重量有变动时,并应更正货车标重。

(4)"铁路货车篷布号码"栏

填写该批货物所苦盖的铁路货车篷布号码。"集装箱号码"栏,填写装运该批货物的集装箱的箱号。

(5)"施封号码"栏

填写施封环或封饼上的施封号码,封饼不带施封号码时,则填写封饼个数。

(6)"承运人/托运人装车"栏

规定由承运人组织装车的,将"托运人"三字划消,规定由托运人组织装车的,将"承运人"三字划消。一般情况下,谁装车谁施封。

(7)"经由"栏

货物运价里程按最短径路计算时,本栏可不填;按绕路经由计算运费时,应填写绕路经由的接算站名或线名。

(8)"运价里程"栏

填写发站至到站间最短经路的里程,但绕路运输时,应填写绕路经由的里程。

(9)"承运人确定重量"栏

货物重量由承运人确定的,应将检斤后的货物重量,按货物名称及包装种类分别用公斤作单位填记。"合计重量"栏填写该批货物总重量。

(10)"计费重量"栏

整车货物填记货车标记载重量或规定的计费重量;零担货物和集装箱货物,填写按规定处理尾数后的重量或起码重量。

(11)"运价号"栏

按"货物运价分类表"规定的各该货物运价号填写。

(12)"运价率"栏

按该批货物确定的运价号和运价里程,从"货物运价率表"(见表2.7)中找出该批(项)货物适用的运价率填写。

实行核算、制票合并作业的车站,对运单内"经由"、"运价里程"、"计费重量"、"运价号"、"运价率"和"运费"栏,可不填写,而将有关内容直接填写于货票各该栏内。

(13)"承运人记载事项"栏

填写需要由承运人记明的事项,例如:货车代用的,记明批准的代用命令;货物运输变更的,写明有关变更事项等。

(14)"发站承运日期"和"到站交付日期"栏

分别由发站和到站加盖承运或交付当日的车站日期戳。

3)集装箱货物运单

集装箱货物运单一式两联,第一联为货物运单(见表2.8),第二联为提货联(见表2.9),托运人应及时将提货联交收货人,收货人凭此与承运人联系领取货物。

表 2.7　铁路货物运价率表

办理类别	运价号	基价 1		基价 2	
		单位	标准	单位	标准
整车	1	元/吨	5.70	元/吨公里	0.033 6
	2	元/吨	6.40	元/吨公里	0.037 8
	3	元/吨	7.60	元/吨公里	0.043 5
	4	元/吨	9.60	元/吨公里	0.048 4
	5	元/吨	10.40	元/吨公里	0.054 9
	6	元/吨	14.80	元/吨公里	0.076 5
	7			元/吨公里	0.244 5
	机械冷藏车	元/吨	11.50	元/吨公里	0.079 0
零担	21	元/10 千克	0.117	元/10 千克公里	0.000 55
	22	元/10 千克	0.167	元/10 千克公里	0.000 75
集装箱	1 吨箱	元/箱	10.10	元/箱公里	0.036 9
	20 英尺箱	元/箱	219.00	元/箱公里	1.037 4
	40 英尺箱	元/箱	429.80	元/箱公里	1.637 4

*整车农用化肥基价 1 为 4.40 元/吨、基价 2 为 0.030 5 元/吨公里。

托运人填写集装箱货物运单时,基本要求与整车、零担货物运单相同,应注意以下几项:

①托运人托运集装箱货物时,应向承运人按批提出集装箱货物运单一式两联,每批应是同一箱类、箱型,至少一箱,最多不得超过铁路一辆货车所能装运的箱数,且集装箱总重之和不得超过货车的容许载重量。

②托运人根据自己的运输需要,应对"运输方式"作出选择,并在相应选项后面打钩。

③当选择的运输方式为"门到站"、"站到门"、"门到门"时,则要填写相应的详细具体的"发货地点"或"交货地点"。

表2.8 集装箱货物运单

货物指定于 月 日搬入　　　中铁集装箱运输有限责任公司　　　承运人／托运人装车

货位：　　　　　　　　　　　　　　　　　　　　　　　　　　货票号码：

运到期限　　日　　　　　　　集装箱货物运单

托运人→发站→到站→收货人

发站		到站（局）		车种车号		货车标重	
到站所属省（市、自治区）						国内运输□　海铁联运□	
发货地点		交货地点				班列运输□	
托运人	名称		电话		运输方式	站到站□　站到门□	
	地址		邮编	E-mail			
收货人	名称		电话			门到站□　门到门□	
	地址		邮编	E-mail			

货物品名	集装箱箱型	集装箱箱类	集装箱数量	集装箱号码	施封号码	托运人确定重量（千克）	承运人确定重量（千克）	运输费用
合计								

托运人记载事项	添附文件：	货物价格：	承运人记载事项：

注：本运单不作为收款凭证，　　　　托运人盖章或签字　　　承运日期戳　　　　交付日期戳

　　"托运人、收货人须知"见背面。　　　年　月　日

④"集装箱箱型"应注明要求使用的箱型,如 1 t,20 ft,40 ft 等;"集装箱箱类"则填写干货集装箱、开顶集装箱、罐式集装箱等;"集装箱数量"用阿拉伯数字表示箱数;"集装箱号码"填写集装箱箱体上的号码,如 TBJU635673。

⑤如果托运的单件货物的重量超过 100 kg,应在货物运单"托运人记载事项"栏内注明。

⑥如果使用自备箱或要求在专用线卸车的,在"托运人记载事项"栏内记明"使用××自备箱"或"在××专用线卸车"。

表 2.9 集装箱货物运单

货物指定于　月　日搬入　　　　中铁集装箱运输有限责任公司　　　　承运人/托运人装车

货位：　　　　　　　　　　　　　　　　　　　　　　　　　　　　货票号码：

运到期限　　日　　　　　　　🚂集装箱货物运单

托运人→收货人→到站

发站		到站（局）		车种车号		货车标重	
到站所属省（市、自治区）					国内运输□ 海铁联运□		
发货地点		交货地点					
托运人	名称		电话		班列运输□		
	地址		邮编	E-mail	运输方式		
收货人	名称		电话		站到站□ 站到门□		
	地址		邮编	E-mail	门到站□ 门到门□		

货物品名	集装箱箱型	集装箱箱类	集装箱数量	集装箱号码	施封号码	托运人确定重量（千克）	承运人确定重量（千克）	运输费用
合计								
托运人记载事项			添附文件：	货物价格：	承运人记载事项：			

注：本运单不作为收款凭证，　　　　托运人盖章或签字　　　承运日期戳　　　　交付日期戳

"托运人、收货人须知"见背面。　　　年　　月　　日

2.4.3 货票

货票（见表 2.10、表 2.11）是铁路运输货物的凭证，是一种具有财务性质的票据。它不仅是向货主收费的主要凭证，还是铁路运输组织管理的基础信息源，对于铁路企业市场营销、运输组织、运力配置、收入管理与清算、统计分析等管理和经营决策具有重要价值。

货票一式四联，各联根据货物运单的内容填写，金额不得涂改，填写错误时按作废处理。甲联为发站存查联；乙联为报告联；丙联为承运联，与"领货凭证"一起交托运人；丁联随货物递交到站存查，丁联上"卸货时间"由到站按卸车完毕的日期填写，"到货通知时间"按发出到货催领通知的时间填写，收货人在领取货物时在"收货人盖章或签字"栏盖章或签字。

表2.10 货票丁联式样

×× 铁路局								
计划号码或运输号码	🚂 货　票 运输凭证：发站→到站存查					丁联 No.A00000		
发　站		到站（局）		车种车号		货车标重	承运人/托运人装车	
经　由		货物运 到期限		施封号码或铁 路篷布号码				
运价里程		集装箱 箱　型		保价金额		现付费用		
						费别 金额	费别	金额
托运人名称及地址								
收货人名称及地址								
货物名称	品名代码	件数	货物重量	计费重量	运价号	运价率		
合计								
集装箱号码								
记事						合计		
卸货时间　　月　日　时		收货人盖章或签字		到站交付日期戳		发站承运日期戳		
催领通知方法								
催领通知时间　　月　日　时		领货人身份证件号码		经办人盖章		经办人盖章		
到站收费收据号码								

2008年1月1日,传统的铁路手工制票退出了历史舞台。全国铁路正式使用了货票信息管理系统,这标志着铁路信息化建设在货票系统的运输管理、信息共享和决策支持等方面取得了突破性进展。

货票信息管理系统可以彻底实现货票信息的一次输入,各级、各部门共享,最大限度地节约成本,推动铁路信息化建设,促进铁路运输管理效率的提高。

从运输组织看,货票系统提供的信息,可以为组织装车、卸车、车辆调度、车流调整提供真实可靠的数据。货票信息传输到到达局和到达站,为到站安排卸车作业、缩短货物送时间创造了条件。当货票信息与预确报系统、车号自动识别系统等共享和关联后,就能对货物运输的全过程实现实时追踪。

从货运营销看,货票中详细记载了发收货人、发到站、货物品名、运输价格、货物流向等信息。通过对货票信息的长期、连续、科学的分析,货运部门就能掌握客户群的特点,了解货源分布、市场需求等信息,从而为市场预测、制订营销规划提供重要依据。

表 2.11　货票丁联背面式样

1. 货物运输变更事项

受理站	电报号	变更事项	运输杂费收据号码
处理站日期戳	经办人盖章		

2. 关于记录事项

编制站	记录号	记录内容

3. 交接站日期戳

1.	2.	3.	4.	5.	6.

4. 货车在中途站摘车事项

车种、车号、车次、时间	摘车原因	货物发出时间、车次、车种、车号	车种、车号、车次、时间	摘车原因	货物发出时间、车次、车种、车号
摘车日期站戳	经办人盖章		摘车日期站戳	经办人盖章	

2.4.4　铁路货物运费的计算

1)《铁路货物运价规则》

《铁路货物运价规则》由铁道部制定,报国务院批准,是计算国家铁路货物运输费用的依据,承运人和托运人、收货人都必须遵守该规则的规定。

《铁路货物运价规则》规定了在各种不同情况下计算运费的基本条件,各种货物运费、杂费和代收款的计算方法及国际铁路联运货物国内段的运输费用计算方法。它有 4 个附件,附件一为"铁路货物运输品名分类与代码表",附件三为"铁路货物运输品名检查表",附件一和附件三共同用来判定货物的类别代码和确定运价号;附件二为"铁路货物运价率表"(见表2.9),用来查找不同运价号货物的基价 1 和基价 2;附件四为"货物运价里程表"分上、下两册,上册为站名索引表,下册为里程表,用来确定运价里程。

2)运费计算程序

(1)确定运价号

根据货物运单上填写的货物名称查找"铁路货物运输品名分类与代码表"、"铁路货物运输品名检查表",确定适用的运价号。

(2)确定运价率

根据运价号分别在"铁路货物运价率表"(见表 2.7)中查出适用的运价率,即基价 1 与基价 2。

(3)确定运价里程

根据发、到站,按"货物运价里程表"计算发站至到站的运价里程。

(4)确定计费重量

整车货物的计费重量,一般情况下,按货车标记载重量计算运费;货物重量超过货车标重时,按货物重量计费。计费重量以吨为单位,吨以下四舍五入。

零担货物的计费重量以 10 kg 为单位,不足 10 kg 的进为 10 kg。具体确定时分为三种情况:

①有规定计费重量的货物,按规定计费重量,如组成的双轮摩托车每辆 750 kg,三轮摩托车每辆 1 500 kg;组成的自行车每辆 100 kg;牛、马、骡、驴、骆驼每头 500 kg 等。

②《铁路货物品名分类与代码表》列"童车"、"室内健身车"、"209 其他鲜活货物"、"9914 搬家货物、行李"、"9960 特定集装化运输用具"等按货物的重量计费。

③除上述两种情况外,零担货物的计费重量均为按货物重量和体积折合重量择大计费。折合重量根据托运人在货物运单"托运人记载事项"栏内填记的货物尺寸计算:

$$折合重量(kg) = 500 \times 体积(m^3) \qquad (2.1)$$

这样做的目的是为保持零担货物运价与整车货物运价之间合理的比价关系,避免货物运输中发生运费倒挂、化整为零的现象。按折合重量计费的零担货物,应在计费重量数前记明"尺"及折合重量。

集装箱一般情况下按箱计费,不再考虑箱内所装货物重量,但所装货物重量与自重之和不得超过集装箱总重。目前,铁路实行了集装箱一口价,集装箱一口价是指集装箱自进发站货场至出到站货场,铁路运输全过程各项价格的总和,包括门到门运输取空箱、还空箱的站内装卸作业、专用线取送车作业、港站作业的费用和经铁道部确认的集资货场、转场货场费用。

(5)计算运费

整车货物,按重量计费时:

运费 = [基价1(元/t) + 基价2(元/t·km)×运价里程(km)]×计费重量(t)
(2.2)

零担货物的运费计算公式:

运费 = [基价1(元/10 kg) + 基价2(元/10 kg·km)×运价里程(km)]×计费
重量(kg)/10
(2.3)

集装箱货物的运费计算公式:

运费 = [基价1(元/箱) + 基价2(元/箱·km)×运价里程(km)]×箱数
(2.4)

(6)确定杂费和代收费用

根据《铁路货物运价规则》及有关规定计算货物的杂费以及专项和代收费用等。计算出的各项运费、杂费均以元为单位,尾数不足1角的,按四舍五入处理。

【例2.2】 某托运人从徐州北托运5台金属加工机械设备,重40 t,使用60 t货车一辆装运至洛阳东,计算其运费。

【解】 这批货物办理整车运输,查里程表徐州北至洛阳东的运价里程为491 km,查品名分类与代码表,金属加工机械设备为6号运价,查运价率表,6号运价的基价1为14.80元/t,基价2为0.076 5元/(t·km),计费重量60 t。

运费 = (14.80 + 0.076 5×491)×60 = 3 141.69 ≈ 3 141.70 元

【例2.3】 某托运人从西安西站发往锦州站书籍6件,总重330 kg、总体积0.90 m³,计算其运费。

【解】 这批货物办理零担运输,查里程表西安西至锦州的运价里程为1 698 km,查品名分类与代码表,书籍为22号运价,查运价率表,22号运价的基价1为0.167元/10 kg,基价2为0.000 75元/(10 kg·km)。该批货物按体积折合重量为500×0.90 = 450 kg,大于实际重量330 kg,因此以450 kg作为计费重量。

运费 = (0.167 + 0.000 75×1 698)×450/10 元 = 64.82 元 ≈ 64.80 元

【例2.4】 某托运人从长沙北站发往大同站一批医疗器械,使用1个20 ft集装箱装运,计算其运费。

【解】 查里程表长沙北至大同的运价里程为1 925 km,运价率按20 ft集装箱,对应的基价1为219.00元/箱,基价2为1.037 4元/(箱·km),计费箱数为1箱。

运费 = (219.00 + 1.037 4×1 925)×1 元 = 2 215.995 元 ≈ 2 216.00 元

2.5 办理铁路特种货物运输

2.5.1 危险货物运输

在铁路货物运输中,危险货物具有与一般货物不同的特性,如爆炸、易燃、毒害、腐蚀、放射性等。这些货物除本身具有危险性外,有的货物在相互接触后会发生爆炸、燃烧,或放出有毒气体、易燃气体,对其他货物或环境造成危害。为了安全地运输这些货物,在铁路运输中,必须严格执行国家与铁道部关于危险货物运输的有关规定。

1)危险货物的定义

在铁路运输中,凡具有爆炸、易燃、毒害、腐蚀、放射性等特性,在运输、装卸和储存保管过程中,容易造成人身伤亡和财产毁损而需要特别防护的货物,均属危险货物。

危险货物的危险性主要取决于货物本身的理化性质,但是与外界的环境条件也密切相关。例如黄磷在有氧气的条件下能自燃,但黄磷不能和水发生反应,在铁路运输中将黄磷封存在水中使之与氧气隔绝,即使将水加热到 100 ℃,黄磷也不会自燃。所以,对危险货物的运输要以科学的态度掌握危险货物的性质和变化规律,认真做好危险货物的运输、搬运、装卸、保管、防护等工作,控制可能导致危险货物发生事故的外界条件,是可以实现危险货物的安全运输的。

2)危险货物的分类

我国铁路将危险货物划分为九类:爆炸品、压缩气体和液化气体、易燃液体、易燃固体、自燃物品和遇湿易燃物品、氧化剂和有机过氧化物、毒害品和感染性物品、放射性物品、腐蚀品、杂类(见表 2.12)。

危险货物的品名编号是判断货物是否为危险货物的重要标志,是办理承运、配装、确定运输条件的主要依据,一旦发生事故,还是判定货物性质、采取施救措施的依据。

危险货物品名编号由 5 位阿拉伯数字及拉丁文大写字母组成。第 1 位数字表示该危险货物的类别;第 2 位数字表示该危险货物的项别;后 3 位数字表示该危险货物品名的顺序号,顺序号 001—500 为一级,501—999 为二级。如硝铵炸药品名编号为 11084,第一个"1"表示该物品为危险货物的第一类,即爆炸品,第二个"1"表示该物品为爆炸品中的第一项,即整体爆炸品,"084"表示硝铵炸药为整体爆炸物品的第 84 个品名。

表2.12　危险货物类项名称表

类号	名　　称	项号及名称	品名编号
一	爆炸品	1. 整体爆炸品 2. 抛射爆炸物品 3. 燃烧爆炸物品 4. 一般爆炸物品 5. 不敏感爆炸物品	11001—11137　T11001—T11006 12001—12055 13001—13058 14001—14057　T14001—T14005 15001—15006
二	压缩气体和液化气体	1. 易燃气体 2. 不燃气体 3. 有毒气体	21001—21061　T21001—T21003 22001—22053　T22001 T22002 23001—23052　T23001
三	易燃液体	1. 低闪点液体（一级） 2. 中闪点液体（二级） 3. 高闪点液体（三级）	31001—31053　T31001 T31002 32001—32200　T32001 T32002 33501—33648　T33501 T33502
四	易燃固体、自燃物品、遇湿易燃物品	1. 易燃固体（一级） 　　　　　（二级） 2. 自燃物体（一级） 　　　　　（二级） 3. 遇湿易燃物品（一级） 　　　　　（二级）	41001—41060　T41001 T41002 41501—41553 42001—42037　T42001—T42003 42501—42526 43001—43051 43501—43510
五	氧化剂和有机过氧化物	1. 氧化剂（一级） 　　　　（二级） 2. 有机过氧化物	51001—51080　T51001—T51003 51501—51527 52001—52102　T52001
六	毒害品和感染性物品	1. 毒害品（一级剧毒品） 　　　　（二级有毒品） 2. 感染性物品	61001—61139 61501—61908　T61501—61516 62001　62002
七	放射性物品	1. 低比放射性物质 2. 表面污染物体 3. 带有放射性物质的仪器或仪表等制品 4. 放射性同位素 5. 易裂变物质 6. 其他放射性物质	71001—71013　T71001—71003 T71004　T71005 T71006 T71007A　T71007B T71008 T71009

续表

类号	名 称	项 号 及 名 称	品 名 编 号
八	腐蚀品	1.酸性腐蚀品（一级）	81001—81135
		（二级）	81501—81647 T81501—T81503
		2.碱性腐蚀品（一级）	82001—82033
		（二级）	82501—82521 T82501—T82503
		3.其他腐蚀品（一级）	83001—83021
		（二级）	83501—83512 T83501 T83502
九	杂类		待定

注:品名编号前有"T"的编号表示未列入 GB 12268—90《危险货物品名表》的危险货物,即属于铁路运输
    危险货物。

3)危险货物办理站

危险货物的到发作业应在危险货物办理站之间进行,通过铁路运价里程表可以查找危险货物运输的营业站。

⚠危 表示该站不办理危险货物的发到,例如长沙北站。

⚠炸 表示该站不办理整车爆炸品及整车一级氧化剂(硝酸铵、硝酸钾、硝酸钠除外)的发到,如长春东。

⚠武 表示站内及专用线均不办理武器、弹药及爆炸品(包括使用爆炸品保险箱装运的)发到。

⚠农 表示危险货物仅办理农药、化肥发到。

在营业站办理限制栏内没有符号的,表示该站办理危险货物的运输业务。办理危险货物运输业务的车站,都设有危险货物办理场库。

4)危险货物托运和承运

(1)运单的填写

托运人托运危险货物时,应在货物运单"货物名称"栏内填写《危险货物品名表》内列载的品名和编号,并在运单的右上角,用红色戳记标明危险货物的类项名称,如金属钠、43002、一级遇湿易燃物品。允许混装在同一包装内运输的危险货物,托运人应在货物运单内分别写明货物名称和编号。

品名填写时应注意下列问题:《危险货物品名表》内列载具体名称的,应填写

具体名称,如氢化铝、43021;具体名称附有别名的,品名可填写其中之一,如硝铵炸药(或写别名铵梯炸药)、11084;属于概括名称的,先填写具体名称,再注明所属概括名称,如氰化钾、61001、并注明"氰化物";不能填写《危险货物品名表》内未列载的名称;允许混装在同一包装内运输的危险货物,托运人应在运单内分别写明货物的名称和编号;不允许填写笼统名称,如"化学药品"、"氨肥"等。

托运爆炸品时,托运人应提出品名表内规定的许可运输证明(公安机关的运输证明应是收货单位所在地县、市公安部门签发的爆炸物品运输证),同时在货物运单"托运人记载事项"栏内注明名称和号码。发站应确认品名、数量、有效期和到达地是否与运输证明记载相符。

(2)按一批和同一包装运输条件

性质或消防方法相互抵触,以及配装号或类项不同的危险货物不能按一批托运。性质或消防方法相互抵触,以及配装号或类项不同的危险货物不得混装在同一包装内。

(3)危险货物的包装

危险货物运输包装不仅能保护产品质量不发生变化、数量完整,而且是防止运输过程中发生燃烧、爆炸、腐蚀、毒害、放射射线污染等事故的重要条件之一,是安全运输的基础。

危险货物的运输包装和内包装应按铁路危险货物品名表及危险货物包装表的规定确定包装方法,同时还需符合下列要求:

①包装材料的材质、规格和包装结构应与所装危险货物的性质和质量相适应。包装容器与所装货物不得发生危险反应或削弱包装强度。

②充装液体危险货物,容器应至少留有5%的空隙。

③液体危险货物要做到液密封口;对可产生有害蒸气及易潮解或遇酸雾能发生危险反应的应做到气密封口。对必须装有通气孔的容器,其设计和安装应能防止货物流出和杂质、水分进入,排出的气体不致造成危险或污染。其他危险货物的包装应做到严密不漏。

④包装应坚固完好,能抗御运输、储存和装卸过程中正常的冲击、震动和挤压,并便于装卸和搬运。

⑤包装的衬垫不得与所装货物发生反应而降低安全性,应能防止内装物移动和起到减震及吸收作用。

⑥包装表面应清洁,不得黏附所装物质和其他有害物质。

使用旧包装容器装运危险货物时,在符合"对危险货物包装的要求"条件下,在运单"托运人记载事项"栏内注明"使用旧包装,符合安全运输要求"后方可承运。剧毒品不得使用旧包装。

采用集装化运输的危险货物,集合包装必须有足够的强度,能够经受堆码和多次搬运,并便于机械装卸。集合包装中的单件应符合"危险货物包装表"的规定。

为了保证运输安全,一旦发生事故能尽快地判定危险货物的性质,采取相应的施救方法,托运人应在每件货物的包装上牢固、清晰地标明危险货物包装标志(《危规》附录一)和包装储运图示标志(《危规》附录二,部分图示见图2.11),并有与货物运单相同的危险货物品名。

图2.11 包装储运图示标志

(4)装过危险货物空容器的运输

装过危险货物的空容器,口盖必须封闭严密。装过有毒、易燃气体的空钢瓶,装过黄磷、一级毒害品(剧毒品)、一级酸性腐蚀品的空容器必须按原装危险货物运输条件办理,其他危险货物空容器,经车站确认已卸空、倒净,可按普通货物运输,但托运人应在货物运单"货物名称"栏内注明"原装 ×× ,已经安全处理,无危险"字样。

（5）限制运输的货物

禁止运输过度敏感或能自发反应而引起危险的物品。凡性质不稳定或由于聚合、分解在运输中能引起剧烈反应的危险货物,除《品名表》另有规定外,托运人应采用加入稳定剂或抑制剂等方法,保证运输安全。对危险性大,如易于发生爆炸性分解等反应或需控温运输的危险货物,托运人应提出安全运输办法,报铁道部审批。

（6）危险货物集装箱运输

用集装箱运输危险货物,能减少作业环节,改善工作条件,加快货物的接取送达,提高工作效率,避免了人工直接搬运危险所带来的不安全因素,有利于提高危险货物运输安全的整体管理水平。

铁路危险货物集装箱应在危险货物集装箱办理站间办理运输,自备危险货物集装箱可在危险货物集装箱办理站或专用线、专用铁路间办理运输。危险货物集装箱运输必须组织一站直达,必须采用"门到门"运输方式,严禁在站内掏、装箱。

2.5.2　鲜活货物运输

鲜活货物主要是农、林、牧、副、渔及其加工产品。因其货物的特殊性,承运时对货物质量要求严格,在运输时间上要求迅速、及时。

1）鲜活货物的定义

鲜活货物是指在铁路运输过程中需要采取制冷、加温、保温、通风、上水等特殊措施,以防止腐烂变质或病残死亡的货物以及托运人认为须按鲜活货物运输条件办理的货物。

2）鲜活货物的分类

鲜活货物分为易腐货物和活动物两大类。

易腐货物包括肉、鱼、蛋、奶、鲜水果、鲜蔬菜、冰、鲜活植物等,见图2.12。易腐货物按其热状态又分为冻结货物、冷却货物和未冷却货物。冻结货物是指经过冷冻处理后成为冻结状态,温度达到承运温度范围内的易腐货物,如冻肉、冰淇淋等;冷却货物是指经过预冷处理后,温度达到承运温度范围内的易腐货物,如经过冷却的水果、蔬菜等;未冷却货物是指未经过冷却处理,处于自然状态的易腐货物,如采收后以初始状态提交运输的水果、蔬菜等。

活动物包括禽、畜、兽、蜜蜂、活鱼以及鱼苗等,见图2.13。

图2.12　易腐货物

图2.13　活动物

3)鲜活货物运输的特点

鲜活货物的运输具有与普通货物不同的一些特点:

①季节性强,运量波动大。大部分鲜活货物的生产具有季节性,如水果集中在三、四季度,南菜北运集中在冬春两季,水产品集中在春秋汛期。这种季节性带来了鲜活货物运输的旺季和淡季,旺季运量大,运输时间紧。

②品类多,运输工作复杂。我国物产丰富,鲜活货物品种多,性质不一,运输条件各异。不同的鲜活货物,需要采用冷藏、保温、加温、通风等不同的运输方式,提供上水、供料等服务,运输工作复杂。

③运距长,时间要求紧。我国地域辽阔,各地产品互补性强,运输距离较长。运输易腐货物有严格的容许运输期限,活动物的运输也要注意容许在途时间。

④货物质量易受外界气温、湿度和卫生条件的影响。

所以,铁路完成鲜活货物的运输,应注意采取以下措施:

①货物要符合运输条件的要求。货物的质量、温度、热状态、包装、运到期限等要符合铁路运输条件的要求。

②配备相应的运输车辆、运载容器和运输设施。为保证鲜活货物的运输质量,需要有冷藏车、家畜车、活鱼车等专用货车和冷藏集装箱以及上水等设施。

③运输中保持适宜的温度和湿度。易腐货物在储运中,需要始终保持适宜的温度和湿度。例如,香蕉储藏最适宜的温度为11.7 ℃,湿度为80% ~85%,用机械

冷藏车装运,运输过程中车内保持的温度要求控制在 11~15 ℃。

④有良好的卫生和通风条件。运输过程中,要按规定对货车、货位进行清扫、洗刷除污和消毒,使用的装卸用具、用品要符合卫生要求,以保持运输环境卫生清洁,防止货物受到污染和微生物的侵害。要有良好的通风条件,以利于排除有毒气体、异味和多余水汽,保持空气清新适宜,也便于散热和降温。

⑤快速运输。针对鲜活货物运输季节性强、运量波动大、时间要求快的特点,必须加强运输组织工作,做到快速运输,积极开展快运货物列车、鲜活货物直达列车。

4)易腐货物的托运和承运

(1)按一批托运的规定

不同热状态的易腐货物不得按一批托运;按一批托运的整车易腐货物,一般限运同一品名,但不同品名的易腐货物,如在冷藏车内保持或要求的温度上限(或下限)差别不超过 3 ℃时,允许拼装在同一冷藏车内按一批托运。

例如,热状态均为未冷却的甜椒和番茄,用机械冷藏车装运,要求保持的温度分别为 6~9 ℃和 2~6 ℃,两者车内保持温度的下限相差 4 ℃,上限相差 3 ℃,上限差别不超过 3 ℃,允许拼装在同一车内按一批托运。但此时,托运人应在货物运单"托运人记载事项"栏内记明"车内保持温度按甜椒品名规定的条件办理"。

(2)运单的填写

托运人托运易腐货物,应在货物运单"货物名称"栏内填写具体的货物品名,并注明其品类序号及热状态(查《铁路鲜活货物运输管理规则》即可)。还应注明易腐货物容许运输期限,易腐货物的容许运输期限至少须大于铁路规定的运到期限 3 天时,发站才承运。

使用冷藏车运输易腐货物时,托运人应按"易腐货物运输条件表"或按运输协议的条件确定运输方式,并在"托运人记载事项"栏内注明"途中加温"、"途中通风"等字样,以便铁路按要求组织运输。

发站承运易腐货物后应在货物运单以及货票、票据封套上分别填记红色标记,表示须快速挂运的货车。

(3)易腐货物的检疫证明

托运人托运需检疫运输的易腐货物时,应按国家有关规定提出检疫证明,在货物运单"托运人记载事项"栏内注明检疫证明的名称和号码,并将随货同行联牢固地粘贴在运单背面,车站凭此办理运输。

（4）易腐货物的质量、温度和包装

①易腐货物的质量。托运的易腐货物应有良好的初始质量，必须品质新鲜。冻肉、冻禽、鱼虾、贝类等动物性易腐货物必须色泽新鲜、气味正常，无腐烂变质现象；水果必须色泽新鲜，无过熟、破裂、腐烂、虫害等现象；蔬菜必须色泽新鲜，无腐烂、雨湿、水渍等现象，瓜类无破裂。

②易腐货物的温度。提交运输时，易腐货物的温度必须符合承运温度的规定。承运温度是指装车时货物的温度。冻结货物的承运温度，除冰为 0 ℃外，其他在 -10 ℃以下；冷却货物的承运温度，除香蕉为 11~15 ℃、菠萝为 7~11 ℃外，其他在 0~7 ℃之间。

③易腐货物的包装。易腐货物的包装须适应货物的性质，包装材料应质量良好无污染，结构和规格能适应货物体积、形状的要求，便于装卸、搬运、堆码和装载。怕压的货物，包装必须牢固，能承受货物堆码的压力。需要通风的货物，包装应有适当的缝隙或通风孔。坚实的货物，如冻肉、冻鱼、西瓜、哈密瓜等可不要包装。

（5）易腐货物的运输方式

运输易腐货物有冷藏、保温、防寒、加温和通风 5 种运输方式。

冷藏运输是指在运输温度一直保持低于外界气温条件下运输易腐货物的一种方式，是易腐货物运输的主要方式。

保温运输是指不采用任何制冷、加温措施，仅利用车体的隔热性能和货物本身的冷量或热量来保持运输温度在适宜范围内运输易腐货物的一种方式。如寒季保温运输冻肉、柑橘等。

防寒运输是指在寒季运输怕冻货物，用保温运输还不能使车内温度维持在货物容许的最低温度以上时，必须采取补充的防护措施，同时也是防止货物遭受冷害、冻害的一种运输方式。防寒措施一般是在车墙上加挂棉被、草帘，在车门附近加挂棉帘、草帘，在车地板上及四角填铺稻草、稻壳，用稻草、棉絮堵塞加冰冷藏车的排水管、泄水孔等。

加温运输是指由运输工具提供热源，使车内温度保持高于外界气温的一种运输方式。当防寒措施仍不能防止易腐货物遭受冷害、冻害时，可采取加温措施，如开启机械冷藏车的电热器使车内温度保持在规定范围。

通风运输是指在运输全程或部分区段需开启车门、车窗、通风口盖或吊起侧板进行通风的一种运输方式。通风运输主要用于加冰冷藏车、棚，敞车运输水果、蔬菜等。通风的目的在于散发货物的田间热、呼吸热，排除二氧化碳、乙烯等有害气体和多余水汽，避免货物积热不散、缺氧呼吸或被乙烯催熟而导致腐烂。

5)活动物的托运和承运

（1）活动物的检疫证明

托运人托运活动物时,应按国家有关规定提出检疫证明,在货物运单"托运人记载事项"栏内注明检疫证明的名称和号码,并将随货同行联牢固地粘贴在运单背面,车站凭此办理运输。

（2）对押运人的规定

活动物运输的最大特点是运输过程中要同时进行饲养工作,因此,装运活动物时,托运人必须委派熟悉活动物习性的押运人随车押运。托运人应在货物运单"托运人记载事项"栏内注明押运人的姓名、证明文件名称及号码。押运人的人数,每车以 1~2 人为限,托运人要求增派时,须经车站承认,但增派人数一般不得超过 5人,鱼苗每车押运人人数不超过 8 人,蜜蜂每车押运人人数不超过 9 人。押运人携带物品必须符合安全要求,只限途中生活用品和途中需要的饲料和饲养工具,数量在规定限量内。

对承运的活动物,发站应在货物运单、货票、封套、装载清单内注明"活动物"字样,以便沿途做好服务工作。

2.5.3 阔大货物运输

随着国民经济的发展,经由铁路运输的大型设备、重型机械逐年增多。这些货物的特点是长、大、笨重,铁路把这些超长、集重或超限的货物统称为阔大货物。

1)超长货物

一件货物的长度,超过所装平车的长度,需要使用游车或跨装运输时,称为超长货物。

超长货物通常有两种装载方法:一车负重,一端或两端突出装载,端梁加挂游车;或用两辆或两辆以上平车跨装装载。具体采用哪种方法需要根据货物的实际情况确定。

2)集重货物

集重货物是指货物重量大于所装车辆负重面长度的最大容许载重量的货物。

集重货物的特点是货物重量大,支重面小,货车负重面长度承载重量大。可以采取加横垫木或加纵横垫木等措施使装载货物免于集重。

支重面长度系指支撑货物重量的货物底面积长度。负重面长度系指货车底板承担货物重量的长度。当货物直接装在车底板上时,支重面长度等于负重面长度,当货物使用横垫木时,负重面长度等于两横垫木距的 2 倍;当货物使用纵垫木时,负重面长度等于纵垫木长度。

一件货物确定为集重货物以后,发站应在货物运单、票据封套、编组顺序表上注明"集重货物"字样。在铁路运输过程中,必须根据货车最大容许载重量表,选用适合的货车,只有当货物的重量小于或等于货车负重面长度的最大容许载重量时,才能运送。

3)超限货物

为了确保机车车辆运行的安全,防止机车车辆在运行中与建筑物或设备相接触,铁路规定了机车车辆限界和建筑接近限界。

机车车辆限界是指机车、车辆在设计制造时,各部位距钢轨平面最高和距线路中心线的垂直面最宽尺寸的轮廓图。

建筑接近限界是指在线路两侧及上部的建筑物、设备距平面最低和距线路中心线的垂直面最窄尺寸的轮廓图。

由于机车车辆限界和建筑接近限界之间有一定的安全空间,如采取一定的措施,有些超限的大件货物还是可以通过铁路运输,这就是超限货物运输。铁路所承运的货物,高度和宽度有一定的限制,如果一件货物装车后有任何部位超出机车车辆限界即为超限货物。

判断超限货物的标准有三条:一是一件货物装车后,在平直线路上停留时,货物的高度和宽度有任何部位超过机车车辆限界者,即为超限货物。二是一件货物装车后,在平直线路上停留虽不超限,但行经半径为 300 m 的曲线线路时,货物的内侧或外侧的计算宽度仍然超限的,亦为超限货物。三是对装载通过或到达特定装载限界区段内各站的货物,虽没有超出机车车辆限界,但超出特定区段的装载限界时,也是超限货物。

托运超限货物时,托运人除应根据批准和要车计划向车站提出货物运单外,还应提供以下资料:托运超限货物说明书;货物外形尺寸三视图,并以"＋"号标明货物重心位置;有计划装载、加固计算根据的图纸和说明。

【做一做】

◎ 内容

铁路货运业务代理实训

◎ 目的

通过代理客户的铁路货运业务,掌握铁路货运业务的操作程序。

◎ 人员

任课教师与学生

◎ 时间

2 课时

◎ 步骤

①教师作为货主,分别提出以下货运需求,见表 2.13;同时提供以下铁路货车信息(见表 2.14);

表 2.13　客户的货运需求

客户	发　站	到　站	运价里程 /km	货物描述	货物价格 /元	运价号
A	石家庄南	汉口	929	汽车配件,木箱包装,500 箱,每箱 120 kg,每箱规格 0.6 m×0.6 m×0.5 m	600 000	6/22
B	南京西	保定	1 098	服装,纸箱包装,270 箱,每箱 30 kg,每箱体积 0.8 m×0.6 m×0.3 m	100 000	5/22
C	安阳	徐州北	556	块煤,62 500 kg,散装	10 000	4/21
D	哈尔滨	新乡	1 289	原木,50 t		5/21
E	长沙北	集宁	2 055	电工器材,总重 25 000 kg,30 m³	200 000	6/22

注:"运价号"表示这种货物作为整车、零担运输时的运价号,如"5/21"表示这批货物按整车办理时,运价号为 5;如果按零担办理,则运价号为 21。

表 2.14　铁路货车信息

顺号	车种车号或箱号	货车标重	施封号码
1	P62/3124567	60 t	F000112/000113
2	P64/3464568	60 t	F060056/060057
3	C62A/4785930	60 t	
4	N17/5043255	60 t	
5	铁路集装箱 40 ft TBJU635673	总重 30 480 kg,尺寸 12 192 m× 2 438 m×2 438 m	F060025/060026
6	X6A/5242301	60 t	

②首先判断客户 A,B,C,D,E 的货物,应分别办理哪种铁路货物运输:整车、零担还是集装箱?

③作为客户的货运代理,填写相应的货物运单,运单格式见表2.3、表2.4 和表2.5(托运人、收货人名称、地址等信息自定)。

④计算各批货物的运到期限、基本运费,铁路货物运价率表见表2.7。

⑤实训总结。

◎ 要求

按照铁路运输规章的要求,正确指导客户填写或代写货物运单,正确提出货物运输方式的建议,并能正确指导客户及时备货。

◎ 认识

作为物流业货运代理企业的员工,应熟悉铁路货运的基本业务流程,能正确填写货物运单,能按要求及时备货,这对将来从事相关工作是必要的。

【任务回顾】

通过对本章的学习,使我们初步掌握了铁路货运的基本程序,知道了铁路货运的基本运输方式,能正确对客户的货运需求作出指导,并能正确填写货物运单,并对如何备货、如何收货、发现问题如何办理有一定了解。

【名词速查】

1.一批

一批是指使用一张货物运单和一份货票,按照同一运输条件运送的货物,即按一批托运的货物,托运人、收货人、发站、到站和装卸地点必须相同(整车分卸货物除外),它是承运货物、计算运费和交付货物的一个基本单位。

2.整车运输

一批货物的重量、体积、形状或性质需要一辆及其以上货车运输的,应按整车运输。

3.零担运输

一批货物的重量、体积、形状和性质不需要单独使用一辆货车装运的货物,可按零担方式办理运输。

4.受理

车站对托运人提出的货物运单,经审查符合运输要求,在货物运单上签证货物搬入或装车日期后,即为受理。

5. 承运

零担和集装箱运输的货物,由发站接收完毕,整车货物装车完毕并核收运费后,发站在货物运单上加盖车站日期戳时起,即为承运。

6. "五定"班列

"五定班列"是指定点(装车站和卸车站)、定线(列车运行线)、定车次(直达班列车次)、定时(货物运到时间)、定价(全程运输价格)的直达快运货物列车。

7. 货物运单

这是托运人与承运人之间,为运输货物而签订的一种运输合同,是确定托运人、承运人、收货人之间在运输过程中的权利、义务和责任的原始依据。货物运单既是托运人向承运人托运货物的申请书,也是承运人承运货物和核收运费、填写货票以及编制记录和备查的依据。

8. 货票

货票是铁路运输货物的凭证,是一种具有财务性质的票据。它不仅是向货主收费的主要凭证,还是铁路运输组织管理的基础信息源,对于铁路企业市场营销、运输组织、运力配置、收入管理与清算、统计分析等管理和经营决策具有重要价值。

9. 危险货物

在铁路运输中,凡具有爆炸、易燃、毒害、腐蚀、放射性等特性,在运输、装卸和储存保管过程中,容易造成人身伤亡和财产毁损而需要特别防护的货物,均属危险货物。

10. 鲜活货物

鲜活货物是指在铁路运输过程中需要采取制冷、加温、保温、通风、上水等特殊措施,以防止腐烂变质或病残死亡的货物以及托运人认为须按鲜活货物运输条件办理的货物。

11. 超限货物

铁路所承运的货物,高度和宽度有一定的限制,如果一件货物装车后有任何部位超出机车车辆限界即为超限货物。

【任务检测】

一、填空题

1.铁路货物运输种类,按照一批货物的重量、体积、性质、形状分为_____、

_____和集装箱运输 3 种。

2.一批货物是指使用一张货物运单和一份货票按照同一运输条件运输的货物。整车每车为一批,跨装、爬装及使用游车的货物以_____为一批;零担和集装箱以_____为一批。

3.为了便于配装和保管,每批零担货物不得超过_____件,每一件零担货物的体积最小不得小于_____立方米(一件重量在 10 kg 以上的除外)。

4.铁路零担货物运输主要采用_____的承运方式。

5.铁路运输中,托运危险货物时,应在货物运单的右上角,用_____戳记标明危险货物的类项名称。

二、单选题

1.世界上第一条公用铁路是_____1825 年建成的。

    A.美国   B.英国   C.法国   D.德国

2.中国自己设计、自己施工的第一条铁路是_____。

    A.淞沪铁路   B.唐山—胥各庄铁路

    C.京张铁路   D.京原铁路

3.托运时,托运人应向承运人按批提交_____一份,并对其填写事项的真实性负责。

    A.货物运单   B.货票   C.货车装载清单   D.票据封套

4.车站对托运人提出的货物运单,经审查符合运输要求,在货物运单上签证_____为受理。

    A.托运日期   B.搬入日期   C.承运日期   D.交付日期

5._____的行为是铁路货物运输的承运。

    A.托运人向承运人提交运单

    B.承运人在货物运单上注明货物搬入日期

    C.托运人把货物搬入货场

    D.承运人在货物运单上盖上发站承运日期戳

6.车站在货物运单和货票上加盖车站日期戳并收清费用后,即将_____一并交给托运人。

    A.货物运单和货票甲联   B.领货凭证和货票甲联

    C.货物运单和货票丙联   D.领货凭证和货票丙联

三、多选题

1.下列情况应办理铁路整车货物运输的是(   )。

    A.一批普通货物,其重量和体积均达到了整车的运输条件

B. 一批普通货物,其体积达到了整车的运输条件,但重量未达到

C. 一批不易计算件数的货物,重量未达到整车的运输条件

D. 一批需要冷藏的货物,体积未达到整车的运输条件

E. 一批长度超过 9 m 的货物,重量达到了整车的运输条件

2. 铁路货物运输合同的表现形式有(　　　)。

A. 铁路货物运输服务订单　　　　B. 货物运单　　　　C. 货票

D. 交纳运费的发票　　　　　　　E. 货运票据封套

3. 货物运单"货物名称"栏,可以填写下列哪几项(　　　)。

A. 焦炭　　　B. 自行车　　　C. 化学药品　　　D. 原木　　　E. 易腐货物

4. 货物运单"包装"栏,可以填写下列哪几项(　　　)。

A. 无　　　　B. 纸箱　　　　C. 木箱　　　　D. 散　　　　E. 铁桶

5. 铁路货物运输的运到期限由哪些时间组成?(　　　)

A. 装车时间　B. 发送期间　C. 运输期间　D. 到达期间　E. 特殊作业时间

四、判断题

1. 新鲜水果与家用电器可以作为一批办理铁路货物运输。　　　　　　(　　　)

2. 水泥、炭黑、生毛皮可以使用铁路通用集装箱装运。　　　　　　　(　　　)

3. 散堆装货物办理整车运输时只按重量承运,不计件数。　　　　　　(　　　)

4. 托运人第二次变更到站时,铁路不予办理。　　　　　　　　　　　(　　　)

5. 铁路集装箱运输,每批必须是标记总重相同的同一箱型,最多不得超过一辆铁路货车所能装运的箱数。　　　　　　　　　　　　　　　　　　　(　　　)

五、简答题

1. 不得按零担运输的货物,也就是限按整车办理的货物,有哪7种?

2. 铁路货物交付包括票据交付和现货交付,分别是什么含义?

3. 铁路在运输鲜活货物时,应该采取哪些措施来保障运输质量?

六、论述题

客户提出下列铁路货物运输需求,请回答客户这些货物应分别按何种运输种类办理。

客户 A:箱装电动葫芦一件,重 12 kg,体积 0.23 m×0.18 m×0.4 m;

客户 B:袋装黄豆56 t;

客户 C:桥梁一件,重量 30 t,长度 12.5 m;

客户 D:服装 270 箱,每箱 30 kg,每箱体积 0.8 m×0.6 m×0.3 m;

客户 E:活猪 50 头,每头重量 100 kg

参考答案

一、填空题

1. 整车、零担   2. 每车组、每张货物运单   3. 300,0.02

4. 承运日期表   5. 红

二、单选题

1. B   2. C   3. A   4. B   5. D   6. D

三、多选题

1. ABCDE   2. AB   3. ABD   4. ABCE   5. BCE

四、判断题

1. ×   2. ×   3. √   4. √   5. √

五、思考题

1. 答：

①需要冷藏、保温或加温运输的货物；

②规定限按整车输的危险货物(如限按整车托运的爆炸品、1 t以上的放射性包装货件、气体放射性货物等)；

③易于污染其他货物的污秽品(如未经过消毒处理或未使用密封不漏包装的牲骨、湿毛皮、粪便、炭黑等)；

④蜜蜂；

⑤不易计算件数的货物；

⑥未装容器的活动物(铁路局规定在管内可按零担运输的除外)；

⑦一件货物重量超过2 t,体积超过3 m³或长度超过9 m的货物(经发站确认不致影响中转站和到站装卸作业的除外)。

2. 答：

(1)票据交付:收货人要求领取货物时,须向铁路提出领货凭证或有效证明文件,经与货物运单票据核对后,由收货人在货票丁联上盖章或签字,收清一切费用,在运单和货票上加盖交付日期戳。收回的领货凭证或证明文件应粘贴在货票丁联上留站存查,并将货物运单交给收货人,凭以到货物存放地点领取货物。

(2)现货交付:交付货运员凭收货人提出的货物运单向收货人点交货物,然后在货物运单上加盖"货物交讫"戳记,并记明交付完毕的时间,将运单交还收货人,凭此将货物搬出货场。

3. 答：

①货物要符合运输条件的要求。

②配备相应的运输车辆、运载容器和运输设施。

③运输中保持适宜的温度和湿度。

④有良好的卫生和通风条件。

⑤快速运输。

六、论述题

A. 零担   B. 整车   C. 整车   D. 零担   E. 整车

任务 3
办理公路货物运输

教学要求

1. 认识我国公路货物运输的重要作用；

2. 掌握公路货物运输的作业程序；

3. 掌握公路货物运输单证的填写；

4. 掌握公路货物运价的计算依据；

5. 了解公路特种货物运输的办理条件。

学时建议

知识性学习：8 课时

实训：2 课时

现场观察学习：6 课时（业余自主学习）

【导学语】

物流公路运输是承担全社会运量最大的运输方式,作为物流管理方向的学员,对公路运输应具备哪些知识和技能呢?

为了更好地给客户办理公路货物运输,我们应该掌握公路运输的特点、现状、运输种类、作业流程、运输单证的填制等知识和技能。

【学一学】

3.1　了解我国公路货物运输的现状和特点

3.1.1　公路运输的概念

公路运输是指在公共道路上使用汽车或其他运输车辆从事旅客或货物运输及其相关业务活动的总称。公路运输始于 19 世纪末,现代的公路运输工具主要是汽车,所以公路运输也称为汽车运输。

公路运输业作为一个相对独立的行业,主要由直接从事客、货运输的物质生产活动和为运输生产活动服务的车辆维修、搬运装卸、运输服务构成。公路运输业按性质分为营业性公路运输和非营业性公路运输。非营业性公路运输指为个人或本单位生产和生活服务,不发生费用结算的公路运输;营业性公路运输指为社会提供劳务、发生费用结算的公路运输。我国公路货物运输的指导性行政法规是交通部 2000 年 1 月 1 日起实行的《汽车货运规则》。

3.1.2　公路运输的特点

公路运输是目前普及最广、承担全社会运量最大的一种运输方式。公路货物运输是中短途运输的主力,汽车不仅为铁路、水路、航空运输起集散货物的作用,而且是厂矿企业内部运输及城市货运的重要工具;在我国西北、西南及一些边远地区,还担负着长途干线运输。据统计,我国目前公路货运量,在全国总货运量中所占比例将近3/4。公路货物运输之所以能取得如此重要的作用,主要是因为具有如下几个明显的优点。

1)覆盖面广

公路通达城乡并形成网络,使各地之间得以连通。在各种运输方式中,公路运输覆盖面最广、通达性最强。截至2007年底,全国公路里程已达357.3万 km,其中高速公路近3.42万 km。有一半以上的省份高速公路里程超过1 000 km,公路里程仅次于美国而位居世界第二。按国土面积计算公路密度为每百平方公里17.7 km,按人口计算公路密度为13.1 km/万人,全国已有99.3%的乡镇和91.8%的行村通公路。可以说,公路运输为我国城乡居民提供了最基本的通行条件。

2)机动灵活,适应性强

由于公路运输网一般比铁路、水路网的密度要大十几倍,分布面也广,因此公路运输车辆可以"无处不到、无时不有"。公路运输在时间方面的机动性也比较大,车辆可随时调度、装运,各环节之间的衔接时间较短。尤其是公路运输对客、货运量的大小具有很强的适应性。汽车的载重吨位有小(0.25 ~ 1 t)有大(200 ~ 300 t),既可以单独车辆独立运输,也可以由若干车辆组成车队同时运输,这一点对抢险、救灾和军事运输具有特别重要的意义。

3)可以实现"门到门"的直达运输

公路运输最大的优势是直达性好,可以实现门到门运输。水路、铁路、航空运输一般只能将旅客和货物运至港、站、机场,两头则需汽车集疏,周转、装卸环节增加;而公路运输避免了这种缺陷,旅客可以招手即停、送客到家,货物可以上门取货送货到门,减少了周转环节。由于汽车体积较小,中途一般也不需要换装,除了可以沿分布较广的路网运行外,还可离开路网深入到工矿企业、农村田间、城市居民住宅,可以把货物从始发地门口直接运送到目的地门口,实现"门到门"直达运输。这是其他运输方式无法比拟的特点之一。

公路运输的经济半径一般在500 km以内,在中、短途运输中,由于公路运输可以实现"门到门"的直达运输,中途不需要转运就可以直接将货物运达目的地。因此,与其他运输方式相比,其在途时间较短,运送速度较快。

4）具有较强的经济效益

汽车造价比飞机、火车、轮船低得多，不但经营者投资少，不少家庭也有能力购置，加之驾驶技术容易掌握，所以汽车可以在全社会普及，成为使用最广泛的现代交通工具。

从投资效果来看，公路的修建与汽车的制造，比起铁路、航空来说，一般投资较小，见效较快，甚至可以做到当年投资、当年投产、当年受益；据有关资料表明，在正常经营情况下，公路运输的投资每年可周转1~3次，而铁路运输则需要3~4年才能周转一次。

我国乡村公路的修建，由于易于兴办，地方、单位和个人都能参与，其发展的速度和广度是其他运输方式所不及的。从各种运输方式的运送效果来看，由于公路网密度大，加之汽车运行适应性强，这给汽车运输带来了选走捷径而求实效的有利条件。因而在一定的经济区域内能相应的缩短货物运输距离，降低商品流转费用，加速资金周转，节约运力和资源，能够取得较好的社会经济效益和企业经济效益。

但是，和铁路运输、水路运输相比较，公路运输也存在一些不足的地方，主要表现在以下方面：

（1）运量较小，运输成本较高

目前，世界上最大的汽车是美国通用汽车公司生产的矿用自卸车，长约20 m，自重610 t，载重350 t左右。大部分汽车的载重在几吨到几十吨之间，比火车、轮船的载重量少得多；由于汽车载重量小，行驶阻力比铁路大9~24倍，所消耗的燃料又是价格较高的汽油或柴油，因此，除了航空运输，就是汽车运输成本最高了。

（2）运行持续性较差

据有关统计资料表明，在各种现代运输方式中，公路的平均运距是最短的，运行持续性较差。如我国2008年公路平均运距客运为55 km，货运为57 km；而同年铁路的平均运距，客运为395 km，货运为764 km。

（3）安全性较低，对环境有较大的污染性

据历史记载，自汽车诞生以来，汽车已经吞掉约3 000万人的生命，特别是从20世纪90年代开始，死于汽车交通事故的人数急剧增加，平均每年达50万余人。这个数字超过了艾滋病、战争和结核病每年导致的死亡人数。汽车所排出的尾气和引起的噪声也严重地威胁着人类的健康，是大城市环境污染的最大污染源之一。

3.2 认识公路货物运输的种类

3.2.1 按货运营运方式分类

1)整批运输

这是指托运人托运的一批货物在 3 t 及其以上或虽不足 3 t 但其性质、体积、形状需要一辆 3 t 及其以上汽车运输的货物运输。如需要大型汽车或挂车(核定载重量为 4 t 及以上的)以及油罐车、冷藏车、保温车等车辆运输的货物运输。

2)零担运输

这是指托运人托运的一批货物不足整车的货物运输。

3)集装箱运输

这是指将适箱货物集中装入标准化集装箱,利用汽车进行的货物运输。在我国又把公路集装箱运输分为国内集装箱运输及国际集装箱运输。

4)联合运输

这是指一批托运的货物需要两程或两种及其以上运输工具的运输。目前我国联合运输有公路铁路联运、公路水路联运、公路和公路、公路铁路水路联运等。联合运输实行一次托运、一次收费、一票到底、全程负责。

5)包车运输

这是指应托运人的要求,经双方协议,把车辆包给托运人安排使用,并按时间或里程计算运费的运输。

3.2.2 按照托运的货物是否保险或保价分类

按托运的货物是否保险或保价,道路货物运输可分为不保险运输、不保价运输、保险运输和保价运输。保险和保价的办理均实行托运人自愿的原则。凡保险或保价的,需按规定缴纳保险金或保价费。保险运输须由托运人向保险公司投保或委托承运人代办。保价运输时,托运人必须在货物运单的价格栏内向承运人声明货物的价格。

3.2.3 按货物运输条件分类

按货物运输条件分类,公路货物运输可分为普通货物运输和特种货物运输。

普通货物运输是指按一般条件进行的货物的运输。普通货物分为一等、二等、三等3个等级。

特种货物运输是指在运输过程中对货物需采取特殊防护措施,才能确保运输安全的货物的运输。特种货物包括超限货物、危险货物、贵重货物和鲜活货物。

3.2.4 按运送速度分类

按运送速度分为一般货物运输、快件货物运输和特快专运。一般货物运输即普通速度运输或称慢运;快件货物运送的速度从货物受理当日 15 点起算,运距在 300 km 内 24 小时运达,运距在 1 000 km 内 48 小时运达,运距在 2 000 km 内 72 小时运达;特快专运是指在托运人要求的约定时间内运达。

3.3 办理公路普通货物运输

3.3.1 办理公路整车货物运输的程序

托运人一次托运的货物在 3 t(含 3 t)以上、或虽不足 3 t,但其性质、体积、形状需要一辆 3 t 以上的卡车运输的,均为整车货物运输。

为明确运输责任,整车货物运输通常是一车一张货票、一个托运人。为此,公路货物运输企业应选派额定载重量(以车辆管理机关核发的行车执照上标记的载重量为准)与托运量相适应的车辆装运整车货物。公路整车货物运输的流程见图3.1。

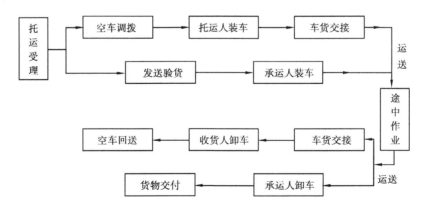

图 3.1 公路整车货物运输流程

整车货物多点装卸,按全程合计最大载重量计重,最大载重量不足车辆额定载重量时,按车辆额定载重量计重。

托运整车货物由托运人自理装车,未装足车辆标记载重量时,按车辆标记载重量核收运费。

整车货物运输一般中间环节很少,送达时间短、相应的货运集散成本较低。涉及城市间或过境贸易的长途运输与集散,如国际贸易中的进出口商通常乐意采用以整车为基本单位签订贸易合同,以便充分利用整车货物运输的快速、方便、经济、可靠等优点。

1)公路整车货物发送站作业

(1)托运受理

发货人托运货物时,应向起运地车站办理托运手续,并填写货物托运单(或称运单)作为书面申请。托运必须做好货物包装、确定重量和办理单据等项作业。

①货物包装。货物的包装属托运人的职责范围。为了保证货物在运输过程中的完好和便于装载,发货人在托运货物之前,应按相应的国家标准及有关规定进行包装。凡在国家标准或相关规定内没被列入的货物,发货人应根据托运货物的质量、性质、运距、道路、气候等条件,按照运输工作的需要做好包装工作。车站对发货人托运的货物,应认真检查其包装质量,发现货物包装不合要求时,应建议并督促发货人将其货物按有关规定改变包装,然后再行承运。

凡在搬运、装卸、运送或保管过程中,需要加以特别注意的货物,托运方除必须改善包装外,还应在每件货物包装物外表明显处,贴上货物运输指示标志。

②确定重量。货物的重量是企业统计运输工作量和核算货物运费的依据。货物重量分为实际重量和计费重量。

公路运输的货物有重质货物与轻浮货物之分。凡平均每立方米质量不足333 kg的货物为轻浮货物;否则为重质货物。公路货物运输经营者承运有标准质量的整车实重货物,一般由发货人提出重量或件数,经车站认可后承运。货物重量应包括其包装重量在内。

(2)组织装车

货物装车前必须对车辆进行技术检查和货运检查,以确保其运输安全和货物完好。装车时要注意码放货物,努力改进装载技术,在严格执行货物装载规定的前提下,充分利用车辆的装载质量和容积。货物装车完毕,应严格检查货物的装载情况是否符合规定的技术条件,托运人办理货物托运时,应按规定到车站交纳运杂货,并领取承运凭证——货票。

货票是一种财务性质的票据,是根据货物托运单填写的。在发站它是向发货人核收运费的收费依据;在到站它是与收货人办理货物交付的凭证之一;此外,货票也是企业统计货运量,核算货运收入及计算有关货运工作指标的原始凭证。

始发站在货物托运单和货票上加盖承运日期之时起即为承运,承运标志着企业对托运人托运的货物开始承担运送义务和责任。

2)整车货物运输的途中站务工作

货物在运送途中发生的各项货运作业,统称为途中站作业,途中站作业主要包括途中货物交接,货物整理或换装等内容。

(1)途中货物交接

为保证货物运输的安全与完好,便于划清企业内部的运输责任,货物在运输途中如发生装卸、换装、保管等作业,驾驶员之间、驾驶员与站务人员之间,应认真办理交接检查手续。一般情况下交接双方按货车现状及货物装载状态进行交接,必要时可按货物件数和质量交接,如接收方发现有异状,由交出方编制记录备案。

(2)途中货物整理或换装

货物在运输途中如发现有装载偏重、超重、货物撒漏,车辆技术状况不良而影响运行安全,货物装载状态有异状,装载加固材料折断或损坏,货车篷布遮盖不严或捆绑不牢等情况,有可能危及行车安全和货物完好时,应及时采取措施,对货物加以整理或换装,必要时调换车辆,同时登记备案。

为了方便货主,整车货物还可允许中途拼装或分卸作业,考虑到车辆周转的及时性,对整车拼装或分卸应加以严密组织。

3)整车货物运输的到达站作业

货物在到达站发生的各项货运作业统称为到达站作业,到达站作业主要包括货运票据的交接,货物卸车、保管和交付等内容。

车辆装运货物抵达卸车地点后,收货人或车站货运员应组织卸车,卸车时,对卸下货物的品名、件数、包装和货物状态等应作必要的检查。

整车货物一般直接卸在收货人仓库或货场内,并由收货人卸车。收货人确认卸下货物无误并在货票上签收后,货物交付即完毕,货物在到达地向收货人办完交付手续后,才告完成该批货物的全部运输过程。

3.3.2　办理公路零担货物运输的程序

伴随着商品经济的日益发展,产品(货物)结构也不断发生变化,成件、包装、高值、轻浮类货物比重越来越大,这一切都对零担货运提出了要求。零担货运组织工作较整车货运有较大难度,因此,应掌握好零担货物的特点,抓好零担货物受理、中转等环节,努力搞好零担货运工作。

托运人一次托运货物不足 3 t 的为零担运输。按件托运的零担货物,单位体积一般不小于 0.01 m^3(单件重量 10 kg 以上的除外),不大于 1.5 m^3;单件重量不超过 2 000 kg;货物的长度、宽度、高度分别不超过 3.5 m,1.5 m 和 1.3 m。

1)零担货物运输的特点

一般而言,公路承运的零担货物具有数量少、批次多、包装不一、到站分散的特点,并且品种繁多,有的商品价格较高。另一方面,经营零担货运需要有库房、货棚、货场等基本设施以及与之配套的装卸、搬运、堆码机械、苫垫设备。这样,零担货物运输形成了自己独有的特点,概括说表现在如下方面。

(1)计划性差

零担货物的特点,决定了经由汽车运输的零担货物,难以通过运输合同等方式,将其纳入计划管理的轨道。为了组织好零担货运工作,应做到合理利用车辆、场库等设施,不断提高设备利用率和运输效率,汽车运输部门应加强对零担货运流量、流向的调查,掌握其变化的规律,抓好零担货物的受理工作。

(2)组织工作复杂

零担货运作业环节较多,作业工艺比较细致,货物配载和装载要求也比较高。零担货物质量的确定、货物的装卸均由车站负责,货运站不仅要配备一系列相应的货运设施,而且也增加了大量的业务管理工作。

(3)单位运输成本较高

为了适应零担货物运输的需求,货运站要配备一定的仓库、货棚、站台,以及相应的装卸、搬运、堆置的机具和专用厢式车辆。此外,相对于整车货物运输而言,零担货物周转环节多,更易于出现货损、货差,赔偿费用较高,因此,导致了零担货物运输成本较高。

(4)运送方法多样

零担货物可采用专用零担班车、客车捎带等不同的运送方式,组织工作比较灵活、复杂。

正因为零担货物运输具有与整车货物运输不同的特点,使得零担货物运输具有自己的优越性,其主要表现在以下方面:

①适应于千家万户的需要。零担货物运输适合运输商品流通中品种繁多、小批量、多批次、价值较高、到站分散的货物。因此,它能满足不同层次人民群众商品

流通的要求,方便大众物资生产和流通的实际需要。

②运输安全、迅速、方便。零担货物运输由于其细致的工作环节和业务范围,可承担一定行李、包裹的运输,零担班车一般都有固定的车厢,所装货物不至于受到日晒雨淋,体现了安全、迅速、方便的优越性。

③零担货物运输机动灵活。零担货物运输都是定线、定期、定点运行,业务人员和托运单位对运输情况都比较清楚,便于沿途各站点组织货源,往返实载率高,经济效益显著。对于竞争性、时令性和急需的零星货物运输具有尤为重要的意义。

2)零担货运组织形式

零担货运由于要集零为整,站点、线路较复杂,业务繁琐,因而开展零担货运业务,必须采用合理的车辆运行组织形式。这些形式通常包括:

（1）固定式

这也叫"四定运输",系指车辆运行采取定线路、定班期、定车辆、定时间的一种组织形式。

这种零担货运班车是根据营运范围内零担货物流量、流向等调查资料,结合历史统计资料和货主实际需要组织运行的。它为物资单位和广大群众在货物交运上提供了许多方便,有利于他们合理安排生产和生活。对汽车运输部门来讲,它也有利于组织货物的安全迅速送达,并可为零担货运逐步走上计划管理轨道创造一定的条件。

固定式零担货运班车,根据货物流量、流向以及货主的实际要求,主要有直达、中转、沿途3种不同的组织形式。

①直达零担班车,是指在起运站将多个托运人托运的同一到站且可以配载的零担货物,装在同一车内,直接送达目的地的一种零担班车,见图3.2。

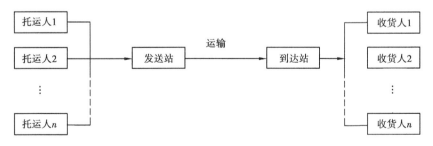

图3.2 直达零担班车货运组织图

②中转零担班车,是指在起运站将多个托运人托运的同一线路、不同到达站且允许配装的零担货物,装在同一车内运至规定中转站,卸后复装,重新组织成新的

零担班车运往目的地的一种零担班车,见图3.3。

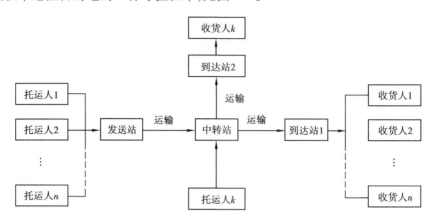

图3.3　中转零担班车货运组织图

③沿途零担班车,是指在起运站将多个托运人托运的同一线路、不同到达站且允许配装的零担货物,装在同一车内,在沿途各计划停靠地卸下或装上零担货物继续前进,直至最后终点站的一种零担班车。

在上述3种零担班车运行模式中,以直达零担班车最为经济,是零担货运的基本形式,这一形式的特点有:

①避免了不必要的换装作业,节省了中转费用,减轻了中转站的作业负担;

②减少了货物在中转站的作业,有利于运输安全和货物完好,减少事故,确保质量;

③减少了在途时间,提高了零担货物的运送速度,有利于加速车辆周转和物资调拨;

④在仓库内集结待运时间短,有利于充分发挥仓库货位的利用程度。

(2)非固定式

这是指按照零担货流的具体情况,根据实际需要,随时开行零担货车的一种形式。

这种组织形式由于缺少计划性,必将给运输部门和广大货主带来一定不便。因此只适宜在季节性或在新辟零担线路上作为一种临时性措施。

3)零担货物运输的组织流程

零担货运包括受理、保管、配装、装车、运送、卸车、堆码、保管、交付等作业。能否安全、迅速有计划地组织好零担货运和提高设备利用率,在很大程度上取决于零担货物的发送组织。因此,零担货运站应针对零担货物的特点,加强零担货流的控制,以便尽力组织直达,减少中转,保证质量,方便货主。

（1）托运受理

托运受理是零担货运作业中的首要环节,由于零担货运线路、站点较多,货物种类繁杂,包装形状各异,性质不一,因此受理人员必须熟知营运范围内的线路、站点、运距、中转范围、车站装卸能力、货物的理化性质及运输限制等一系列业务知识和有关规定。此外,托运站必须公布办理零担货运的线路、站点(包括联运站、中转站)、班期、里程和运价,张贴托运须知、包装要求以及限运规定等。受理托运时,必须由托运人认真填写托运单,承运人审核无误后方可承运。对托运人在记载事项栏内填写的要求应予特别审核,看其是否符合有关规定。如要求不合理或无法承运的,应向托运人作出解释,并在记录栏内作出相应记录。

零担货物的受理工作,是零担货物运输的第一个环节。鉴于各货运站受理零担货物的数量、运距以及车站作业能力各有不同,应从具体情况出发,采用不同的受理制度:

①随时受理制。这种受理制度对于零担托运的日期无具体规定,只要在货运站的经营范围内,托运人将货物送到货运站即可办理承运,它为货主提供了很大的方便性。

随时受理制不能事先组织零担货源,使零担货物的计划运输受到一定的限制。零担货物承运以后,有比较长的集结时间,仓库设备利用率也较低。这种方法一般适用于运量不大的车站,对某些急运零担货物也可适用。对于中转量较大,发运量很小,可以利用发送货物和中转货物配装组织直达零担班车的车站,也可考虑采用这种方法。

②预先审批制。这种制度对于加强零担货物运输的计划性,提高零担货物运输的组织水平有一定作用。它要求发货单位事先向车站提出申请,车站再根据各个方向及站别的运量,结合站内设备和作业能力加以平衡,组织成各种零担班车,分别指定日期进货集结。预先审批的方法,给那些发送量小的货主带来了很大的不便。

③日历承运制。这种制度要求车站在基本掌握零担货物流量和流向规律的前提下,认真编制承运日期表,事先公布,托运人则按规定如期来站办理托运。

（2）过磅起票

业务人员在收到零担货物托运单后,应及时验货过磅,并认真点件交接,做好记录。零担货物过磅后,连同"托运单"交仓库保管员按托运单编号填写标签及有关标志,并根据托运单和磅码单填写"零担运输货票",照票收清运杂费。各站零担货运营业收入,应根据零担货票填造"货运营业收入日报",向主管公司或主管部门报缴。

（3）仓库保管

零担仓库要有良好的通风、防潮、防火和灯光设备，库房严禁烟火。露天堆放货物时，要有安全防护措施。把好仓储保管关，可以有效地杜绝货损货差。零担仓库的货位，一般可划分为进仓待运货位、急运货位、到达待交货位，可以结合线路、方向划分货位，以便分别堆放。货物进出仓库要履行交接手续，按单验收入库和出库。以票对货，票票不漏，做到票、货相符。

（4）配载装车

①零担货物的配载原则：

a.中转先运、急件先运、先托先运、合同先运的原则；对一张托运单和一次中转的货物，须一次运清，不得分送。

b.凡是可以直达运送的货物，必须直达运送；必须中转的货物，合理流向配载，不得任意增加中转环节。

c.充分利用车辆的载重量进行合理配装，巧装满载。

d.认真执行货物混装限制规定，确保安全。

e.加强预报中途各站的装卸量，并尽可能使同站装卸的货物在吨位和容积上相适应。

②货物装车前的准备工作：

a.按车辆的容载量和货物长短、大小、性质进行合理配载。填制配装单和货物交接清单时，按货物先远后近，先重后轻，先大后小，先方后圆的顺序填写，以便按顺序装车。

b.各种随货单证，分附于交接单后面。

c.按单核对货物堆放位置，做好标记。

③货物装车：

装车时，除按交接清单的顺序要求点件装车外，还要注意以下事项：

a.将贵重物品放在防压、防撞的位置，保证其运输安全。

b.货物装妥后，要复查货位，防止错装、漏装；确认无误后，驾驶员（或随车理货员）要清点随货单证并在交接单上签章。

c.根据车辆容积和货物情况，均衡地将货物重量分布于车底板上。

d.紧密地堆放货物，以期充分利用车辆的载重量和容积，防止在车辆运行中因发生窜动而造成的货物倒塌和破损。

e.同一批货物应装在一起，货件的货签应向外，以便工作人员识别；运距较短的货物，应堆放在车厢的上部或后面，以便卸货作业顺利进行。

f.沉重的、长大的，或比较结实的零担货物，宜于放在车厢的下层。

装车作业完成以后，应仔细检查货物的装载状态，并将货票与交接清单逐批对照，确认无误后交随车理货员或驾驶员签收。

（5）车辆运行

零担车必须按期发车，不得误班。如属有意或过失责任造成误班必须按章对责任人给予处罚。

定期零担班车应按规定线路行驶。凡规定停靠的中途站，车辆必须进站，并有中途站值班人员在行车路单上签证。

行车途中，驾驶员（随车理货员）应经常检查车辆装载情况。如发现异常情况，应及时处理或报请就近车站协助处理。

（6）中转作业

零担货物除了在始发站以直达零担班车形式组织发送外，仍有一部分零担货物需要以中转零担班车或沿途零担班车的形式运到规定的中转站进行中转。零担货物的中转作业，是将来自各个方向的零担货物重新集结待运，继续运至零担货物终到站。因此，零担货物的中转作业，是一个按货物流向或到站进行分类整理，先集中再分散的过程。加强零担货物的中转组织工作，对于搞好零担货物运输有重要意义。

合理选择中转站点和划分中转范围，对于加速零担货物的送达速度，减少不必要的中转环节，均衡分配中转站的作业量有很大的影响。中转站点的选择和中转范围的划分，必须根据货源和货流的特点，按照经济区划原则，在充分做好运输经济调查的基础上加以确定。

零担货物中转作业的基本方法一般有以下3种：

①落地法，即将到达车辆上的全部零担货物卸车入库，按方向或到达站在货位上进行集结，然后重新配装组织成新的零担车。这种方法简便易行，车辆载重量和容积利用较好，但装卸作业量大，作业速度慢，仓库和场地的占用面积也较大。所以，组织中转作业时，要尽量减少落地货物的数量。

②坐车法，即将到达车辆上运往前方同一到达站，且中转数量较多或卸车困难的那部分货物（核心货物）留在车上，把其余到站的货物全部卸下，而后在到达车辆上加装与核心货物同一到达站的货物，组成一个新的零担车。这种方法其核心货物不用卸车，减少了装卸作业量，加快了中转作业环节、节约了装卸劳力和货位，但对留在车上核心货物的装载情况和数量不易检查和清点，在加装货物较多时也难免发生卸车和换装附加作业。

③过车法，即当几辆零担车同时到站进行中转作业时，将车内部分中转零担货物

由一辆车向另一辆车上直接换装,而不卸到车站仓库货位上。组织过车时,可以向空车上过,也可以向留有核心货物的重车上过。这种方法在完成卸车作业的同时即完成了装车作业,减少了零担货物的装卸作业量,提高了作业效率,加快了中转速度。但到发车辆时间衔接要求较高,容易遭受意外原因的干扰而影响计划的完成。

上述落地法可为大部分中转站采用,随着零担货运量的日益增加,零担货运组织工作得到相应加强,条件成熟时可逐步推行坐车法或过车法。采用这两种方法时,零担车在起运站进行装车,应预先为中转站的作业创造便利条件;中转站也应认真做好零担车中转配装计划。在条件许可时,如能根据实际情况将 3 种方法结合使用,将会产生更好的效果。

(7)到站卸货

班车到站后,仓库理货员应会同驾驶员(或随车理货员)检查车辆装载情况,检查运输途中有无异状,并做记录,然后按货物交接清单点交验收。如无异常,则由仓库理货员在"交接单"上签字,并加盖专用章;如发现异常情况,则应按下列情况分别处理。

①有单无货时,双方签注情况后,在"交接单"上销号,原单返回。

②有货无单时,经检验标签,确系运到车站,应予收货,并填写收件内容,双方签章后,交起运站查补票据。

③货物到站错误时,由原车带回起运站或带至货物应到站。

④货物短缺、破损、受潮、污染和腐坏时,由到达站会同驾驶员(或随车理货员)验货,复磅签章后,填写"商务事故记录单",按商务事故处理程序办理。

(8)货物交付

货物交付是零担运输的最后环节。货物入库后,应及时用电话或书面形式通知收货人按约定方式提货,并作好通知记录,逾期提取的按有关规定办理。对预约"送货上门"的货物,则由送货人按件点交收货人签收。货物交付要按单交付,件检件交,做到票货相符。货物点交完毕后,应及时在提货单上加盖"货物交讫"戳记。

零担货运通常由多个运输企业(或站、点)连续作业才能完成,因此在零担运输作业的全过程中,每个环节都必须严格办理交接手续,否则,就会产生手续不清、责任不明等问题,甚至无法查明原因,形成混乱状况。

3.3.3 填写货物托运单

1)公路货物托运单

公路货物托运单并无统一格式,但其内容基本一致,见表3.1。

表3.1 公路货物运单

×× 物 流 公 司

货 物 运 单

No:00001　　　　　　　　　　　　　　　起运日期：　　年　　月　　日

起运站		到达站			全程		
托运人		地址			电话		
收货人		地址			电话		

货物名称及规格	包装形式	体积:长×宽×高/cm	件数	实际重量/kg	计费重量/kg	运价率元/(kg·km)	运费/元	保险、保价费/元
保险/保价价格			特约事项					

运杂费合计：　　万　　仟　　百　　拾　　元　　角　　分

托运人签字：　　　承运人签字：　　　保管员签字：　　　财务签字：

（1）货物托运单的作用

①货物托运单（无论整车、零担、联运）是承运、托运双方订立的运输合同，它明确规定了货物承运期间双方的权利、责任。

②托运单是公路运输部门开具货票的凭证。

③托运单是调度部门派车、货物装卸和货物到达交付的依据。

④托运单在运输期间发生运输延滞、空驶、运输事故时，是判定双方责任的原始记录。

⑤托运单是货物收据、交货凭证。

（2）填写货物托运单

托运单由托运人填写，使用钢笔或圆珠笔，字迹清楚，内容准确，需要更改时，在更改处签字盖章。托运人应准确填写托运人和收货人的名称（姓名）和地址（住所）、电话、邮政编码；准确填写货物的名称、性质、件数、质量、体积，以及包装方式；准确填写托运单中的其他有关事项。

托运的货物品种不能在一张托运单内逐一填写的，应填写"交运物品清单"，见表3.2。

一张托运单托运的货物,必须是同一托运人、收货人。

表3.2 交运物品清单

发站   货票   号

货件编号	包　装	详细内容			件数或尺寸	质　量	价　格
		物品名称	材　质	新旧程度			
备注							

托运人签章   承运人签章   年   月   日

说明:1.托运人按一批托运的货物不能逐一将品名在一张托运单上填写时,需填写本清单;

    2.本清单一式四份,承、托双方签章后,一份退还托运人,一份发送站存查,两份交运输车辆,其中一份随货交到达站;

    3.投保货物运输险的货物,详细内容栏只填写"物品名称"项。

危险货物与普通货物,以及性质相互抵触的货物不能用同一张托运单。

托运人要求自行装卸的货物,经承运人确认后,在托运单内注明。

(3)托运的注意事项

①托运货物的名称、性质、件数、质量、体积、包装方式,应与托运单记载的内容相符。

②按照国家有关部门规定需办理准运或审批、检验等手续的货物,托运人托运时应将准运证或审批文件提交承运人,并随货同行。托运人委托承运人向收货人代递有关文件时,应在托运单中注明文件名称和份数。

③托运货物的包装,应当按照承托双方约定的方式包装。对包装方式没有约定或者约定不明确的,可以协议补充;不能达成补充协议的,按照通用的方式包装,没有通用方式的,应在足以保证运输、搬运装卸作业安全和货物完整的原则下进行包装;依法应当执行特殊包装标准的,按照规定执行。

④托运特种货物,托运人应在托运单中注明运输条件和特约事项。托运需冷

藏保温的货物,托运人应提出货物的冷藏温度和在一定时间内的保温要求;托运鲜活货物,托运人应提供最长运输期限及途中管理、照料事宜的说明书;托运危险货物,按照交通部《汽车危险货物运输规则》办理;托运集装箱运输的货物,按照交通部《集装箱汽车运输规则》办理;托运大型特型笨重物件,应提供货物性质、质量、外廓尺寸及运输要求的说明书。在承运前,承运、托运双方应先查看货物和运输现场条件,若需排障时由托运人负责或委托承运人办理,在运输方案商定后办理货物托运手续。

⑤需派人押运的货物,托运人在办理货物托运手续时,应在托运单上注明押运人员姓名及必要的情况。

2)公路货票

托运人向承运人交纳运费和杂费,领取承运凭证——货票,见表3.3。

货票是一种财务性质的票据,是根据货物托运单填写的。在发站它是向发货人核收运费的收费依据;在到站它是与收货人办理货物交付的凭证之一;此外,货票也是企业统计货运量,核算货运收入及计算有关货运工作指标的原始凭证。

表3.3 公路运输货票

自编号:　　　　　　　　　　　　　　　　　　　　　　　　甲联:No.001

托运人:　　　　　　　　　　车属单位:　　　　　　　　　　牌照号:

装货地点			发货人			地址		电话	
卸货地点			收货人			地址		电话	
运单或货签号码		计费里程	付款人			地址		电话	
货物名称	包装形式	件数	实际重量/t	运费运量		吨千米运价			运费金额	其他收费		运费小计
				t	km·t	货物等级	道路等级	运价率		计费项目	金额	
										装卸费		
运杂费合计金额(大写)				Y								
备注				收货人签收盖章								

开票单位:　　　　　开票人:　　　　　承运驾驶员:　　　　　时间:　　年　　月　　日

注:本货票共分四联:第一联黑色存根;第二联红色运费依据;第三联浅蓝色报单;第四联绿色收货回单,经收货人盖章后送车队统计。

3.4 计算公路货物运价

3.4.1 公路运价的制订依据

公路货物运价是公路运输产品的销售价格,是公路运输产品价值的货币表现。公路运输承运人按照这个价格来"销售"自己的运输产品,凭以计算货物运费,取得运输收入来补偿生产时所消耗的社会劳动量,包括所消耗的物化劳动和活劳动。物化劳动表现为设备磨损(固定资产折旧)以及材料、燃料、油料等的消耗;活劳动表现为职工个人的劳动部分,以工资、福利等形式支付给职工;还表现为职工为国家、企业创造的财富,如税金、利润。

完成每单位运输产品所支付的费用,叫作运输成本,其中燃料、工资、固定资产折旧及修理费在运输成本中所占比例很大,约占54%。这些费用的增减,将在很大程度上影响运价水平。因此,从微观经济角度出发,要求运输企业加强运营管理,不断降低运输成本,以利于稳定运价,并为进一步合理制订运价提供有利条件。

公路货物运价在不同的货物运输情况下有不同的运价形式,见表3.4。

表3.4 公路货物运价的形式

序号	分类依据	公路货物运价的形式
1	车辆类别	普通车辆运价、特种车辆运价
2	货物类别	普通货物运价、特种货物运价(大型货物运价、危险货物运价、贵重货物运价、鲜活货物运价)
3	营运类别	整批货物运价、零担货物运价、集装箱运价
4	公路类别	等级公路运价、非等级公路运价
5	运输速度	普通货运运价、快速货运运价
6	运输距离	长途运价、短途运价
7	计价依据	计程运价、计时运价

3.4.2 公路货物运费的计算公式

1)整批货物运价

整批货物运费(元)= 吨次费(元/t)× 计费重量(t)+ 整批货物运价

$$\left[元/(t\cdot km)\right]\times 计费重量(t)\times 计费里程(km)+$$
$$货物运输其他费用(元)\qquad\qquad (3.1)$$

其中:整批货物运价按货物运价价目中的价格计算。

2)零担货运费

零担货物运费(元) = 计费重量(kg)×计费里程(km)×零担货物运价

$$\left[元/(kg\cdot km)\right]+货物运输其他费用(元)\qquad (3.2)$$

3)集装箱货运费

重(空)集装箱货运费(元) = 重(空)箱运价$\left[元/(箱\cdot km)\right]$×计费箱数

(箱)×计费里程(km)+箱次费(元/箱)×计

费箱数(箱)+货物运输其他费用(元)　(3.3)

4)计时包车运费

包车运费(元) = 包车运价$\left[元/(t\cdot h)\right]$×包用车辆吨位(t)×计费时间(h)+

货物运输其他费用(元)　　　　　　　(3.4)

其中:包车运价按照包用车辆的不同类别分别制订。

由以上公路货物运费的计算公式可以看出,计算公路货物运费,关键在于明确公路货物运输的运价价目、计费重量(箱数)、计费里程(时间)以及货物运输的其他费用。下面分别介绍上述运费计算因素的确定方法。

3.4.3　公路货物运价价目

1)基本运价

①整批货物基本运价:指一等整批普通货物在等级公路上运输的每吨公里运价。

②零担货物基本运价:指零担普通货物在等级公路上运输的每千克公里运价。

③集装箱基本运价:指各类标准集装箱重箱在等级公路上运输的每箱公里运价。

2)吨(箱)次费

①吨次费:对整批货物运输,在计算运价费用的同时按货物重量加收吨次费。

②箱次费:对汽车集装箱运输,在计算运价费用的同时加收箱次费,箱次费按不同箱型分别确定。

3）普通货物运价

普通货物实行分等计价，以一等货物为基础，二等货物加成15%，三等货物加成30%。

4）特种货物运价

（1）大型特型货物运价

一级大型特型货物在整批货物基本运价的基础上加成40%~60%。

二级大型特型货物在整批货物基本运价的基础上加成60%~80%。

（2）危险货物运价

一级危险货物在整批（零担）货物基本运价的基础上加成60%~80%。

二级危险货物在整批（零担）货物基本运价的基础上加成40%~60%。

（3）贵重、鲜活货物运价

贵重、鲜活货物在整批（零担）货物基本运价的基础上加成40%~60%。

5）特种车辆运价

特种车辆运价按车辆的不同用途，在基本运价的基础上加成计算。特种车辆运价和特种货物运价两个价目不准同时加成使用。

6）非等级公路货物运价

非等级公路货物运价在整批（零担）货物基本运价的基础上加成10%~20%。

7）快速货物运价

快速货物运价按计价类别在相应运价的基础上加成计算。

8）集装箱运价

（1）标准集装箱运价

标准集装箱重箱运价按照不同规格箱型的基本运价执行，标准集装箱空箱运价在标准集装箱重箱运价的基础上减成计算。

（2）非标准箱运价

非标准箱重箱运价按照不同规格的箱型，在标准集装箱基本运价的基础上加成计算，非标准集装箱空箱运价在非标准集装箱重箱运价的基础上减成计算。

（3）特种箱运价

特种箱运价在箱型基本运价的基础上按装载不同特种货物的加成幅度加成计算。

9）出入境汽车货物运价

入境汽车货物运价，按双边或多边出入境汽车运输协定，由两国或多国政府主管机关协商确定。

10）差别运价

差别运价是在基本运价的基础上，按不同车型车种、运营方式和运输条件等实行分等计价。

除以上几种外，汽车运价中还包括包车运价、区域运价，以及其他收费标准。

3.4.4　公路货物运费的计价标准

1）计费重量（箱数）

（1）计量单位

整批货物运输以"吨"为单位；零担货物运输以"千克"为单位；集装箱运输以"箱"为单位。

（2）计费重量（箱数）的确定

①一般货物。整批、零担货物的计费重量均按毛重（含货物包装、衬垫及运输需要的附加物品）计算。整批货物吨以下计至100 kg，尾数不足100 kg的，四舍五入；零担货物起码计费重量为1 kg，重量在1 kg以上，尾数不足1 kg的，四舍五入。集装箱的计费箱数为实际运输箱数。

货物计费重量一般以起运地过磅重量为准。起运地不能或不便过磅的货物，由承、托双方协商确定计费重量。

②轻泡货物。车辆装运整批轻泡货物后的高度、长度、宽度，以不超过有关道路交通安全规定为限度，货物的计费重量按车辆标记吨位计算。零担运输轻泡货物以货物包装最长、最宽、最高部位尺寸计算体积，按每立方米折合333 kg计算其计费重量。

③包车运输的货物。包车运输的货物按车辆的标记吨位计算其计费重量。

④散装货物。如砖、瓦、砂、石、土、矿石、木材等散装货物，按体积由各省、自治区、直辖市统一规定的重量换算标准计算其计费重量。

⑤由托运人自理装车的货物。托运人应装足车辆额定吨位,未装足的,按车辆额定吨位计算其计费重量。

⑥统一规格的成包成件货物。根据某一标准件的重量计算全部货物的计费重量。

⑦接运其他运输方式的货物。无过磅条件的,按前程运输方式运单上记载的重量计算。

⑧拼装分卸的货物按最重装载量计算。

2)计费里程

(1)计费里程的单位

公路货物运输计费里程以"千米"为单位,尾数不足 1 千米的,进整为 1 千米。

(2)计费里程的确定

货物运输的计费里程,按装货地点至卸货地点的实际载货的营运里程计算;营运里程以省、自治区、直辖市交通行政主管部门核定的营运里程为准,未经核定的里程,由承、托双方商定。

同一运输区间有两条(含两条)以上营运路线可供行驶时,应按最短的路线计算计费里程或按承、托双方商定的路线计算计费里程。

拼装分卸的货物,其计费里程为从第一装货地点起至最后一个卸货地点止的载重里程。

出入境汽车货物运输的境内计费里程以交通主管部门核定的里程为准;境外里程按毗邻国(地区)交通主管部门或有权认定的部门核定的里程为准。未核定里程的,由承、托双方协商或按车辆实际运行里程计算。

因自然灾害造成道路中断,车辆需绕道而驶的,按实际行驶里程计算。

城市市区里程按当地交通主管部门确定的市区平均营运里程计算;当地交通主管部门未确定的,由承、托双方协商确定。

3)计时包车货运计费时间

计时包车货运计费时间,以"小时"为单位,起码计费时间为 4 小时;使用时间超过 4 小时,按实际包用时间计算。

整日包车,每日按 8 小时计算;使用时间超过 8 小时,按实际使用时间计算。

时间尾数不足 0.5 小时的舍去,达到 0.5 小时的进整为 1 小时。

4)运价的单位

各种公路货物运输的运价单位分别为：

整批运输：元/（吨·千米）；

零担运输：元/（千克·千米）；

集装箱运输：元/（箱·千米）；

包车运输：元/（吨位·小时）。

出入境运输，涉及其他货币时，在无法按统一汇率折算的情况下，可使用其他自由货币为运价单位。

3.4.5　公路货物运输的其他费用

除吨（箱）次费用、运价费用外，公路货物运输的其他费用还包括调车费、延滞费、装货（箱）落空损失费、排障费、车辆处置费、检验费、装卸费、车辆通行费、保管费、道路阻塞停车费、运输变更手续费等。

1)调车费

应托运人要求，车辆调出所在地产生的车辆往返空驶，应计收调车费。调车费核收的有关规定如下：

①应托运人要求，车辆调往外省、自治区、直辖市或调离驻地临时外出驻点参加营运，调车往返空驶者，可按全程往返空驶里程、车辆标记吨位和调出省基本运价的50%计收调车费。在调车过程中，由托运人组织货物的运输收入，应在调车费内扣除。

②经承、托双方共同协商，可以核减或核免调车费。

③经铁路、水路调车，按汽车在装卸船、装卸火车前后行驶里程计收调车费；在火车、在船期间包括车辆装卸及待装待卸时间，按每天8小时、车辆标记吨位和调出省计时包车运价的40%计收调车延滞费。

2)延滞费

车辆按约定时间到达约定的装货或卸货地点，因托运人或收货人责任造成车辆和装卸延滞，应计收延滞费。

①发生下列情况，应按计时运价的40%核收延滞费。

因托运人或收货人责任引起的超过装卸时间定额、装卸落空、等装待卸、途中停滞、等待检疫的时间。应托运人要求运输特种或专项货物需要对车辆设备改装、拆卸和清理延误的时间；因托运人或收货人造成不能及时装箱、卸箱、掏箱、拆箱、冷藏箱预冷等业务,使车辆在现场或途中停滞的时间。

延误时间从等待或停滞时间开始计算,不足 1 小时者,免收延迟费;超过 1 小时及以上,0.5 小时为单位递进计收,不足 0.5 小时进整为 0.5 小时。车辆改装、拆卸和清理延误的时间,从车辆进厂(场)起计算,以 0.5 小时为单位递进计算,不足 0.5 小时进整为 0.5 小时。

②由托运人或收、发货人责任造成的车辆在国外停留延滞时间(夜间住宿时间除外),计收延滞费。延滞时间以"小时"为单位,不足 1 小时进整为 1 小时。延滞费按计时包车运价的 60% ~ 80% 核收。

③执行合同运输时,因承运人责任引起货物运输期限延误,应根据合同规定,按延滞费标准,由承远人向托运人支付违约金。

3)装货(箱)落空损失费

应托运人要求,车辆开至约定地点装货(箱)落空造成的往返空驶里程,按其运价的 50% 计收装货(箱)落空损失费。

4)排障费

运输大型特型笨重物件时,因对运输路线的桥涵、道路及其他设施进行必要的加固或改造所发生的费用,称为排障费。排障费由托运人负担。

5)车辆处置费

应托运人要求,运输特种货物、非标准箱等需要对车辆改装、拆卸和清理所发生的工料费用,称为车辆处置费。车辆处置费由托运人负担。

6)检验费

在运输过程中国家有关检疫部门对车辆的检验费以及因检验所造成的车辆停运损失,由托运人负担。

7)装卸费

货物的装卸费由托运人负担。

8)通行费

货物运输需支付的过渡、过路、过桥、过隧道等通行费由托运人负担,承运人代收代付。

9）保管费

货物运达后，明确由收货人自取的，从承运人向收货人发出提货通知书的次日（以邮戳或电话记录为准）起计，第4日开始核收货物保管费。应托运人的要求或托运人的责任造成的需要保管的货物，计收货物保管费，货物保管费由托运人负担。

10）道路阻塞停车费

汽车货物运输过程中，自然灾害等不可抗力造成道路阻滞，如无法完成全程运输需要就近卸存、接运时，卸存、接运费用由托运人负担。已完运程收取运费；未完运程不收运费；托运人要求回运，回程运费减半；应托运人要求绕道行驶或改变到达地点时，运费按实际行驶里程核收。

11）运输变更手续费

托运人要求取消或变更货物托运手续，应收变更手续费。因变更运输，承运人已发生的有关费用由托运人负担。

3.5　办理公路特种货物运输

3.5.1　公路危险货物运输

1）危险品公路运输资质管理

（1）危险品运输的承运资格条件

各运输方式对运输企业承运危险品的资格条件没有统一的规定。在各运输方式中，接触面最广、对环境影响最大的是公路运输。我国交通部对汽车危险品承运人的主体资格作了严格的规定：

①拥有与所从事危险品运输范围相适应的停车场站、仓储设施等，并符合国家《消防条例》的规定。

②运输危险品的车辆、装卸机械和工具等，必须符合《汽车危险货物运输规则》规定的技术条件和要求。

③从业人员必须掌握危险品基础知识，熟悉公路危险品运输的技术业务和有关安全管理的规章，政治思想、业务素质符合岗位规范要求。对直接从事危险品运输、装卸、理货等业务的工作人员，必须经过培训、考核，并取得道路运政管理机关

颁发的《道路危险货物运输操作证》，才能上岗。

④从事公路危险品运输的单位必须有健全的安全生产规程、岗位责任制度、车辆设备维修制度、安全管理制度和监督保障体系。

（2）危险品运输的资质凭证

危险品运输的资质凭证，是证明危险品承运人的基本资质符合规定要求，并经办理申报手续，获准从事危险品运输作业的凭证。对公路运输而言，资质凭证的具体内容如下：

①道路运输经营许可证。该证由公路运政管理部门审批、发放，并加盖"危险货物运输"字样的公章。

②工商营业执照。从业者凭道路运输经营许可证，向当地工商行政管理部门办理《工商营业执照》。

③道路营业运输证。该证是在办理了道路运输经营许可证和工商营业执照后，按营运车辆数从管辖道路运政管理机关领取的，一车一证，随车同行。

④道路非营业运输证。该证是非营业性公路危险品运输车辆运行的凭证，是在办理了非营业性公路危险品运输手续后，凭批准文件从主管公路运政的管理机关领取的，一车一证，随车同行。

⑤公路危险品运输车辆标志。该标志的功能是在装运危险品车辆运行和存放时向人们示警，以利于加强安全警戒和安全避让，保障安全生产。该标志可分为两类：一类是国家规定印有黑色"危险品"字样的三角形小黄旗；另一类是有的地方性法规规定的印有黑色"危险品"字样的黄色三角灯。

⑥危险货物作业证。该证是危险品运输作业人员从事危险品装卸、保管、理货等作业的凭证。按职业岗位规范的要求，凡公路危险品作业人员，必须经过规定内容的技术业务培训，方可上岗作业。

⑦公路危险品运输业户的安全工作合格文件。该文件是指公安、消防部门按国家消防法规的规定，对公路危险品运输车辆的安全技术状况、运输设施的安全措施、生产安全制度、作业人员素质、消防设施和措施等进行审验合格后发给的凭证文件。

2）危险品运输业务流程规范

危险品运输的托运受理、储存保管、装卸堆垛、运送、送达交付等环节，均有更严格、更规范的业务流程。

（1）托运受理

①在受理前必须对货物名称、性能、防范方法、形态、包装、单件重量等情况进

行详细了解并注明。

②问清包装、规格和标志是否符合国家规定要求,必要时下现场进行直接了解。

③新产品应检查随附的技术鉴定书是否有效。

④检查按规定需要的"准运证件"是否齐全。

⑤做好运输前准备工作。装卸现场、环境要符合安全运输条件,必要时应赴现场勘察。

(2)储存保管

①危险品入库必须检验。入库时要详细核对货物品名、规格重量、容器包装等,发现品名不符、包装不符或容器渗漏时,立即移至安全地点处理,不得进库。

②化学危险品仓库的安全检查,每天必须进行2次。对性质不稳定、容易分解变质的物品,应定期进行测温,做好记录。入库储放的每种物品应明显地标明其名称、燃烧特征及灭火方法,某些需要特别储存条件的应另外标明。

③仓库进出货物后,对可能遗留或洒落在操作现场的危险品,要及时进行检查、清扫和处理。

④仓库内严禁一切明火。

⑤允许进入危险仓库区的运货汽车应有特殊的防火设备。汽车与库房之间,应划定安全停车线,一般为5 m。严禁在仓库内检修汽车。

⑥不准在库房内或危险品堆垛的附近进行试验、分装、封焊及其他可能引起火灾的操作。

⑦仓库内的避雷针、电线和建筑设施,应定期检查。

⑧化学危险品仓库根据规模大小,设有足够的消防水源、必须的消防器材以及抢救防护用具等,并经常进行检查保养,以免失效。

⑨仓库应有严格的人员出入库、机械操作、明火管理等安全管理制度。对某些剧毒的或贵重的或爆炸的危险品,要严格贯彻双人保管、双人收发、双人领料、双本账、双锁管理的"五双管理制度"。

⑩危险品出库必须认真复核。要准确按照合法凭证规定的货位编号、品名、规格、国别或产地、发站和收货人、包装、件数等,把货物交付提货人员或装入有关车辆及其他运输工具。在货物出仓前,对每批货物必须实行两人以上的复核制。

(3)装卸堆垛

①进行危险品装卸操作时,必须穿戴防护用具。防护用具使用后,要单独分别清洗、消毒,以防交叉传染和扩大污染。

②装卸操作人员在进入危险品的仓库和集装箱前,应先通风,排除可能聚积的

有毒气体。

③危险品堆垛时,装卸人员应认真检查货物包装(包括封口)的完好状况,破包不进仓。

④进行危险品装卸作业时,必须严格遵守各类货物的装卸操作规程,做到轻装、轻卸,防止货物撞击、挤压、倒置,严禁摔甩、翻滚。

⑤装卸危险品前要准备好相应的消防器材和急救用品,按危险品的危险性强弱,最危险的货物应最后装货、最先卸货。

⑥危险性能相抵触或消防方法不同的危险品不能混载在同一运送工具里,不同性质危险品的配装按各运输方式有关货物配装的规定进行。

⑦装卸气瓶不得肩扛、背负、冲击及溜坡滚动,气瓶的防护帽必须齐全紧固;装卸易燃易爆物品,装卸作业现场必须远离火种、热源,操作人员不得身带火种和穿着有铁钉的鞋;装卸遇水反应的危险品,雨雪天禁止作业,茶水汤桶不得带入作业现场;装卸氧化剂前,必须检查堆垛氧化剂的舱面,不得有任何酸类、煤木片、糖面粉、硫磷金属粉末及其他可燃物质的残留物;装卸毒害品的作业过程中及完工后,手脸不经清洗消毒,不准进食、饮水、吸烟。

⑧危险品的堆垛必须稳妥、整齐、牢固,便于点数,不易倒垛。各种形式的包装的堆垛方式和堆垛的大小、高低都必须符合运送工具和货物性质的要求。各种桶都不能横卧堆垛,必须直立错位堆垛,桶口必须向上;各种箱都不准横置倒置;各种袋的封口必须一致向外,箱袋在对位堆垛一定的高度后必须错位。

⑨危险货物在运输工具的货舱里堆垛以后,必须采取紧固措施,使货物在运送过程中不因运输器震荡、晃动、摇摆而倒塌或移垛。

(4)运送

①详细审核托运单的内容,发现问题要及时弄清情况,再安排运行作业。

②必须按照货物性质和托运人的要求安排车班、车次,如无法按照要求安排作业时,应及时与托运人联系进行协商处理。

③运输危险品必须配备随车人员,途中应经常检查,发现问题,并及时采取措施、车辆中途临时停靠、过夜应安排人员看管,随车人员严禁吸烟,行车作业人员不得擅自变更运行作业计划,严禁擅自拼装、超载。

④遇有大批量烈性易燃、易爆、剧毒和放射性物资时必须做重点安排,必要时召开专门会议,制订运输方案。

⑤安排大批量爆炸物品与剧毒物品跨省、市运输时,应安排有关负责人员带队,指导装卸和运行,确保安全生产。

⑥有特殊注意事项,应在行车单上注明。

⑦运送中,危险品如有丢失、被盗,应立即报告当地交通运输主管部门和公安部门。

⑧要注意气象预报,掌握雨雪和气温的变化。

(5)送达交付

①危险品送抵目的站后,一般由目的站的装卸人员卸货入库等候收货人取货,卸货完毕应办理交接手续。自此,运送人的职责已履行,危险品的保管责任由目的站承担。目的站应迅速通知收货人领取货物。在待领期间,目的站应对危险品进行妥善保管。即使收货人逾期不领,也不能因此免除承运人(目的站)的保管责任。

②危险品运达后因故不能及时卸货,在待卸期间行车人员负责对所运危险品的看管,同时应及时与托运人取得联系,妥善处理。

③在危险品待领期间,如果货物发生变化危及安全,目的站有临时处置的权责,但最好是与当地公安部门共同进行,有利于赔偿纠纷的解决。

3.5.2　公路超限货物运输

公路运输企业所承运的某些大型货物,其体积和重量超过了普通运载工具的作业能力,对这类货物的运输就称为超限货物运输。在实际工作中,超限货物运输应遵循严格的管理规定和组织规范。

1)超限货物的定义、判别标准和分类

(1)超限货物的定义和判别标准

超限货物是指货物的外形尺寸和重量超过常规(指超长、超宽、超重、超高)车辆装载规定的大型货物(简称为大件)。公路方面,超限货物是指符合下列条件之一的货物:

①货物外形尺寸长度在 14 m 以上或宽度在 3.5 m 以上或高度在 3 m 以上的货物;

②重量在 20 t 以上的单体货物或不可解体的成组(捆)货物。

(2)超限货物的分类

公路超限货物的类型。根据我国公路运输主管部门的现行规定,公路超限货物按其重量和外形尺寸分成四个级别,如表 3.5 所示。在货物的重量和外廓尺寸中,有一项达到表列参数,即为该级别的超限货物;货物同时在重量和外廓尺寸达到两种以上等级时,按较高级别确定超限等级。其中,重量指货物的毛重,即货物的净重加上包装和支撑材料后的总重。一般以生产厂家提供的货物技术资料所标明的重量为参考数据。

表 3.5　公路超限货物分级表

超限货物级别	重量/t	长度/m	宽度/m	高度/m
1	40 ~ (100)	14 ~ (20)	3.5 ~ (4)	3 ~ (3.5)
2	100 ~ (180)	20 ~ (25)	4 ~ (4.5)	3.5 ~ (4)
3	180 ~ (300)	25 ~ (40)	4.5 ~ (5.5)	4 ~ (5)
4	300 以上	40 以上	5.5 以上	以上

注:括号内的数字表示不包括该数。

2)超限货物的运输管理与组织

（1）超限货物运输的特殊性

①特殊装运要求。超限货物要用超重型挂车作为载体,用超重型牵引车牵引。超重挂车和牵引车都是用高强度钢材和大负荷轮胎制成,要求行驶平稳,安全可靠。

②特殊道路条件。运载超限货物的超重型车组要求通行的道路要有足够的宽度和净空、良好的道路线形,桥涵要有足够的承载能力。有时还要分段封闭交通,这就牵涉公路管理、公安交通、电信电力、绿化环保等部门,只有在这些部门的通力合作下,超限货物运输才能顺利进行。

③特殊安全要求。超限货物中的许多大型设备都是涉及国家经济建设的关键设备,稍有闪失,后果不堪设想。为此,其运输必须要有严密的质量保证体系,任何一个环节都要有专职人员检查,未经检查合格,不得运行。

（2）超限货物运输的管理规定

我国于2000年4月1日正式颁布施行了《超限运输车辆行驶公路管理规定》,根据该规定,我国超限运输车辆行驶公路的管理工作实行"统一管理、分级负责、方便运输、保障畅通"的原则。

①超限运输车辆行驶公路前,其承运人应向公路管理机构提出书面申请并应提交相关资料和证件。

②公路管理机构在接到承运人的书面申请后,应在15日内进行审查并提出书面答复意见。公路管理机构在审批超限运输时,应根据实际情况,对需经路线进行勘测,选定运输路线,计算公路、桥梁的承载能力,制订通行与加固方案,并与承运人签订有关协议,所需的费用由承运人承担。

③公路管理机构对批准超限运输车辆行驶公路的,应签发超限运输车辆通行

证(以下简称通行证)。通行证式样由国务院交通主管部门统一规定,省级公路管理机构负责统一印制和管理。

④承运人必须持有效通行证,并悬挂明显标志,按公路管理机构核定的时间、路线和时速行驶。

⑤超限运输车辆通过桥梁时,时速不得超过 5 km。且应匀速居中行驶,严禁在桥上制动或变速。四级公路、等外公路和技术状况低于三类的桥梁,不得进行超限运输。

⑥公路管理机构应加强对超限运输车辆行驶公路的现场管理,可根据实际情况派人员护送。在公路上进行超限运输的承运人,应当接受公路管理人员依法实施的监督检查,并为其提供方便。

(3)超限货物运输的组织

对超限货物运输而言,其组织工作主要包括办理托运、理货、验道、制订运输方案、签订运输合向、线路运输工作组织以及运输结算等环节。

①办理托运。由大型物件托运人(单位)向已取得大型物件运输经营资格的运输业户或其代理人办理托运。

②理货。理货工作的主要内容包括:调查大型物件的几何形状和重量;调查大型物件的重心位置和质量分布情况;查明货物承载位置及装卸方式;查看特殊大型物件的有关技术经济资料;完成书面形式的理货报告。

③验道。其工作内容主要包括:查验运输沿线全部道路的路面、路基、纵向坡度、横向坡度及弯道超高处的横坡坡度和竖曲线半径、通道宽度及弯道半径;查验沿线桥梁和涵洞、高空障碍;查看装卸货现场、倒载转运现场;了解沿线地理环境及气候情况;最后根据上述查验结果预测作业时间和编制运行路线图,完成验道报告。

④制订运输方案。其主要内容包括:准备牵引车、挂车组以及附件;准备动力机组以及压载块;确定限定最高车速;制订运行技术措施;配备辅助车辆;制订货物装卸及捆扎加固方案;制订和验算运输技术方案;完成运输方案的书面文件。

⑤签订运输合同。根据托运方填写的委托运输文件及承运方进行理货分析、验道、制订运输方案的结果,承托双方签订书面形式的运输合同。其主要内容包括:明确托运人与承运人、大型物件数据及运输车辆数据、运输起讫地点、运距与运输时间;明确合同生效时间、承托双方应负责任;有关法律手续及运费结算方式、付款方式等。

⑥线路运输工作组织。该环节的关键是建立临时性的大件物件运输工作领导小组,专门负责实施运输方案,执行运输合向和进行对外联系。

⑦运输统计与结算。运输统计指完成大型物件运输的各项技术经济指标统计,运输结算指完成运输工作后按运输合同的有关规定结算运费以及相关费用。

3.5.3 公路鲜活货物运输

鲜活易腐货物运输的特殊性在于要求及时运达,因此,应充分发挥公路运输快速灵活的特点,协调好仓储、配载、运送各环节。对鲜活易腐货物的物流运输组织与管理的要点如下:

①托运人托运鲜活易腐货物,应当提供最长允许运输时限和运输注意事项,按约定时间办理托运手续。

②政府规定需要进行检疫的鲜活易腐货物,应当出具有关部门的检疫证明,包装要适合鲜活易腐货物的特性,不致污染、损坏其他货物。

③配载运送时,应对货物的质量、包装和温度要求进行认真的检查,应根据货物的种类、运送季节、运送距离和运送地区确定相应的运输服务方法,及时地组织适合的车辆予以装运。

④鲜活易腐货物装车前,必须认真检查车辆设备的完好状态,应注意清洗和消毒。装车时应根据不同货物的特点,确定其装载方法。如为保持冷冻货物的冷藏温度,要紧密堆垛;水果、蔬菜等需要通风散热的货物,必须在货件之间保留一定的空隙;怕压的货物必须在车内加隔板,分层装载。

⑤需要特殊照料的鲜活易腐货物,应由托运人自备所需物料,必要时由托运人派人押运。

⑥鲜活易腐货物在运输、仓储过程中,承运人因采取防护措施所发生的费用,由托运人或收货人支付。

【做一做】

一、实训活动

◎ 内容

公路物流零担货物运输业务

◎ 目的

通过公路零担货运业务实训,掌握进行公路货运业务的操作程序。

◎ 人员

①实训指导:任课老师

②实训编组:学生按3~4人分成若干组,分别扮演货主、物流公司业务人员。

◎ 时间

6课时

◎ 学习资料

北京物流分公司有客户A,B,C。客户A有果脯50箱由北京运到天津,客户B有电脑100套由北京运到上海,客户C有手机500台由北京运到广州。该公司还分别在天津、广州、上海有分公司。

北京分公司每天都有"北京分公司—天津分公司"、"北京分公司—上海分公司"的班线,而没有直达广州的班线。但上海分公司有直达广州分公司的班线。

因此,客户A,B的货物可以挂在班线上直接到达目的地分公司,客户C的货物需经班线先运到上海分公司中转,再由上海分公司运到广州分公司。

◎ 步骤

1.发送站业务

①填制货物运单;

②新建班次;

③新建装车计划——生成交接清单(每个到站一份);

④新建行车路单;

⑤交接清单确认;

⑥路单下达、交接清单下达;

⑦司机签到出发。

2.中途站作业

①司机到达天津签到;

②交接清单反馈,货物保管责任转移天津分公司;

③司机离开天津出发签到;

④货物果脯交付收货人(自提或配送);

⑤运单反馈给客户A(客户A业务完成)。

3.到达站到达与中转业务

①司机到达上海分公司签到;

②交接清单反馈,货物保管责任转移上海分公司;

③货物电脑交付收货人(自提或配送);

④运单反馈给客户B(客户B业务完成);

⑤新建班次(上海—广州);

⑥新建装车计划——生成交接清单(上海—广州);

⑦新建行车路单(上海—广州);

⑧交接清单确认;

⑨路单下达、交接清单下达;

⑩司机签到出发。

4.到达站(广州分公司)业务

与天津、上海分公司类似。

说明:实训项目最好结合物流运输管理软件进行,以上流程仅供参考。

二、实训总结

◎ 要求

根据《汽车货运规则》正确完成上述流程。

◎ 认识

作为物流企业的员工,应熟悉公路货运的基本业务流程,能够组织零担货运生产,这对将来从事相关工作是十分重要的。

【任务回顾】

通过对本章的学习,使我们掌握了公路货运的基本流程,掌握了公路货运的基本种类、运输单证的填制、货运组织要点等基本知识与技能。

【名词速查】

1.运输期限

这是由承托双方共同约定的货物起运、到达目的地的具体时间。未约定运输期限的,从起运日起,按 200 km 为 1 日运距,用运输里程除每日运距,计算运输期限。

2.搬运装卸

这是指货物运输起止两端利用人力或机械将货物装上、卸下车辆,并搬运到一定位置的作业。人力搬运距离不超过 200 m,机械搬运不超过 400 m(站、场作业区内货物搬运除外)。

3.整批运输

托运人一次托运货物计费重量 3 t 以上,或不足 3 t 但其性质、体积、形状需要一辆汽车运输的,为整批货物运输。

4.轻泡货物

货物每立方米体积重量不足333 kg的,为轻泡货物。其体积按货物(有包装的按货物包装)外廓最高、最长、最宽部位尺寸计算。

【任务检测】

一、填空题

1.零担货物的"四定"运输是指车辆采取定线路、_____、定车辆、_____的一种组织形式。

2.按照货运营运方式的不同,公路货物运输可分为整车运输、_____ 、_____ 、联合运输和包车运输。

3.公路整批货物运输是指托运人一次托运的货物在_____ 以上,或虽不足_____,但其性质、体积、形状需要一辆_____汽车运输的货物运输。

4.按货物运输条件不同,公路货运可以分为_____和特种货物运输。

二、单选题

1.与其他运输方式相比,公路运输最显著的特点是_____。

 A.运送速度快 B.机动灵活 C.安全性好 D.受气候环境影响小

2.整车运输是指托运人一次托运的货物重量在_____吨及其以上的吨位。

 A.4   B.5   C.3   D.8

3.实际载重量不足车辆额定载重量时,按_____计收运费。

 A.实际载重量 B.车辆自重 C.额定载重量 D.不确定

4.货物有实重货物和轻浮货物之分,凡平均每立方米重量不足_____千克的为轻浮货物。

 A.100   B.50   C.333   D.222

5.整车运输为合理使用车辆可以一车多票,但货物总重量_____车辆额定载重量。

 A.可以超过 B.不得超过 C.必须等于 D.无所谓

三、简述题

1.简述公路货运的特点。

2.画图说明公路整车货物运输过程。

3.简述固定零担货运班车的运行方式。

4.简述零担中转作业方式。

参考答案

一、填空题
1. 定班期、定时间　　2. 零担运输、集装箱运输、　　3. 3吨、3吨、3吨及以上
4. 普通货物运输
二、选择题
1. B　　2. C　　3. C　　4. C　　5. B
三、简答题
1. 答：优点：
①覆盖面广；②机动灵活；③适应性强；④可以实现"门到门"的直达运输；
⑤具有较强的经济效益。

缺点：
①运量较小，运输成本较高；
②运行持续性较差；
③安全性较低，对环境有较大的污染性。

2. 答：

公路整车货物运输流程

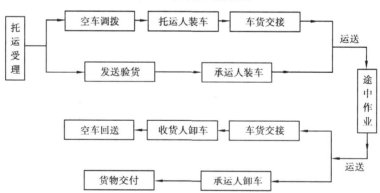

3. 答：

对于"四定运输"的固定式零班车，根据货物流量、流向以及货主的实际要求，主要有直达、中转、沿途3种不同的组织形式。

（1）直达零担班车　直达零担班车是指在起运站将多个托运人人托运的同一到站且可以配载的零担货物装在同一车内，直接送达目的地的一种零担班车。

（2）中转零担班车　中转零担班车是指在起运站将多个托运人托运的同一线

路、不同到达站且允许配装的零担货物,装在同一车内运至规定中转站,卸后复装,重新组织成新的零担班车运往目的地的一种零担班车。

(3)沿途零担班车　沿途零担班车是指在起运站将多个托运人托运的同一线路、不同到达站且允许配装的零担货物装在同一车内,在沿途各计划停靠地卸下或装上零担货物继续前进,直至最后终点站的一种零担班车。

4.答:零担货物中转作业的基本方法一般有以下3种:

(1)落地法。即将到达车辆上的全部零担货物卸车入库,按方向或到达站在货位上进行集结,然后重新配装组织成新的零担车。这种方法简便易行,车辆载重量和容积利用较好,但装卸作业量大,作业速度慢,仓库和场地的占用面积也较大。所以,组织中转作业时,要尽量减少落地货物的数量。

(2)坐车法。即是将到达车辆上运往前方同一到达站,且中转数量较多或卸车困难的那部分货物(核心货物)留在车上,把其余到站的货物全部卸下,而后在到达车辆上加装与核心货物同一到站的货物,组成一个新的零担车。这种方法其核心货物不用卸车,减少了装卸作业量,加快了中转作业环节、节约了装卸劳力和货位,但对留在车上核心货物的装载情况和数量不易检查和清点,在加装货物较多时也难免发生卸车和换装附加作业。

(3)过车法。即当几辆零担车同时到站进行中转作业时,将车内部分中转零担货物由一辆车向另一辆车上直接换装,而不卸到车站仓库货位上。组织过车时,可以向空车上过,也可以向留有核心货物的重车上过。这种方法在完成卸车作业的同时即完成了装车作业,减少了零担货物的装卸作业量,提高了作业效率,加快了中转速度,但到发车辆时间衔接要求较高,容易遭受意外原因的干扰而影响计划的完成。

任务 4
办理江河货物运输

教学要求

1. 掌握江河运的概念；
2. 了解水运运价和两种水路运输的办理方式。

学时建议

知识性学习：2 课时

【导学语】

中外江河运输业发展迅速

江河运输无论在国外还是在国内，其发展速度逐年递增，下面的两个区域概况有助于理解江河运输的现状。

一、比利时安特卫普成为欧洲江河航运枢纽

安特卫普港位于斯海尔德河、马斯河和莱茵河三角洲内。港口不但与比利时长1 500 km的江河水运网直接相连，而且处在整个欧洲江河航运网络上。安特卫普港不可能脱离内陆航运和其他运输方式而独立存在：它们一起构成了一个不可分割的整体。

内陆航运在安特卫普港货运量中所占的比例迅速提高，包括集装箱运输量。现在，安特卫普大约三分之一的集装箱运输量都是内陆航运，而且由于都尔冈克港的开放，这一比例还将继续上升。

江河航运传统上用于运输矿石、煤炭和石油产品等散货。而今天，江河航运提供更广泛的产品运输，比如化学品、箱装物品或大包。江河航运适合运送各种类型的货物，包括干散货和液体货。

二、长江沿岸货物周转六成靠水运

2006年，长江干线水运货物量达到9.9亿吨，与2005年的7亿多吨相比，增长超过15%，而港口集装箱吞吐量达634万标箱。

而在2003年前，我国江河水上运输呈现连年萎缩态势，2002年全国江河航线长度2 037 km，较2000年减少10%以上。其中水量为莱茵河6倍的长江，当年运输量仅为莱茵河的1/6,航运效能为其约1/40。

长江水运的提升也得益于三峡大坝的一系列蓄水工程,航道水深增加40%,宽度增加2倍,江水流速减缓50%,可满足万吨级船队对航道尺度的要求,使长江航道成为连接西南、华中再到华东地区的畅通走廊。

通过以上介绍,我们了解到江河运输在整个物流体系中占据怎样的重要地位,本章通过介绍江河运输的发展概况和了解江河运输的办理,为下一章海洋运输的学习打好基础。

【学一学】

4.1 了解江河货物运输的发展

4.1.1 认识江河运输

江河运输是水路运输的组成部分,近年来,随着国际贸易的蓬勃发展,国际海洋运输在物流体系中的地位越来越高,但是作为一种古老的运输方式,江河运输在国际贸易和国内贸易中由于其自身的成本优势,逐渐恢复了以前的生机和活力,开始显现出巨大的运输优势。

1)江河运输的概念

江河运输是使用船舶通过国境内江湖河川等天然或人工水道,运送货物和旅客的一种运输方式。它是内陆腹地和沿海地区的纽带,也是边疆地区与邻国边境河流的连接线,在现代化的运输中起着重要的辅助作用。

2)江河运输船舶

江河运输使用的船舶,由于江河吃水浅、河道狭、弯度多、水位涨落幅度大等特点,其结构和要求与海上船舶有所不同。江河使用的船舶主要有以下3种:

(1)江河货船

这是指本身带动力,并有货舱可供装货的船舶,这是江河运输的主要工具之一,见图4.1。江河货船的载重吨位、长度和吃水深浅,视河道条件而异,但一般均比海船小。江河货船具有使用方便,调度灵活的特点,但载重量小、成本大,一般作为江河定期经营使用。

（2）拖船和推船

拖船和推船都是动力船，本身一般不装载货物，而起拖带和推动驳船的作用，前者在驳船前面，拖带驳船前进；后者在驳船后面，顶推驳船往前行进。以前江河运输的驳船主要使用拖船带动，称为拖带法。目前，推船已逐渐取代拖船，而成为江河运输主要发展方向。这是因为顶推法比拖带法具有阻力小、推力大、操纵性能强的优点。

（3）驳船

江河驳船（见图4.2）按有无动力可分为机动驳船和非机动驳船，按拖带和顶推方法分为拖驳和推驳。推驳船是一种一定尺度的标准型驳船，便于编队分节，所以又称为分节驳。分节驳上没有舵、锚以及生活设施和救生设备，整个驳船是一个长方形的货舱，以供装货。近年来，驳船的发展具有标准化、系列化和专业化的特点。

图4.1　江河货船

图4.2　驳船

4.1.2　江河运输在我国的发展

1）江河运输的历史

在人类历史上，江河运输是人类较早采用的一种运输方式，而且历来是作为一种重要的运输方式。最早人类只能利用自然河道，后来逐渐认识掌握河流的运动规律，才开始整治河道，挖掘运河，建筑船坝，使河流适合人类运输的需要。现代江河航道水流平稳，畅通宽直，吃水较深，一些大的江河可以容纳大型船舶直驶上流。早期江河运输都是单一船舶运输。尽管改进船舶结构，增大载重量吨位，但载重量受江河条件制约有一定的限度。19世纪中叶，开始采用拖带方法，江河运输量成倍增长,成为江河运输发展的一个重要里程碑。至 20 世纪,江河运输方式又发生了一次巨大的变化,传统的拖带运输方式开始逐渐退出历史舞台,一度蓬勃发展的货船运输开始有所下降,代之兴起的是顶推运输方式。当前,一般高功率的推船已能顶载重量高达三四万吨的驳船。

江河运输适宜装运大宗货物,如矿砂、粮食、化肥、煤炭等,而且由于航运平稳,在运送石油等危险货物时也较安全。

2)江河运输在我国的发展状况

我国有 5 000 多条大小河流和众多湖泊,是发展我国江河运输十分有利的自然条件。新中国成立以后,国家大力整治河流,疏通水道,沟通水系。

据统计,2008 年底,全国江河航道通航里程 123 964 km,比上年末增加了 2 407 km。全国拥有水上运输船舶 20.4 万艘,比上年末增加 0.1 万艘;净载重量 7 061.6 万吨位,比上年末增加 1 356 万吨位。长江水系完成货运量 3.0 亿吨,货物周转量 795.3 亿吨千米,分别占全国江河货运量和货物周转量的 39.9% 和 52.7%;京杭运河完成货运量 1.5 亿吨,货物周转量 279.7 亿吨千米,分别占 19.7% 和 18.5%;珠江水系完成货运量 0.9 亿吨,货物周转量 150.5 亿吨千米,分别占 12.1% 和 10.0%;黑龙江水系完成货运量 0.07 亿吨,货物周转量 8.6 亿吨千米,分别占 0.9% 和 0.6%。

结合长江流域国民经济发展态势和运输需求,长航局有关部门对运输总量和结构进行了科学的对比分析后预测:未来 10 年内,长江干线货运量年均增长率为 3.7%;集装箱、商品车等特种运输运量增长将明显高于总量增长速度。

4.2 办理江河货物运输

4.2.1 了解江河运输水运运价

江河运输水运运价按运输对象可分为客运运价和货物运价。前者通常以每一旅客为单位,按不同的乘船等级和航线,以运价表的形式公布;后者则因货物种类繁多、积载因数不等、价值高低悬殊、运输条件和港口条件不同,以及国际航运市场情况复杂等原因,除要将货物适当归类,按不同距离或不同航线和不同的计费单位,规定每一运费吨的运价外,还须针对各种情况,规定具体的运费计算规则。因此,通常所说的水运货物运价,既指每一运费吨的运价,也包括所规定的运费计算规则。

国内水运货物运价是级差运价和递远递减的距离运价相结合的运价。下面介绍这两种运价体系。

1）级差运价

级差运价有利于体现国家的运价政策。为了促进工农业生产,改善人民生活和简化运费计算,根据货物的性质、用途、价值、积载因数、运输和装卸条件,以及运输成本、企业积累和与其他运输方式的比价,将可以使用同一运价水平的货物加以适当归类,按运价的高低,将货物分别归属于各运价等级,属于同一运价等级的货物,使用同一运价。

2）递远递减运价

递远递减的距离运价反映了运输成本递远递减的规律,将基本运价分为固定不变的停泊基价和随运输距离延长而递远递减的航行基价。为了简化计算运费的手续,通常都以货运运价表的形式,表示各运价等级在各运输距离区段的递远递减的距离运价。运价表中,将运输距离划分为若干个区段,以每个区段的中值代表各该距离区段的距离,按规定的停泊基价和递远递减的航行基价,算出在各距离区段范围内运输每货运单位的运价。

在采用级差运价和递远递减的距离运价相结合的运价条件下,只要在运价本中查明起运港和目的港间的距离,以及货物的运价等级,再在运价表相应的运价等级和相应的运输距离区段项下查出各该货物的运价,然后乘以各该货物的计费单位数,即可计算出应计收的运费。

积载因数:每一吨货物在货舱中正常堆积时所占的空间或舱容。

运费吨:按每一种货物的重量或体积计算运费的单位,又称计费吨。

4.2.2　江河运输的办理

江河运输与海洋运输一样,其主要业务种类为班轮运输和租船运输两种,其办理流程与海洋运输基本类似,本章简单介绍这两种运输方式,下一章将会进行详细分析。

1）江河运输的班轮货运

江河运输中的班轮运输主要有 3 种方式:

（1）定期、定港班轮运输

它是以固定的船舶,按照以运行周期为依据编制的船期表规定的靠港和抵离日期组织运行。一些经营班轮运输历史较长、经验丰富的航运公司,一般每半年或每一年编制一次船期表。在此期间船舶按时抵离港口,即使出于特殊原因,偶有延误或提前,时间相差也不会很大。

（2）定线班轮运输

固定航线,其靠港只固定几个主要港口,其余港口则视每航次的货源情况,决定是否挂靠。因此,事先不能编制一定期间的船期表,船舶抵离各港的时间也不能事先规定。这种船舶营运方式虽不是定期、定港的班轮运输,但通常也列入班轮运输范围。

（3）快速航线班轮运输

一种更严格的定期、定港班轮运输。海运发达国家的一些班轮公司为了加强竞争能力,争揽货载,在定期定港班轮运输的基础上,进一步缩短班期,严格按船舶抵离港时间编制船期表,并按小时组织船舶运行。

2）江河运输的租船运输

租船运输是按照出租人与承租人双方同意的条件,出租人以收取租金或运费的方式将船舶的全部或部分租给承租人运输货物的一种运输方式。

租船运输类型主要有下述 3 种。

（1）航次租船

其合同为租期为一个或几个连续航次的租船合同。其性质是货物运输合同。出租人虽然出租船舶,但仍保有对船舶的控制,负责配备船长和船员,并组织营运。承租人租用船舶的目的是运输货物。

（2）定期租船

出租人将船舶提供给承租人,在约定的期限(数月至数年不等)内按照约定的用途,由承租人控制船舶的经营并向出租人支付租金。

（3）光船租船

承租人在一定租期内为取得对特定船舶的控制和占有使用,负责配备船长和船员并向出租人支付租金。

【做一做】

阅读资料

上海航运中心建设，别让内河运输成"短板"

多年来，上海作为国际化的大都市，其海港已跻身世界大港，而运量大、污染小、经济便宜的内河港口却成为建设的"软肋"，运能一直无法与长三角其他城市高速发展的内河通道匹配。业内人士认为，内河运输一旦跟不上上海国际航运中心集疏运体系建设的步伐，势必成为"一心"向前的"短板"。

上海内河水资源丰富，2 100 km通航航道基本上是天然河道。20世纪70至80年代，上海市进行过两次大规模的内河航道改造。20世纪90年代后期，上海对内河航道的重视与规划也做得相当不错。2003年，上海又上报了"上海内河航道总体规划"，得到原交通部与上海市政府的批复。然而，站在上海国际航运中心这个层面，上海的内河航道建设仍相对滞后。有关专家认为，这种滞后主要表现在与长三角内河航道网对接程度不高，尤其是与江、浙邻省相比，上海的内河航道发展还相对滞后。

业内人士指出，上海以前也"规划"过内河港区，但相对上海港的发展而言还相对滞后，与江浙相比差距明显。而上海庞大的内河运输量又迫切需要良好的内河航道和内河港区加以支持。据统计，上海市2008年内河航道通过量为147 850万吨，相当于739.25万辆20吨卡车的运输量。

相关统计数据显示，水路运输相较公路运输运量大、经济成本低，尤其是，内河集装箱运输方式更能发挥内河优势。据了解，在长三角其他城市内河航行的60标箱、24标箱集装箱船，完全可以从上海内河通过，如果上海三级航道全部开通，目前无锡、宜兴的24标箱内河集装箱船，甚至60标箱、90标箱都可以顺利通过上海内河。

专家表示，长三角是人流、物流高度发达的地区，其运输成本占整个长三角GDP的一定比例，如何创造长三角一体化环境，对于建设长三角综合交通体系将发挥重要作用。加快内河航道建设，既可解决上海城市交通问题，又能推动长三角货物运输向散改集、陆改水方向发展，将陆上空间留出来供人们出行使用。

据了解，上海港65%的进出口货物来源于长三角地区，长期以来，这一地区的集装箱主要是由公路运至上海港。随着上海港货源逐步由长三角向长江中上游、中西部地区转移，以公路为主的集疏运系统越来越"超负荷"，迫切需要向水路、铁路转移。

最近,上海内河航道建设有新动向:2009年将完成赵家沟航道整治,继续推进大芦线航道整治,第一、第三季度将分别开工苏申外港线、杭申线航道整治工程,建成赵家沟、大芦线等多条3级航道,初步形成上海高等级内河航运框架。同时,上海外高桥赵家沟内河集装箱港区今年底有望完成,大芦线芦潮港港区建设今年将启动,全盘预计2011年底完成。届时,两个内河集装箱港区各设计100万标箱吞吐量,能解决400万标箱货物的运输,将极大缓解上海城市道路交通的压力。

从总体而言,目前上海建设"两个中心",内河相对于海港速度慢、规模小、政府投入不大。内河建设最好与上海国际航运中心建设同步,整治铁路桥、公路桥等措施要快速跟上。

资料来源:中国水运报 2009-05-05

阅读思考:

1.结合阅读资料,分析水路运输与公路运输相比有哪些优势?

2.试分析江河运输与海洋运输之间的关系。

【任务回顾】

通过对本章的学习,使我们掌握了江河运输的概念、主要运输工具以及在运输体系中的地位,熟悉江河运输的历史;并了解水运运价和两种水路运输的办理方式,为下一章海洋运输的学习打下基础。

【名词速查】

江河运输是使用船舶通过国际内江湖河川等天然或人工水道,运送货物和旅客的一种运输方式。江河运输是水上运输的组成部分。它是内陆腹地和沿海地区的纽带,也是边疆地区与邻国边境河流的连接线,在现代化的运输中起着重要的辅助作用。

【任务检测】

一、填空题

1.江河驳船按有无动力可分为_____驳船和_____驳船,按拖带和顶推方法分为_____和_____。

2.递远递减的距离运价反映了运输成本递远递减的规律,将基本运价分为_____的停泊基价和随运输距离延长而_____的航行基价。

二、单选题

1.以下哪一种不是江河使用的船舶:_____。

A. 拖驳　　　　　B. 50万吨油轮　　　　　C. 推船　　　　　D. 拖船

2. 中国国内水运货物运价是_____和递远递减的距离运价相结合的运价。

　　A. 级差运价　　　B. 综合运价　　　　　C. 基本运价　　　D. 平均运价

参考答案

一、填空题

1. 机动、非机动、拖驳、推驳　　2. 固定不变、递远递减

二、单项选择题

1. B　　2. A

任务 5
办理海洋货物运输

教学要求

1. 初步认识海洋运输的主要关系方；

2. 了解港口码头的布局与功能；

3. 掌握三种常用贸易术语的含义和功能；

4. 熟悉班轮运输的流程和单据。

学时建议

知识性学习：7 课时

实训学习：2 课时

【导学语】

走进海洋运输

海洋货物运输又称"国际海洋货物运输",是国际物流中最主要的运输方式。它是指使用船舶通过海上航道在不同国家和地区的港口之间运送货物的一种方式,在国际货物运输中使用最广泛。目前,国际贸易总运量的 2/3 以上,中国进出口货运总量的约 90% 都是利用海上运输完成的。

随着中国经济的快速发展,中国已经成为世界上最重要的海运大国之一。全球目前有19% 的大宗海运货物运往中国,有 20% 的集装箱运输来自中国;而新增的大宗货物海洋运输之中,有 60% ~ 70% 是运往中国的。中国的港口货物吞吐量和集装箱吞吐量均已居世界第一位;世界集装箱吞吐量前 5 大港口中,中国占了 3 个。随着中国经济影响力的不断扩大,世界航运中心正在逐步从西方转移到东方,中国海运业已经进入世界海运竞争舞台的前列。因此海洋运输已成为物流运输体系中不可或缺的重要组成部分,随着中国与世界经济的联系日趋紧密,海洋运输的地位还将不断提高。

这一章,让我们来学习有关海洋货物运输方面的知识。

【学一学】

5.1　认识海洋运输的关系方

海洋运输运距长、手续多、环节复杂,涉及的关系方除了托运人(发货人、货主)、收货人外,还有作为承运人的国际航运企业以及他们的代理等,我们来认识他们的性质和作用。

1)国际航运企业

国际航运企业,一般是指以直接客货国际水上运输,实现客货空间位移为主要业务的独立经济实体。狭义上的国际航运企业,是以船舶为运输工具,使用常规运

输票据结算运费,常称为船公司、班轮公司等。国际航运企业的营运方式有:

①自营形式,指国际航运企业本身购买或订造船舶,自行经营客货国际水路运输。

②委托经营形式,指小型航运企业将其船舶委托给大型航运企业或有经验的航运代理人代为运营,支付代理费、货运酬金或代管费,船舶经营的盈亏仍由船东自行负责。

③租船运营形式,指航运企业本身不购买或订造船舶,而是通过租用船舶经营国际水路运输,并向出租人支付租金等相关费用。

④联合运营形式,指航运企业在某一条航线上通过一定的形式联合进行运营,协商航线上的货载或运营收入,联合体内各航运企业仍保留其独立性。

2)港口服务企业

港口是水路运输的始发地、目的地或途经地,是货物换装和集散的中心,是水路运输和水陆联运的枢纽。港口企业是在港口从事物资装卸、储存、运输、客运等生产性和服务性的经营组织,是港口生产和经营业务的基本单位。

3)国际船舶理货企业

国际船舶理货是海上贸易运输过程中的一项货物公证业务,即对船舶装、卸的货物数量和状态以第三者的身份进行认可和公证。对认可和公证的结果,与货物有关的各方都要确认,并据此分清责任,履行职责,在国际上具有法律效力。

各国理货机构与船舶建立理货关系的方式有委托理货和强制理货两种。委托理货是理货机构根据船方申请与船方建立理货关系,对国内运输船舶装卸货物、外贸船舶装卸散货和船方不负责箱内货物的装拆箱作业,实行委托理货;强制性理货是船舶进入本国或本地区港口装卸货物,理货机构与船方自动建立理货关系,不需要船方申请,船方也不能拒绝。中国外轮理货总公司对外贸船舶在我国港口装卸件杂货、集装箱和船方负责箱内货物的装拆箱作业,实行强制性理货。

4)国际船舶代理企业

船舶代理是指船舶代理机构或代理人接受船舶所有人(船公司)、船舶经营人、承租人或货主的委托,在授权范围内代表委托人(被代理人)办理与在港船舶有关的业务、提供有关的服务或完成与在港船舶有关的其他经济法律行为的代理行为。而接受委托人的授权,代表委托人办理在港船舶有关业务和服务,并进行与在港船舶有关的其他经济法律行为的机构,则是船舶代理企业。

一个船舶所有人,无论其资金有多么雄厚,也不可能在自己所拥有或经营的船舶可能停靠的港口普遍设置分支机构。因此,委托当地的代理人代办船舶在港的一切业务,就成为普遍采用的办法。委托船舶代理人可以更有效地安排和处理船舶在港的各项业务,更经济地为船舶提供各项服务,从而加快船舶的周转,降低运输成本,提高船舶的经济效益。

5)国际货运代理企业

货物运输代理简称货代,是指货运代理机构或个人接受货主或承运人的委托,在授权范围内,代表货主办理进出口货物的报关、交接、仓储、调拨、检验、包装、租船订舱等业务,或代表承运人承揽货载的服务行为。从事这些业务,并在提供这类服务时收取佣金的机构或个人就是货运代理。

海上货运代理是随着国际贸易所涉及的国家和地区的不断扩大,海上货物运输量的日益增加而产生和发展的。海上货物运输环节多、业务范围广,任何一个货主或船公司都很难亲自处理好每一环节的具体业务;而且限于人力和物力,也不可能在世界范围广设分支机构,在这种情况下,如果将有关业务委托代理人办理,对货主来说,有利于贸易合同的履行,对承运人来说,则无疑扩大了揽货网络,增加了货源。而货运代理人则通过提供代理服务可获得一定数额的佣金。

当然,在整个国际海洋运输的过程中,还会涉及国家的监管机构如海关、国家检验检疫机构等部门。

5.2　了解港口码头的布局与功能

5.2.1　现代港口的布局

港口是一个国家和世界的经济连接点,只有借助活跃的港口,整个国家的经济脉搏才能随着世界经济的繁荣而跳动。一般来说,港湾是指具有天然掩护的可供船舶停泊或临时避风之用的水域,通常是天然形成的。而港口则通常是由人工建筑而成的,具有完备的船舶航行、靠泊条件和一定的客货运设施的区域,它的范围包括水域和陆域两部分。

近几年来,伴随新一轮世界经济的增长,许多国家和地区都提出了本国的雄心勃勃的港口发展计划。在发展港口的时候,合理的对港口布局非常重要,下面简单谈一谈现代港口的整体规划与布局。

1）港口布局的原则

①港区的规划与布局必须满足现代物流所必需的基本功能，使其能高效、有序、经济地开展集装箱装卸、拼装、流通加工、配送、仓储、运输及信息处理等作业。

②结合水陆等自然条件，考虑相邻码头的安全距离，合理安排码头的位置，充分利用宝贵的岸线资源。

③依照"整体规划、分步实施、科学管理、滚动开发"的思路，分期建设港口码头工程，争取尽可能降低开发成本。

2）港口布局中泊位的选择

集装箱泊位长度一般在200～300 m，大型集装箱船的泊位长度在350 m以上，这就要求建设时考虑到未来主要船型的长度。泊位建设，分单个泊位和连续泊位两种。单个泊位，长度只要略大于集装箱船的长度即可，对于年货运量只有几十万标准箱的码头而言，可以建设开启式单个泊位；连续泊位，则要求泊位之间有20 m左右的间隔，采取连续泊位的优点，在于可以减少码头所需的机械数量。

什么是泊位

泊位，是航海的一个专用术语，是指港区内能停靠船舶的位置，后来人们以此作借喻，扩大范围使用，如停放车辆叫"泊车"，把能停放车的位置也称作"泊位"。

3）港口码头的整体布局方法

作为一个配套设施齐全的港口码头，主要建筑有码头、堆场、仓库、商务区及其各类配套建筑设施。现代港口进行布局时，要充分考虑港区作业的特点，尽可能使布局有利于工作的开展。

集装箱重箱堆场可以布置在港口最前方，即紧邻码头的前方堆场处；空箱堆场则应布置在重箱堆场之后靠近修箱间的位置；件杂货堆场紧随其后但是不能太深入港口园区，否则容易影响港口的整体作业。至于商务区，如调度楼、信息中心、办公区等建筑设施则可以规划在港口园区的进门位置。

总之，港口布局的原则是将进出口作业频繁的区域放在最临近码头的位置，在经济的基础上尽可能提高港区的整体作业效率。

5.2.2　现代港口的功能

现代港口功能可以归纳为以下3个方面：

1）货物装卸和转运功能

这是港口最基本的功能,即货物通过各种运输工具转运到船舶或从船舶转运到其他各种运输工具,实现货物在空间位置的有效转移,开始或完成水路运输。

2）商业功能

即在商品流通过程中,货物的集散、转运和一部分储存都发生在港口。港口介于远洋航运业与本港腹地客货的运输机构之间,便利客货的运送和交接。港口的存在既是商品交流和内外贸易存在的前提,又促进了它们的发展。

3）工业功能

随着港口的发展,临江工业、临海工业发展越来越快。通过港口,由船舶运入供应工业的原料,再由船舶输出加工制造的产品,前者使工业生产得以进行,后者使工业产品的价值得以实现。港口的存在是工业存在和发展的前提,在许多地方,港口和工业已融为一体。有时港口还具有其他的一些功能,譬如城市功能、旅游功能、信息功能、服务功能等。

小贴士

天津港是我国沿海主枢纽港和综合运输体系的重要枢纽,是京津冀现代化综合交通网络的重要节点和对外贸易的主要口岸,是华北、西北地区能源物资和原材料运输的主要中转港,是北方地区集装箱的干线港和发展现代物流的重要港口。天津港具备运输组织、装卸仓储、中转换装、临港工业、现代物流、口岸商贸、保税加工及配送、航运及市场信息、综合服务等功能。天津港正在进一步扩大规模,提高等级,完善功能,增强核心竞争力。

一是加快码头项目建设,提高港口吞吐能力。重点建设北港池16个集装箱泊位、30万吨级原油码头、10万吨级LNG码头、南疆大型专业化煤炭及矿石泊位等,以满足国内外货物大进大出的要求。

二是加快公用基础设施项目建设,提升港口等级。重点建设深水航道、防波堤等项目,完善天津港集疏运体系。

三是加快物流项目建设,完善港口功能。26.8平方千米的南疆散货物流中心,是国内最大的现代化综合性干散货和液体散货物流中心及贸易基地;7.03平方千米的北疆集装箱物流中心,是又一重要物流基础平台;天津国际贸易与航运服务区是配套服务完善的特色航运CBD。

四是东疆港区分为码头作业区、物流加工区、综合配套服务及预留发展区"三大区域",具有码头装卸、集装箱物流、商务办公、生活居住、休闲旅游"五大功能"。

5.3 掌握常用的外贸价格术语

5.3.1 贸易术语的含义和作用

所谓贸易术语(Trade Terms),就是指用一个英文短语或英文缩写字母来说明商品的价格构成和买卖双方有关责任、费用和风险的划分。

国际贸易具有线长、面广、环节多、风险大的特点。货物从生产者手里转移到国外消费者手中,这中间要经过长途运输,牵涉银行、商检、海关、保险等方方面面的工作;在这一过程中需要支付诸如运费、保险费等各项费用,货物还可能遭受各种风险损失。这许多的工作由谁去办,费用由谁负担,发生的风险由谁承担,都是买卖双方在洽商和签订合同时必须明确的。贸易术语正是为了解决这些问题,在实践中产生和发展起来的。因此,每一个贸易术语都包含了以下三大内容:

1)责任划分问题

这包括卖方如何交货(交货地点和交货方式,凭单交货还是实际交货),买方如何收货;从卖方交货到买方收货过程中必须办理的许多工作(如申领进出口许可证、商检、报关、投保、租船订舱、装卸货物等)由谁负责,以及买卖双方需要交接哪些有关的单据。

2)费用负担问题

买卖双方交接货物过程中,需要支付许多费用(如进出口关税、仓储费、运费、装卸费、保险费及各项杂费等),这些费用分别由谁负担。

3)风险划分问题

买卖双方在交接货物过程中,特别是长途运输过程中,货物可能发生意外,遭受损失,这些风险应由谁承担。这就需要在整个交接过程中划一条界限,以明确双方各自承担的风险。

小案例

某公司向外商出售一级大米300吨,成交条件FOB上海。装船时货物经检验符合合同要求,货物出运后,卖方及时向买方发出装船通知。但是航运途中,因海浪过大,大米被海水浸泡,品质受到影响。货物到达目的港后,只能按三级大米价格出售,于是买方要求卖方赔偿差价损失。

评析:贸易术语是对外磋商和订立合同不可缺少的专门用语,它表明了价格的构成,确定了买卖双方在交接货物过程中应尽的责任和义务,涵盖了价格、运输、保险、通关手续、单证提交等内容,它的使用影响着合同的性质及风险的划分界限。本案例中双方以FOB成交,那么货损应该由谁来负责赔偿呢?

因此,使用不同的贸易术语意味着双方承担的责任、费用和风险不同,从而直接影响到定价的高低,所以贸易术语又称价格术语,也有称贸易条件、价格条件。由于贸易术语对于买卖双方在交接货物过程中涉及的种种问题都有比较明确的规定和解释,所以,在进出口交易中,使用贸易术语可以简化交易洽谈的内容和过程,缩短洽谈时间和节省费用开支,并有助于贸易纠纷的处理,这对国际贸易的发展起着积极的作用。

5.3.2　3种常用的贸易术语

《2000年国际贸易术语解释通则》(INCOTERMS2000,简称《2000通则》)是目前在国际贸易中使用最广泛的贸易术语惯例,由国际商会修订形成,于2000年1月1日起生效。《2000通则》包括13种术语,共E、F、C、D四组。其中FOB、CIF、CFR是使用最为频繁的3种价格术语,下面就来讨论这3种价格术语的含义及注意事项。

1)FOB术语

(1)FOB术语的含义

FOB (Free On Board... named port of shipment 装运港船上交货……指定装运港)这一术语通常译为"装运港船上交货",简称"船上交货",俗称"离岸价"。采用这一术语时,在FOB后面要注明指定的装运港名称,例如FOB广州。这一术语是指卖方负责在合同规定的期限内,在指定的装运港把货物装到买方指定的船上,并负担货物装上船为止的一切费用和风险。该术语的适用范围是海运或内河运输,其价格构成主要是出口商品的成本。

(2)FOB术语中买卖双方风险、费用和责任的划分

在FOB术语下,买卖双方各自承担的责任、费用以及风险见表5.1。

表 5.1　FOB 术语下买卖双方责任划分一览表

分类	卖　方	买　方
常规责任	1. 负责在规定时间,在指定的装运港按该港习惯方式将货交至指定的船上,并给予买方充分的通知; 2. 在需要办理海关手续时,负责办理出口手续(如支付出口关税),取得出口许可证或其他官方许可; 3. 负责提供交货凭证、运输单据(提单)或同等作用的电子信息。	1. 收取按合同规定交付的货物并负责按合同规定支付货物价款; 2. 在需要办理海关手续时,负责办理进口手续,取得进口许可证或其他官方许可; 3. 接受有关单据。
风险划分	负担货物在装运港越过船舷前的一切费用和风险。	负担货物在装运港越过船舷后的一切费用和风险。
主要责任		1. 负责租船订舱、支付运费; 2. 负责办理保险及支付保险费。

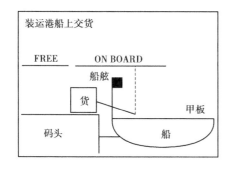

图 5.1　FOB 术语风险划分示意图

（3）如何理解 FOB 术语中风险转移的界限

在 FOB 术语中,买卖双方风险转移的界限是在装运港的船舷,如图 5.1 所示,买方将货物装上船的甲板,卖方就自由了,不再承担责任了,也就是说卖方只承担货装上船之前的一切责任、费用和风险。货装上船只后,如遇到风险遭受损失,买方只能求助于保险公司,因此卖方也有通知买方及时办理保险的义务。

小案例

某公司进口一批货物以 FOB 条件成交。结果在目的港卸货时,发现货物有两件外包装破裂,里面的货物有被水浸的痕迹。经查证,外包装是货物在装船后在堆放的时候掉到船甲板上摔破的,因包装破裂导致里面货物被水浸泡。问:在这种情况下,买方能否以卖方没有完成自己的交货义务为由向卖方索赔?

2）CIF 术语

（1）CIF 术语的含义

CIF（Costs，Insurance and Freight...named port of destination，成本加保险费，运费……指定目的港）这一术语又称"保险费、运费在内价"。采用这一术语时，在 CIF 后面要注明指定的目的港名称，例如，CIF 汉堡。这一术语是指卖方负责租船或订舱，在合同规定的期限内将货物装上到达指定目的港的船只，办理货物运输保险，负责支付运费和保险费，并负担货物装上船以前的一切费用和风险。

（2）CIF 术语中买卖双方风险、费用和责任的划分

在 CIF 术语下，买卖双方各自承担的责任、费用和风险见表5.2。

表5.2 CIF 术语下买卖双方责任划分一览表

分类	卖 方	买 方
常规责任	1.负责在规定时间，在指定的装运港按该港习惯方式将货交至指定的船上； 2.在需要办理海关手续时，负责办理出口手续（如支付出口关税），取得出口许可证或其他官方许可； 3.负责提供交货凭证、运输单据（提单）或同等作用的电子信息	1.收取按合同规定交付的货物并负责按合同规定支付货物价款； 2.在需要办理海关手续时，负责办理进口手续，取得进口许可证或其他官方许可； 3.接受有关单据
风险划分	负担货物在装运港越过船舷前的一切费用和风险	负担货物在装运港越过船舷后的一切费用和风险
主要责任	1.负责租船订舱、支付运费； 2.负责办理保险及支付保险费	

（3）如何理解 CIF 术语中费用的构成

CIF 术语是在 FOB 术语的基础上发展演变而成，它是从卖方应买方要求代办运输和保险事宜逐步发展起来的。它与 FOB 的主要区别是，卖方除承担 FOB 术语的义务外，还须负责安排运输和办理运输保险，支付将货物运往指定目的港的运费和保险费。可用公式表示：CIF = FOB + I + F，I 是 Insurance 的第一个字母，指保险、保险费，F 是 Freight 的第一个字母，指运输、运费。但与 FOB 一样，自货物在装运港越过船舷时起，风险即由卖方转由买方负担，因此卖方的交货地点也是在装运港的船上，见图5.2。

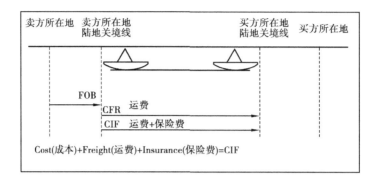

图 5.2　CIF 术语费用构成示意图

（4）CIF 术语下象征性交货的问题

CIF 术语存在一个象征性交货的问题。所谓象征性交货是指卖方只要在约定日期和地点完成装运，并向买方提交包括物权凭证在内的有关单证，就算完成了交货义务，而无需保证到货。与象征性交货对应的是实际交货，所谓实际交货是指卖方必须将货物实际交给买方或其指定人，不能以交单代替交货。CIF 是一种典型的象征性交货合同，即卖方凭单交货、买方凭单付款。

小案例

有一份 CIF 合同，英国公司向比利时公司出口一批花生油，英国向保险公司投保一切险，货物从亚洲某港装运。1914 年 8 月，英德爆发战争，货运船只在海运途中被德国战舰捕获，连船带货挟持到汉堡卸货。当卖方凭符合合同规定的单据要求付款时，买方以货物被德国战舰挟持为由拒绝付款。买卖双方争执不下，遂递交仲裁。

①在 CIF 术语下，卖方是否需要保证货物最终交至买方？

②该术语下买卖双方各需要承担什么样的责任和义务？

3）CFR 术语

（1）CFR 术语的含义

CFR（Cost and freight... named port of destination，成本加运费……指定目的港）这一术语又称"运费在内价"。采用这一术语时，在 CFR 后面要注明指定的目的港名称。这一术语是指卖方负责租船或订舱，在合同规定的期限内将货物装到运往指定目的港的船上，支付货物运至指定目的港的运费，并负担货物装上船以前的一切费用和风险。

（2）CFR 术语中买卖双方风险、费用和责任的划分

在 CFR 术语下,买卖双方各自承担的责任、费用和风险见表5.3。

表 5.3　CFR 术语下买卖双方责任划分一览表

分类	卖　　方	买　　方
常规责任	1. 负责在规定时间,在指定的装运港按该港习惯方式将货交至指定的船上,并给予买方充分的通知; 2. 在需要办理海关手续时,负责办理出口手续(如支付出口关税),取得出口许可证或其他官方许可; 3. 负责提供交货凭证、运输单据(提单)或同等作用的电子信息	1. 收取按合同规定交付的货物并负责按合同规定支付货物价款; 2. 在需要办理海关手续时,负责办理进口手续,取得进口许可证或其他官方许可; 3. 接受有关单据
风险划分	负担货物在装运港越过船舷前的一切费用和风险	负担货物在装运港越过船舷后的一切费用和风险
主要责任	负责租船订舱、支付运费	负责办理保险及支付保险费

（3）如何理解 CFR 术语

CFR 是介于 FOB 和 CIF 术语之间的一种术语。与 FOB 比较,卖方除承担 FOB 术语的义务外,还需负责安排运输,支付将货物运往指定目的港的正常运费,可用式子表示:CFR = FOB + F。与 CIF 比较,两种术语的不同之处在于:CFR 合同的卖方不负责办理投保手续和支付保险费,不提供保险单,除此以外,CFR 和 CIF 合同买卖双方各自应承担的义务基本上是相同的,可用式子表示:CFR = CIF − I。

但应特别注意的是关于装船通知的问题。多数国家的贸易惯例认为,在 CFR 条件下,卖方在货物装船后必须及时向买方发出装船通知,以便买方办理投保手续。有的国家法律,例如英国的《1893 年货物买卖法》(1979 年修正本)中规定:"如果卖方未向买方发出装船通知,以便买方对货物办理保险,那么,货物在海运途中的风险被视为由卖方负担。"就是说,由于卖方未发出装船通知使买方漏保,如果货物在运输途中遭受损坏或灭失,那么卖方不能以风险在装运港船舷转移为由而免除责任。

按 FOB,CIF 和 CFR 三种贸易术语达成的合同,卖方均负责在装运港的船上交货,承担的风险均在货物越过船舷时转移给买方,因此,在交货地点和风险划分

的界限方面是完全相同的;而且按这3种术语达成的合同均属于"装运合同",都是卖方凭单履行交货,买方凭单付款;这三种贸易术语都只适用于海运或内河运输。

区别在于不同的价格术语下,负责租船订舱并支付运费、负责办理运输保险并支付保险费的主体不同。

5.4 办理班轮货物运输

5.4.1 班轮运输概述

1)班轮运输的特点与历史

班轮运输(Liner Transport),是指船舶在固定的航线上和港口间按事先公布的船期表(Sailing Schedule)航行,并按事先公布的费率收取运费。班轮运输具有以下几个特点:

①具有"四固定"的特点:固定航线、固定港口、固定船期和相对固定的费率。这是班轮运输最基本的特征。

②班轮运价包括装卸费用,即货物由承运人负责配载装卸,不计滞期费和速遣费。滞期费是指在租船合同中,当船舶装货或卸货延期超过装卸货时间时,由租船人向船东所支付的约定款项;速遣费是指由于装卸所用的时间比允许的少,而由船东向租船人或发货人或收货人按事先约定的费率支付的款项。

③承运人对货物负责的时段是从货物装上船起,到货物卸下船止,即"船舷至船舷"(Rail to Reil)或"钩至钩"(Tackle to Tackle)。

④承运双方的权利义务和责任豁免以签发的提单为依据,并受统一的国际公约的制约。

班轮运输适合于货流稳定、货种多、批量小的杂货运输。旅客运输也多采用班轮运输。

小贴士

最早的班轮运输是1818年美国黑球轮船公司开辟的纽约—利物浦的定期航线,用帆船进行运输,用以运送海外移民、邮件和货物。1924年英国开辟了伦敦、汉堡、鹿特丹之间以蒸汽机船经营的班轮航线,19世纪40年代又扩展到中东、远东和澳大利亚。此后,日本、德国、法国等轮船公司均经营班轮运输,设有横渡大西洋、太平洋的环球运输航线。

中国于19世纪70年代开始沿海和长江的班轮运输。20世纪初,在长江和其他内河开展班轮运输。中华人民共和国建立后,开辟了大连—上海定期定港班轮货运航线。1961 年中国远洋运输总公司成立,开始建立中国远洋运输船队和国际班轮航线。

班轮运输有时也称提单运输,因为在承运人和托运人之间仅用轮船公司签发的提单处理运输中发生的问题。提单条款中明确规定:发、收货人必须按照船期提交和接受货物,否则应赔偿承运人因此受的损失。

2)班轮运输的作用

①有利于一般杂货和不足整船的小额贸易货物的运输。班轮只要有舱位,不论数量大小、挂港多少,直运或转运都可接受承运。

②事先公布船期、运价费率,有利于贸易双方达成交易,减少磋商内容。

③手续简单,方便货主。由于承运人负责装卸和理舱,托运人只要把货物交给承运人即可,省心省力。

④班轮运输长期在固定航线上航行,有固定设备和人员,能够提供专门、优质的服务。

5.4.2 班轮公司的货运业务

1)揽货

揽货是指从事班轮运输经营的船公司为使自己所经营的班轮运输船舶能在载重量和舱容上得到充分利用,力争做到"满舱满载",以期获得最好的经营效益而从货主那里争取货源的行为。揽货的实际成绩如何,直接影响到班轮船公司的经营效益并关系着班轮经营的成败。为了揽货,班轮公司首先要为自己所经营的班轮航线,船舶挂靠的港口及其到、发时间制订船期表并分送给已经建立起业务关系的原有客户,并在有关的航运期刊上刊载,使客户了解公司经营的班轮运输航线及船期情况,以便联系安排货运,赢得货源。

2)订舱

订舱是指托运人或其代理人向承运人,即班轮公司或它的营业所或代理机构等申请货物运输,承运人对这种申请给予承诺的行为。承运人与托运人之间不需要签订运输合同,而是以口头或订舱函电进行预约。只要船公司对这种预约给予承诺,并在舱位登记簿上登记,即表明承托双方已建立有关货物运输的关系。

3）装船

装船是指托运人应将其托运的货物送至码头承运船舶的船边并进行交接，然后将货物装到船上。如果船舶是在锚地或浮筒作业，托运人还应负责使用自己的或租用的驳船将货物装到船上，亦称直接装船。对一些特殊的货物，如危险品、冷冻品、鲜活货、贵重货多采用直接装船。而在班轮运输中，为了提高装船效率，减少船舶在港停泊时间，不致延误船期，通常都采用集中装船的方式。集中装船是指由船公司在各装货港指定装船代理人，在各装货港的指定地点（通常为码头仓库）接受托运人送来的货物，办理交接手续后，将货物集中并按货物的卸货次序进行适当的分类后再进行装船。

4）卸货

卸货是指将船舶所承运的货物在卸货港从船上卸下，并与收货人或代其收货的人办理货物的交接手续。船公司在卸货港的代理人根据船舶发来的到港电报，一方面编制有关单证，联系安排泊位，准备办理船舶进口手续，约定装卸公司和等待船舶进港后卸货；另一方面还要把船舶预定到港的时间通知收货人，以便收货人及时作好接受货物的准备工作。在班轮运输中，为了使分属于众多收货人的各种不同的货物能在船舶有限的停泊时间内迅速卸完，通常都采用集中卸货的办法，即由船公司所指定的装卸公司作为卸货代理人总揽卸货以及向收货人交付货物的工作。

5）误卸

卸货时，船方和装卸公司应根据载货清单和其他有关单证认真卸货，避免发生差错，然而由于众多原因难免会发生将本应在其他港口卸下的货物卸在本港，或本应在本港卸下的货物遗漏未卸的情况，通常将前者称为溢卸，后者称为短卸。溢卸和短卸统称为误卸。关于因误卸而引起的货物延迟损失或货物的损坏转让问题，一般在提单条款中都有规定，通常规定因误卸发生的补送、退运的费用由船公司负担，但对因此而造成的延迟交付或货物的损坏，船公司不负赔偿责任。如果误卸是因标志不清、不全或错误以及因货主的过失造成的，则所有补送、退运、卸货和保管的费用都由货主负担，船公司不负任何责任。

6）交付货物

这是指实际业务中船公司凭提单将货物交付给收货人的行为。具体过程是收货人将提单交给船公司在卸货港的代理人，经代理人审核无误后，签发提货单交给收货人，然后收货人再凭提货单前往码头仓库提取货物并与卸货代理人办理交接手续。交付货物的方式有仓库交付货物、船边交付货物、货主选择卸货港交付货物、变更卸货港交付货物、凭保证书交付货物等。货主选择卸货港交付货物是指货物在装船时货主尚未确定具体的卸货港,待船舶开航后再由货主选定对自己最方便或最有利的卸货港,并在这个港口卸货和交付货物;变更卸货港交付货物是指在提单上所记载的卸货港以外的其他港口卸货和交付货物;凭保证书交付货物是指,收货人无法以交出提单来换取提货单提取货物,按照一般的航运惯例,常由收货人开具保证书,以保证书交换提货单提取货物。

5.5   班轮货物运输中的单证

5.5.1   班轮运输的主要单据

1)装货联单

在班轮货物运输的情况下,托运人可以以口头形式预订舱位,而船公司对这种预约表示承诺,则运输合同关系即告建立,这种口头形式的合同也符合法律的规定。但是,国际航运界的通常做法则是由托运人向船公司提交详细记载有关货物情况及运输要求等内容的装货联单。

目前我国各个港口使用的装货联单的组成不尽相同,但是,主要都是由以下各联所组成:托运单(booking note,B/N)、装货单(shipping order,S/O)、收货单(mate's receipt,M/R)等。以下分别介绍各单据的作用。

(1)托运单(B/N)

托运单也称订舱单、订舱申请书,是指托运人或其代理根据买卖合同和信用证的有关内容向船公司或其代理申请订舱配载的书面凭证。船公司或其代理对该单进行审核无误并接受承运后,予以编号并签发装货单,填写承运船名并加盖印章,以示订舱确认。

(2)装货单(S/O)

装货单亦称下货纸,是托运人或其代理填制交船公司或其代理,审核并签章后,据以要求船长将货物装船承运的凭证,见图5.3。它是船公司或其代理签署而形成的一份出口货运的承诺书面文件。装货单是托运人办理货物出口报关手续的必备单据之一,当海关经查验并在该单上加盖海关放行章后作为船公司或其代理接收货物、安排货物装船与出运的依据。

(3)收货单(M/R)

收货单是指某一票货物装上船后,由船上大副(chief mate)签署给托运人的作

中国外轮代理公司

CHINA OCEAN SHIPPING AGERCY

装货单

SHIPPING ORDER

S/O　No. _____

船名　　　　　　　　目的港
S/S　　　　　　　　　For

托运人_____
Shipper _____

兹将下列完好状况之货物装船后希签署收货单

标记及号码 Marks & Nos.	件数 Quantity	货名 Description of Goods	毛重量公斤 Gross Weight Kilos

共计件数（大写）
Total Number of Packages in Writing

日期　　　　　　　　时期
Date _____Time _____

装入何舱
Stowed _____

实收
Received _____

理货员签名　　　　　　　　经办员
Tallied By _____　　Approved by _____

图 5.3　装货单示例

为证明船方已经收到该票货物并已装上船的凭证。所以，收货单又称为"大副收据"或"大副收单"。托运人取得了经大副签署的收货单后，即可凭以向船公司或其代理人换取已装船提单。大副签署收货单有以下作用：

①证明货物已经装上船；

②承运人已经收到货物，并开始负责；

③托运人凭收货单换取提单；

④大副在签署收货单时，会认真检查装船货物的外表状况、货物标志、货物数量等情况。如果货物外表状况不良、标志不清、货物有水渍、油渍或污渍等状况，数

量短缺，货物损坏时，大副就会将这些情况记载在收货单上。这种在收货单上记载有关货物外表状况不良或有缺陷的情况称为"批注"（remark），习惯上称为"大副批注"。有大副批注的收货单称为"不清洁收货单"；无大副批注的收货单则为"清洁收货单"。凭清洁收货单换取清洁提单，不清洁收货单换取的是不清洁提单。因此，收货单是记载货物交接状况最早的证明。

⑤由收货单签发的提单为已装船提单。

装货联单的流程为：托运人填写装货联单（共3联）向船公司申请订舱；船公司经审核无误后接受申请，在装货单（第2联）上予以编号并加盖印章进行订舱确认；托运人持装货单及其他报关单证向海关申请报关，海关经查验无误、征税后在装货单上加盖海关放行章，对货物进行放行；托运人凭加盖放行章的装货单要求货物装船；当货物全部装上船后，现场理货员即核对理货计数单的数字，在装货单上签注实装数量、船舶位置、装船日期并签名，再由理货长审查并签名，证明该票货物如数装船无误，然后随同收货单（第3联）一起交船上大副，大副审核属实后在收货单上签字，留下装货单，将收货单退给理货长转交托运人；托运人取得收货单后，即可凭以要求船公司签发提单（B/L）。

2）海运提单（Ocean Bill of Lading；B/L）

海运提单简称为提单（Bill of Lading；B/L），是指用以证明海上货物运输合同和货物已经由承运人接受或者装船，以及承运人保证据以交付货物的凭证。

提单是海上货物运输合同的证明（evidence of the contract of carriage），是证明货物已由承运人接管或已装船的货物收据（evidence of receipt for the goods），是承运人保证凭以交付货物的物权凭证（document of title）。

我们将在5.5.3详细介绍提单的有关内容。

3）装货清单（Loading List；L/L）

装货清单是根据装货联单中的托运单留底联，将全船待运货物按目的港和货物性质分类，依航次靠港顺序排列的装货单的汇总单。装货清单是大副编制积载计划的主要依据，又是供现场理货人员进行理货，港口安排驳运，进出库场以及掌握托运人备货和货物集中情况等的业务单据。当有增加或者取消货载的情况发生时，船方（通常是船舶代理人）会及时编制"加载清单（additional cargo list）"，或"取消清单（cancelled cargo list）"，并及时分送有关各方。

4）载货清单（manifest，M/F）

载货清单，也称"舱单"，是在货物装船完毕后，根据大副收据或提单编制的一份按卸货港顺序逐票列明全船实际载运货物的汇总清单。载货清单是国际航运实践中一份非常重要的通用单证。它是船舶办理报关手续时必备的单据;它是海关对进出口船舶所载货物进出国境进行监督管理的单证,如果船载货物在载货清单上没有列明,海关有权依据海关法的规定进行处理;它又是港方及理货机构安排卸货的单证之一。在我国,载货清单还是出口企业在办理货物出口后,申请退税,海关据以办理出口退税手续的单证之一。因此,在船舶装货完毕离港前,船方应由船长签认若干份载货清单,并留下数份随船同行,以备中途挂港或到达卸货港时办理进口报关手续时使用。另外,进口货物的收货人在办理货物进口报关手续时,载货清单也是海关办理验放手续的单证之一。装货清单与载货清单的区别见表5.4。

表5.4　装货清单与载货清单的区别

项目	装货清单(L/L)	载货清单(M/F)
汇总依据	托运单(B/N)留底	大副收据/收货单(M/R)、提单(B/L)
汇总信息	对待装船货物的汇总	对已装船货物的汇总
制作时间	装货前	装船后
作用	①为积载计划提供依据; ②是理货等业务的单据。	①是整艘船舶出口报关的必备单据(装货单是每票货物报关的必备单据); ②是收汇和出口退税的单据之一; ③是卸货港安排卸货的单据; ④是卸货港海关放行的凭据。

5)货物积载图(stowage plan)

出口货物在货物装船前,必须就货物装船顺序,货物在船上的装载位置等情况做出一个详细的计划,以指导有关方面安排泊位、货物出舱、下驳、搬运等工作。这个计划是以一个图表的形式来表示,即用图表的形式表示货物在船舱内的装载情况,使每一票货物都能形象具体地表示其船舱内的位置。该图表就是通常所称的积载图(stowage plan)。在货物装船以前,大副根据装货清单上记载的货物资料制订货物积载计划。但是,在实际装船过程中,往往会因为各种客观原因,使装货工作无法完全按计划进行。当每一票货物装船后,应重新标出货物在舱内的实际装载位置,最后绘制成一份"货物积载图"。

6)危险货物清单(Dangerous cargo list)

危险货物清单是专门列出船舶所载运全部危险货物的明细表。其记载的内容除装货清单、载货清单所应记载的内容外,特别增加了危险货物的性能和装船位置两项。凡船舶载运危险货物都必须另行单独编制危险货物的清单。船舶装运危险货物时,船方应向有关部门(如我国海事局)申请派员监督装卸。在装货港装船完毕后由监装部门签发"危险货物安全装载书",这也是船舶载运危险货物时必备的单证之一。

在装货港,除以上单据外还会使用其他一些单证,如重大件清单(heavy and lengthy cargo list)、剩余舱位报告(space report)、积载检验报告(stowage survey report)等。而在卸货港主要用到以下单证。

7)提货单(Delivery Order;D/O)

提货单,亦称"小提单",是由船舶公司或代理签发给提单持有人或其他指定收货人的要求在规定时间和规定地点提取指定货物的单证。它既是收货人向仓库或场站提取货物的凭证,也是船公司或其代理对仓库或场站交货的通知,同时也是进口报关的凭证之一。提货单的内容包括船名、货名、件数、数量、包装式样、提单号、收货人名称等。

提货单与提单完全不同,它只不过是船公司指令码头仓库或装卸公司向收货人交付货物的凭证,不具备流通及其他作用。因此,提货单上一般记有"禁止流通(non-negotiable)"字样。

8)过驳清单(boat note)

过驳清单是采用驳船作业时,根据卸货时的理货单证编制的作为证明货物交接和表明所交货物实际情况的单证。其内容包括:驳船名、货名、标志、号码、包装、件数、卸货港、卸货日期、舱口号等,并由收货人、卸货公司、驳船经营人等收取货物的一方与船方共同签字确认。

9)货物溢短单(over landed & short landed cargo list)

货物溢短单是指一票货物所卸下的数量与载货清单(M/F)上所记载的数字不符,发生溢卸或短卸的证明单据。它是由理货员编制,并且必须经过船方和有关方(收货人或仓库)共同签字确认。

10)货物残损单(broken & damaged cargo list)

货物残损单是指卸货完毕后,理货员根据卸货过程中发现的货物破损、水湿、水渍、渗漏、霉烂、生锈、弯曲变形等异常情况记录编制的,证明货物残损情况的单据。它必须经船方签字确认。过驳清单、货物溢短单、货物残损单是收货人向船公司提出损害赔偿要求的证明材料,也是船公司处理收货人索赔要求的原始资料和依据。货主在获取三种单据时,应检查船方的签字。

综上所述的 10 种单证中,前 6 种为在装货港编制使用的货运单证,后 4 种为在卸货港编制使用的单证。

5.5.2 班轮货运单证流程

班轮货运的程序因贸易术语、装卸港、集装箱的采用等有所不同。下面以 CFR 术语、件杂货班轮运输为例,介绍有关单证的流转,见图 5.4 和图 5.5。需要说明的是,这只是一个简要的流程,实际的工作中还会涉及理货公司、装卸公司、检验检疫机构、银行等部门。

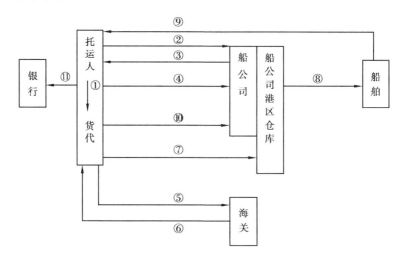

图 5.4 班轮运输出口单证的流程

1)班轮运输出口程序

①委托。托运人向货运代理出具订舱和(或)报关委托书,使货代成为其代理人。

②订舱。托运人或货代根据货物出口运输的需要,结合各个船公司发布的船期表和运价表,制作托运单(B/N),填写装货联单,将其递送给船公司或者其代理,作为订舱的依据。

③确认运输合同。船公司同意承运后,指定船名,核对装货单(S/O)与托运单(B/N)上的内容无误后,将托运单留底联留下,签发装货单(S/O)给托运人或货

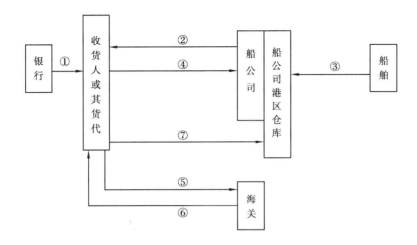

图5.5　班轮运输进口单证的流程

代。此时订舱工作完成,意味着托运人与承运人之间的运输合同已经缔结。

④货物集中港区仓库。当船舶到港装货计划确定后,托运人或货代按照港区进货通知并在规定的期限内,将出口货物及时运至港区集中,等待装船。

⑤报关。托运人或货代编制出口货物报关单,连同装货单、发票、装箱单、检验检疫出境货物通知单、外销合同、外汇核销单等有关单证向海关申报出口。

⑥海关放行。海关审核有关报关资料、货物无误,在装货单上加盖海关放行章,交给托运人或货代。

⑦托运人或货代将盖有放行章的装货单递交给船公司港区仓库。

⑧装船。装货港的船舶代理人根据留底联编制装货清单(L/L)送船舶及理货公司、装卸公司。大副根据装货清单(L/L)编制货物积载计划(stowage plan)交代理人分送理货、装卸公司等按计划装船。

⑨签发收货单。装货完毕,理货组长与船方大副共同签署收货单,注明实际装船货物的数量和所装船舱等情况,交托运人或货代。理货员如发现某批货物有缺陷或包装不良,即在收货单上注明,并由大副签署,以确定船货双方的责任。

⑩签发提单。托运人或货代将理货人员和大副签署的收货单递交船公司,船公司签发提单给托运人或货代,收货单上如有货物缺陷或包装不良批注,将转注在提单上。

⑪如果货款的支付方式是信用证,那么托运人持已装船提单(B/L)及有关单证到议付银行结汇。取得货款,议付银行将已装船提单(B/L)及有关单证邮寄开证银行。

另外,货物装船完毕后,装货港的船舶代理人编制出口载货清单(M/F)送船长签字后向海关办理船舶出口手续,并将载货清单(M/F)交船随带,船舶起航。装货港的船舶代理人根据已装船提单(B/L)副本或收货单(M/R)编制出口载货运费清单(F/M)连同已装船提单(B/L)副本或收货单(M/R)送交船公司结算代收运费,并将卸货港所需单证寄给卸货港船舶代理人。

2)班轮运输进口程序

①取得提单。收货人或其货代从托运人处或者由银行转交取得海运正本提单。

②提货通知。当货轮到港后,船公司或其代理通知收货人或其货代提货。

③卸货。船公司将货物卸离海轮,并运至海关监管仓库或者其他海关监管场所。

④换取提货单。收货人或其货代将正本提单交至船公司或者其代理,以换取船公司或其代理签发的提货单。

⑤报关。收货人或其货代制作进口货物报关单,随附提货单、发票、装箱单、合同等报关单据,向海关申报。

⑥海关放行。海关审核单据和货物无误后,在提货单上加盖海关放行章,并退给收货人或其货代。

⑦提取货物。收货人或其货代持盖有海关放行章的提货单向海关监管仓库领取货物。

5.5.3　海运提单的填写

1)海运提单的内容

提单的内容分正面内容和背面内容。正面记载的内容有:船名、航次、提单号、承运人名称、托运人名称、收货人名称、通知人名称、装货港、卸货港、转运港、货物名称、标志、包装、件数、重量、体积、运费支付、提单签发日、提单签发地点、提单签发份数、承运人或船长或其授权人的签字或盖章,见表5.5。提单通常在正面和背面有印刷条款,这些条款是根据国际公约,各国法律和承运人的规定而印制的,对于托运人和承运人双方都有约束。不同的班轮公司,制定并印刷不同的条款,但基本条款相似。

表5.5　海运提单样式

Shipper				B/L No.		
Consignee or order				中国对外贸易运输总公司 上海　SHANGHAI 联　运　提　单 COMBINED TRANSPORT BILL OF LADING		
Notify address						
Pre-carriage by		Place of Receipt				
Ocean Vessel Voyage No.		Port of Loading				
Port of Discharge		Place of Delivery		Freight payable at		Number of original B/Ls
Marks and Nos.	Number and kind of packages	Description of goods		Gross weight(kgs.)		Measurement(m³)
Total Number of Comtainer and/or Packages（in Words）						
Freight and charges			IN WITNESS where of the number of original bills of Lading stated above have been signed, one of which being accomplished, the other(s) to be void.			
			Place and date of issue			
			Sign or authenticate　　　　　　　　　　　　　　As Agents			

2)海运提单的分类

(1)已装船提单和备运提单

已装船提单是指货物已经装上指定船只的提单。提单内注明装货船名和装船日期。除集装箱运输或多式联运所使用的运输单据外,必须提供已装船提单,才能凭以结汇和提货。

备运提单是表明货物已收妥但尚未装船的提单。提单中只有签单日期,没有装运日期,一般不能凭以结汇和提货。一旦货物装上船后,提单应加装船批注,从而构成已装船提单。

(2)清洁提单和不清洁提单

清洁提单,是在提单签发日未被加注任何货损或包装不良之类批注的提单。结汇时,如无特殊规定必须提供清洁提单。

不清洁提单,提单上被加注有货物或包装缺陷的批语,如无特殊规定一般不能凭以结汇。托运人为取得清洁提单结汇,往往向承运人出具保函以换取清洁提单。

保函即为保证书,其作用包括凭保函交付货物、凭保函签发清洁提单、凭保函倒签、预借提单等。在凭保函交付货物的情况下,收货人保证在收到提单后即向船公司交回全套正本提单,承担应由收货人支付的运费及其他费用的责任,对因未提交提单而提取货物所产生的一切损失均承担责任,并表明对于保证内容由银行与收货人一起负连带责任。

(3)指示提单、记名提单和不记名提单

指示提单,在"收货人"栏内填写"凭指示"或"凭××指示",可以通过背书的方法转让给他人提货。指示提单是使用非常多的一种提单。

记名提单,是由托运人指定收货人的提单。这种提单在收货人栏内填具体的收货人名称。托运人不得在记名提单上背书转让,但指定收货人可以转让。由于记名提单失去了它代表货物所有权转让流通的便利,银行也不愿接受记名提单作为议付的凭证。因此,一般只有运输贵重物品或展览品时采用。

不记名提单,是指在收货人栏内只填交与持有人的提单。这种提单不需背书即可转让,一旦提单遗失或被盗,货物就很容易被人提走,极易引起纠纷,所以这种提单在实务中应避免使用。

(4)直达提单和转船提单

直达提单,指在运输过程中直接将货物从起运港运至目的港中间不转船的提单,或称直运提单。

货物自起港装船后必须在中途港口改换另一条船才能将货物运至目的港,按此条件签发的包括全程运输的提单称为转船提单。只有信用证规定允许转船的情况下才能提供这种提单。

3)海运提单的填写

在班轮运输中,最重要的单据是海运提单,下面就信用证情况下海运提单的填写进行介绍,也可以为其他单据的填写提供借鉴。海运提单由以下几个部分构成。

①托运人(Shipper):即出口方,一般为信用证的受益人。应正确填写公司全称和地址。

②收货人(Consignee):应按照信用证的规定填写。如果收货人是做成"To order"、"To order of shipper"或"To order of negotiating bank",则托运人或议付行应在提单背面作空白背书。如果收货人是做成"To order of issuing bank"或"To order of applicant",则托运人不必进行背书。

③通知人（Notify Party）：几乎所有的提单上都有通知人名称这一项，如果通知人与收货人是同一个人，这时可以填写"Same as Consignee"。通知人有时是作为预定收货人或代理人，必须与信用证规定的完全一致。如果信用证没有规定，此栏可以不填，即使已经填写了内容，银行也可以接受但不必进行审核。

④收货地（Place of Receipt）：此栏填报实际收货地点，如工厂、仓库等。在一般海运提单中，没有此栏目，但是在多式联运提单中就有此栏目。如果提单注明的收货地与装货港不同，例如：收货地为"Nanjing"，装货港为"Shanghai"，则不管是已装船提单还是备运提单都必须加注已装船批注、装船日期和实际装船的船名和装货港名称。

⑤装运港（Port of Loading）：必须与信用证规定的装货港一致。例如信用证规定装货港为"Shanghai"，应把"Shanghai"显示在"装货港（Port of loading）"处，不能将其显示在"收货地（Place of receipt）"处，而把装货港写成另一个港口名。

同时应填写实际港口的名称。例如信用证规定"From Chinese port"，则提单上的装货港应显示具体港口的名称，如"Shanghai port"。如果信用证规定"From Tianjin port/ Shanghai port"，则装货港处只需填写一个港口即可。如果提单上显示了"Intended port of loading/intended port of discharge"，则不管是已装船提单还是备运提单都必须加注已装船批注、装船日期和实际装货港或卸货港名称。

⑥船名（Ocean Vessel）航次（Voyage No.）：若是已装船提单，须注明船名和航次，若是收货待运提单，待货物实际装船完毕后记载船名。该项记载的意义有多方面：便于购买保险、便于跟踪查询、便于一旦发生合同纠纷，法院有确定的客体可采取诉讼保全等。只要符合信用证条款、符合《UCP600》规定，可以接受任何船名的海运提单。

⑦转运港（Port of Transshipment）：例如信用证规定："Shipment from Shanghai to Hamburg with transshipment at Hongkong"，则提单可以这样填写："装货港：Shanghai，卸货港：Hamburg with transshipment at Hongkong"；或者当提单上有转运港栏时，"卸货港：Hamburg，转运港：Hongkong"。

⑧卸货港（Port of Discharge）：必须与信用证规定的卸货港一致。例如信用证规定卸货港为"Hamburg"，应把"Hamburg"显示在"卸货港（Port of discharge）"处，不能将其显示在"目的地（Place of delivery）"处，而把卸货港写成另一个港口名。又如当信用证规定"From Shanghai to Hamburg via Singapore"时，则应将"Hamburg"显示在"卸货港"处，不能将"Singapore"写在"卸货港"处，而把"Hamburg"标注在"目的地"处。同时应填写实际港口的名称。例如信用证规定"To European main port"，则提单上的卸货港应显示具体港口的名称，如"Hamburg port"。

⑨交付地（Place of Delivery）：可根据实际情况填写具体的交货地名称。在此，

如果收货地与交货地都空白,就是普通的海运提单,而不是多式联运提单。

⑩签发的提单份数(Number of Original B/Ls):与海运托运单相应栏目填法相同,但必须显示签发了几份正本。如果提单上标注有"Duplicate"和"Triplicate",其效力等同于"Second original","Third original",可以被接受。

⑪提单编号(B/L No):提单一般按装货单上的编号填写。

⑫标记与封志号(Marks & Nos,Container/Seal No):与海运托运单相应栏目填法相同。应与信用证和其他单据一致。当没有运输标志时,用"N/M"表示。托运时,一般还没有箱封号,可以不填,但是提单上必须填报每一个集装箱的箱、封号。

⑬包装与件数(No. and kind of Pkgs):与海运托运单相应栏目填法相同。提请注意,此栏也是一旦发生赔偿时计算赔偿费的一个计量数,即件数×赔偿费率。

⑭货物描述(Description of Goods):应是信用证规定的货物。如果提单上显示了不是信用证所规定的货物,即使这些附加货物无须付款,也不能接受。

⑮毛重(Gross Weight):与海运托运单相应栏目填法相同。显示货物的毛重。当货物无毛重时,可以在标有毛重的栏目加注净重"N. W:×××KGS"。

⑯体积(Measurement):与海运托运单相应栏目填法相同,一般以 m^3 为计量单位。

⑰总箱数/货物总件数(Total Number of Container and/or Packages in Words):用英文大写字母来填写集装箱的总箱数或货物的总件数。在件数前面须加上"Say"字样,在件数结尾后加上"Only"字样。例:35 CTNS,填"SAY THIRTY FIVE CARTONS ONLY。"

⑱签发的提单日期和地点(Place and Date of issue):签发地点一般是装货港的所在地,如与该地不一致,也可以接受。每张提单必须有签发日期。

⑲承运人或承运人代理人签字、盖章(Sign or authenticate):提单必须由承运人、船长或代替、代表他们的具名代理人签发或证实。

5.6 班轮运费及其计算

5.6.1 认识班轮运费

运费是 CFR 价和 CIF 价的一个重要组成部分,报 CFR 价和 CIF 价时,必须正确核算运费,否则就可能亏损。

班轮运费是按班轮运价表的规定计算的。不同的班轮公会或不同的轮船公司有不同的运价表。运价表一般分为:班轮公会运价表、班轮公司运价表、双边运价表和货方运价表四种。目前,中国班轮运输使用的运价表,主要有《中国远洋货运运价表》和《中国租船公司运价表》。前者是交通部和原对外贸易部共同确定,报物价总局批准执行的,属双边运价表性质,适用于国轮和中国期租船用作班轮的运输;后者是由中国租船公司代表货方制定的,属货方运价表性质,适用于外轮或侨资班轮的运输。

班轮运费由基本运费和附加费两部分组成。基本运费是指货物从装运港运到卸货港所应收取的运费;附加费是船方根据不同情况为弥补运输中额外开支或费用而在基本运费之上加收的费用。如对超重商品(每件毛重超过 3 t)加收超重附加费,对超长商品(每件长度超过 9 m)加收超长附加费,因港口拥挤延误船舶装卸时间加收拥挤附加费。此外,还有港口附加费、选港附加费、直航附加费、转船附加费、燃油附加费、货币附加费、绕航附加费等。由于附加费名目繁多,变动频繁,且有时变动幅度很大,因此,要经常加以注意,以免对外报价和核算运费时漏计。

5.6.2　班轮运费的计算

班轮运费的计算标准,根据不同商品,主要有以下几种:

第一,按货物毛重计收,即以重量吨(Weight Ton)为计算单位计收运费,在运价表内用"W"表示。

第二,按货物体积或称尺码吨(Measurement Ton)计收,在运价表内用"M"表示。一尺码吨为 1 立方米或 40 立方英尺。

第三,按 FOB 价的一定百分比计收,称从价运费,用"A. V."或"Ad Val"表示。此项计算标准适用于贵重或高价商品,如古玩、名贵药材、精密仪器等。因为承运人在运输这类商品时,在积载、保管方面要采取特殊措施,承担了较大责任。但采用从价运费并不意味着货物发生损失时船方应照价赔偿,只有在货方另按货价的一定百分比(一般为 1%)支付附加费时,船方才承担超过提单限额的赔偿责任。

第四,按收费高者为准计收运费。具体有 3 种:第一种是按重量吨或尺码吨两种计算标准中较高的一项计收,运价表内以"W/M"表示,重量吨和尺码吨统称为运费吨或计费吨;第二种是按重量吨或尺码吨或从价运费三者中最高的一项计收,用"W/M or Ad Val"表示;第三种是先按重量吨或尺码吨中较高的一项计收后,再加收一定百分比的从价运费,运价表内以"W/M Plus Ad. Val"表示。

第五,按货物的件数计收。如卡车按每辆(Per Unit)、活牲畜按每头(Per Head)计收,起码运费按"每份提单"(Per B/L)计收。

第六,由货主和船公司临时议定。一般适用于某些运量较大、货价较低、装卸速度较快的大宗货物,如粮食、矿石、煤炭等。临时议价货物的运费一般都较低,运价表内以"Open Rate"表示。

班轮运价表的结构一般包括总的规定、货物分级表、航线费率表、附加费率表以及冷藏货和活牲畜费率表等。对于基本费率的标准,多数运价表是将货物分为

20个等级,每个等级的货物都规定有一个基本费率,这种运价表称为"等级运价表"。也有的运价表则是对每项货物,按照不同航线,直接就列出其基本费率,这种运价表称为"单项费率运价表"。

班轮运费的计算有如下步骤:

①首先译出托运货物的英文名称,在"货物分级表"中查出该商品所属的等级和计算标准。

②根据等级和目的港航线,查出基本运费率和附加费率或附加费额。

③商品的基本费率加各种附加费,即为该商品每一运费吨的单位运价。以单位运价乘以该商品的总重量吨或总尺码吨,即得出运费总金额。

【例5.1】 一批驴肉每箱毛重30 kg,体积0.05 m³,共出口40箱。原报价每箱35美元FOB上海。现客户要求改报CFR横滨。经查该商品计费标准为W/M,每运费吨费率为220美元,港口附加费10%。我方现如何报价?

【解】 $W = 30 \times 40 \div 1\,000 = 1.2(M/T)$

$M = 0.05 \times 40 = 2(m^3)$

因为 $M > W$

所以按M计算

$[220 \times (1 + 10\%)] \times 2 \div 40 = 12.1(美元)$

$CFR = FOB + F = 35 + 12.1 = 47.1(美元)$

答:报价为驴肉每箱47.1美元CFR横滨。

小案例

某公司出口箱装货物一批,报价为每箱35美元CFR伦敦,英国人要求改报FOB价。已知,该批货物体积每箱长45 cm、宽40 cm、高25 cm,每箱毛重35 kg,商品计费标准为W/M,每运费吨基本运费率为120美元,并加收燃油附加费20%,货币附加费10%。

问题:我方应报价多少?

5.7 办理租船运输

5.7.1 租船运输的方式

租船运输是指租船人向船东租赁整船运输货物,适用于成交数量大、交货期集中或对方港口无直达轮停靠的场合,如粮食、矿石、石油、煤炭、木材、化肥等进出口货物,一般都使用租赁船舶装运。

1）租船运输的特点

①主要特点是"四不定一为主"，即不定航线、不定港口、不定船期、不定运价，以运输货值较低的大宗货物为主。

②货主必须与船主签订租船合同，作为双方权利与义务的依据。

2）租船方式

国际上使用的租船方式主要有3种：即定程租船、定期租船和光船租船。

①定程租船（Voyage or Trip Charter）又称程租船或航次租船，是以航程为基础的租船方式。指租船人按照航程租赁全部舱位或部分舱位，由船舶所有人负责将货物运至指定的目的港。定程租船就其租赁方式又可分为：单程租船（又称单航次租船）、来回航次租船、连续航次租船、包运合同租船、期租基础上的航次租船五种。

②定期租船（Time Charter）又称期租船，是以期限为基础的租船方式。即由船舶所有人将船舶出租给租船人使用一定期限，在此期限内由租船人自行调度和经营管理，租金按月每载重吨若干金额计算。

③光船租船（Bareboat Charter），也是期租的一种，所不同的是：船主不提供船员，光一条船交给租方使用，由租方自行配备船员，负责船舶的经营管理和航行各项事宜（如船舶的维护、修理及机器的正常运转等）。

3）程租船与期租船的区别

①租船基础不同。程租船以航程为基础，期租船以期限为基础。

②船舶的经营管理不同。程租船由船方负责，期租船由租船人负责。

③计费基础不同。程租船的运费一般按货物装运数量计算，期租船的租金按租期每月每吨若干金额计算。

④程租船要规定一定的航线和装运的货物种类、名称、数量及装卸港；而期租船不规定航线和装卸港，只规定航线区域，且不规定具体的货物种类，可装运各种适船货物。

⑤程租船要规定一定的装卸期限或装卸率，并计算滞期费、速遣费；而期租船则无需规定。

5.7.2　租船合同

租船合同是租船人和船舶所有人之间所订立的载明双方权利、义务的契约。由于租船合同的内容比较复杂，为便于租船交易的进行，在租船业务中通常都采用某些标准格式的租船合同，双方只要就主要条款和需要增减或修改事项进行洽商，无需就整个合同条款逐项洽谈。

在签订程租船合同时,必须明确装卸费用是由租船人还是船方负担。对这个问题有四种规定方法:船方负担装货费和卸货费(Gross Terms);船方管装不管卸(Free Out,简称 FO);船方管卸不管装(Free In,简称 FI);船方不管装卸(Free In and Out,简称 FIO)。如果租船合同规定装货费及/或卸货费由租船人负担,还必须在租船合同中订立装货或卸货的速度、装卸时间的计算、滞期费和速遣费的标准等条款。

目前,国际上应用较广的定程租船合同格式是"标准杂货定程租船合同"(Uniform General Charter Party,简称 GENCON),定期租船合同格式是"标准定期租船合同"(Uniform Time Charter Party,简称 BALTIME)。此外,中国租船公司也制定有"中国定期租船合同标准格式"(China National Chartering Corporation Time C/P,简称 SINOTIME 1980),中国对外洽租定期船舶时,均以此标准格式为依据。

【做一做】

一、阅读资料

运价备案制将全面推进实施

1. 规范市场秩序的需要

据介绍,我国国际贸易运输量90%以上是由海运来完成。自2008年全球金融危机爆发以来,随着国际贸易量大幅下滑,使为国际贸易提供服务的国际海运业也遭受前所未有的巨大冲击。

在严峻的市场形势下,我国海运企业纷纷采取措施降低经营成本,但与此同时,部分国际海运企业为了取得货源,恶性杀价。据了解,这种恶性竞争现象已不仅仅出现在中日航线等国际集装箱班轮航线,甚至在中美、中欧远洋干线上也时有发生。

交通运输部水运局有关负责人指出,这种恶性竞争局面不仅不利于我国航运企业恢复应对金融危机冲击的市场信心,同时还不利于我国际集装箱班轮运输市场健康稳定发展,也不利于为我国国际贸易提供稳定可靠的运输保障。规范当前国际集装箱班轮市场秩序,实施国际集装箱班轮运价备案制度,已迫在眉睫。

据记者了解,在这次面向社会发布的《国际集装箱班轮运价备案实施办法》征求意见稿中,"基本原则"一项已明确阐明,一方面,国际集装箱班轮运价属于市场调节价,由班轮经营者自主制定;另一方面,班轮经营者也要根据运输经营成本和航运市场供求状况,以正常、合理的运价提供运输服务,以"零运价"、"负运价"方式承揽货物则在禁止之列。

2. 依据《国际海运条例》

在国际海运业实施运价报备制度,并非完全始于今日。据记者了解,20世纪90年代中期,我国就已开始局部实施运价报备制。

据悉,早在1996年,交通部就发布了《国际集装箱班轮运输运价报备制度实施办法》,规定在江苏省、浙江省和上海市对外开放的口岸实施出口国际集装箱班轮运价报备。受交通部委托,上海航运交易所负责接受运价备案。

2002年,《中华人民共和国国际海运条例》(简称《国际海运条例》)颁布实施。根据该条例第20条的规定,全面实施国际集装箱班轮运价备案已具有非常明确的法律依据。但是,在《国际海运条例》生效实施后,运价备案制度并未同步推进,而是仍在延续1996年实施办法所规定的运价报备做法,这是为何呢?

据交通运输部水运局有关负责人解释,2002年《国际海运条例》实施后,交通部未全面推行国际集装箱班轮运价备案工作,主要是考虑到《国际海运条例》实施初期,全面推行运价备案存在操作设备不足、程序有待研发和管理经验不足等问题。基于这些因素,运价备案制度当时没有全面推行,而是维持了以前的做法,即仅对从江、浙、沪三地出口国际集装箱运价实施备案。

这位负责人同时指出,目前,推行出口国际集装箱运价备案制度原来存在的问题已不明显,江、浙、沪三地出口国际集装箱运价实施备案也为推进运价报备制度工作积累了经验。交通运输部认为执行《国际海运条例》有关规定,进一步推行运价备案制度的时机已经成熟。

3. 拟颁布《实施办法》的特点

此次公布的《实施办法》征求意见稿,在听取各方意见,并经修订完善后,将在近期颁布实施。交通运输部水运局相关负责人表示,此次运价备案制度主要有以下特点:

首先,办法实施的地理范围既宽又窄。不仅局限于江、浙、沪三地出口集装箱的运价备案,包括所有中国港口出口集装箱运价,但又仅涉及外国基本港的出口集装箱货物的运价。

其次,备案义务人为国际集装箱船舶运输公司。拟实施的运价备案制度备案义务人为"持有《国际班轮运输经营资格登记证》并经营集装箱船舶运输业务的经营者",现在还不包含无船承运人,无船承运人运价备案制度将在以后条件成熟后实施。

再次,备案的运价为运价幅度。根据《国际海运条例》的规定,须报备的运价为协议运价和公布运价,因国际集装箱班轮公司每天产生的协议运价数量很大,备案量也就很大,为了既符合《国际海运条例》的要求,又减少班轮公司备案工作量,在提高工作效率的同时,又加强监管效果,为此,交通运输部拟实施的运价备案制度仅涉及备案运价幅度,备案义务人仅备案中国港口至外国基本港的出口集装箱货物海运运价(Ocean Freight)最低价和最高价。在备案幅度范围内的运价无须重复备案。只有在实际协议运价超出备案运价幅度时,才须重新备案。

最后,运价幅度应保持稳定 30 天。考虑到备案的运价为运价幅度,在充分考虑运价备案的工作量基础上,已给予班轮公司定价的灵活性,因此,拟发布的《实施办法》规定,各班轮经营者可根据实际情况自行调整运价幅度,每次调整间隔应不少于 30 日,调整后应重新报备。

值得指出的是,拟发布的《实施办法》,对未按规定履行运价备案手续或未执行备案运价的,对备案的运价超出正常、合理的范围,可能对公平竞争造成损害的,均根据《国际海运条例》相关条款,明确了相应处罚措施,这也充分凸现了交通运输部依法加强对运价备案监管,规范国际集装箱班轮运输市场秩序的决心。

阅读思考:

1.回顾所学知识,试分析班轮货运价格主要包括哪些内容。

2.恶意杀价为什么会对行业造成恶劣影响?

二、实训活动

◎ 内容

货运单据填制训练

◎目的

通过指导学生对班轮运输中涉及的单据的填写,训练学生熟练掌握国际海洋运输中各种重要单据的编制和申报,并熟悉海洋运输货运流程。

◎人员

全体学生

◎时间

4 课时

◎ 步骤

①教师将各种单据的样本上传到服务器。

②学生深入学习班轮运输中的货运流程,了解各种主要单据的制作。

③根据服务器中有关"装箱单"的填制说明,填制"装箱单"。

④根据服务器中"网上托运"的填制说明,填制"订舱委托书"。

⑤根据服务器中"网上托运"的填制说明,填制"海运出口托运单"。

⑥将填好的"装箱单"、"订舱委托书"、"托运单"放在分别以"装箱单"、"订舱委托书"、"托运单"为名放在以自己学号为名的文件夹下,将整个文件夹拷贝至服务器指定文件夹。

⑦教师评改学生作业并进行实训小结。

◎　要求

能熟练利用 GOOGLE 引擎查询各种货运单据的填制方法,搜集实时国际贸易的最新资讯,了解最前卫的海洋运输知识,在填写单据的过程中做到认真、仔细,务求精确。

◎　认识

国际物流中,单据的掌握是一项基本功。从事物流行业,当涉及海洋运输时,正确的填写和使用各种货运单据是非常重要且必要的。

【任务回顾】

通过对本章的学习,使我们初步认识了海洋运输的主要关系人;掌握了三种常用贸易术语的含义和功能;熟悉了班轮运输的流程和单据;了解了港口码头的布局与功能;并通过单据填写的实训对所学的知识点有更深的理解。

【名词速查】

1. 海洋货物运输

海洋货物运输又称"国际海洋货物运输",是国际物流中最主要的运输方式。它是指使用船舶通过海上航道在不同国家和地区的港口之间运送货物的一种方式,在国际货物运输中使用最广泛。

2. 贸易术语

贸易术语,就是指用一个英文短语或英文缩写字母来说明商品的价格构成和买卖双方有关责任、费用和风险的划分。

3. 班轮运输

班轮运输,是指船舶在固定的航线上和港口间按事先公布的船期表航行,并按事先公布的费率收取运费。

4. 海运提单

海运提单简称为提单,是指用以证明海上货物运输合同和货物已经由承运人接受或者装船,以及承运人保证据以交付货物的凭证。

5. 租船运输

租船运输是指租船人向船东租赁整船运输货物,适用于成交数量大、交货期集中或对方港口无直达轮停靠的场合,如粮食、矿石、石油、煤炭、木材、化肥等进出口货物,一般都使用租赁船舶装运。

【任务检测】

一、填空题

1. CIF 术语是指_____负责租船或订舱,在合同规定的期限内将货物装到运往指定_____的船上,支付货物运至指定_____的运费,并负担货物装上船以前的一切费用和风险。

2. 租船运输的主要特点是"四不定一为主",即不定航线、_____、_____、_____,以运输货值较低的大宗货物为主。

二、单选题

1. 我国出口公司向德国出口核桃 3 000 t,可以采用的贸易术语为_____。
   A. FOB 汉堡　　　　B. FOB 青岛　　　　C. FOB 北京　　　　D. CIF 青岛

2. 关于提单与提货单,下述说法错误的是_____。
   A. 提单是船公司签发给托运人的,提货单是船公司签发给收货人的;
   B. 提货单具有物权凭证的作用;
   C. 提单具有运输合同证明的作用;
   D. 提货单是向收货人交付货物的凭证。

3. 船期表是班轮的_____表。
   A. 出发时间　　　　　　　　　　B. 运行时刻
   C. 间隔时间　　　　　　　　　　D. 在两个港口间的航行时间

4. 按照《2000 年通则》的解释,按 CFR 术语成交,卖方无义务_____。
   A. 提交货运单据　　　　　　　　B. 租船订舱
   C. 办理货运保险　　　　　　　　D. 取得出口许可证

5. 定程租船是以_____为基础的租船方式。
   A. 航程　　　　B. 时间　　　　C. 费用　　　　D. 天气

三、多选题

1. 贸易术语在国际贸易中的主要作用是(　　　　)。
   A. 简化交易手续　　　　　　　　B. 明确交易双方责任
   C. 缩短磋商时间　　　　　　　　D. 节省费用开支

2. 班轮运费由(　　　　)组成。

A. 等级运价　　　　B. 基本运费　　　　C. 航线运价　　　　D. 附加费

3. 以下哪些是提单中需要记载的内容(　　　)。

A. 航次　　　　　　B. 收货人名称　　　C. 装货港　　　　　D. 提单签发日期

4. FOB 术语与 CIF 术语的相同之处在于(　　　)。

A. 由卖方办理保险

B. 买卖双方风险转移的界限在装运港船舷

C. 由卖方办理出口许可证

D. 由买方办理运输

5. 装运联单包括(　　　)。

A. 托运单　　　　　B. 装货单　　　　　C. 收货单　　　　　D. 清洁提单

四、判断题

1. 海洋运输中的承运人可以是拥有船舶或经营船舶的船舶所有人,可以是用各种方式租用船舶的承租人,但不得是从事货运代理的运输组织者或者是无船承运人。　　　　　　　　　　　　　　　　　　　　　　　　　　(　　　)

2. 港口布局的原则是将进出口作业频繁的区域放在最远离码头的位置,在经济的基础上尽可能提高港区的整体作业效率。　　　　　　　　　　　(　　　)

3. 提单必须由承运人、船长或代替、代表它们的具名代理人签发或证实。

(　　　)

4. CIF 是一种实际交货合同。卖方必须保证到货,买方才会付款。　(　　　)

5. 程租船与期租船相比,程租船以航程为基础,期租船以期限为基础。

(　　　)

五、案例分析

1. 港口拥挤费造成损失案:2000 年 4 月,我国某出口公司和伊拉克某公司签订销售合同一份,价格条件为 CFR 巴士拉。由于合同中既未规定有"港口拥挤费由买方负担"的条款,报价时又未把拥挤费因素考虑在内,结果交货时,巴士拉港口空前拥挤,船舶候泊时间长达 65 天,港口拥挤费增加至基本运费的 300%,致使运费在货价中所占比重高达 96%。这一笔交易,使我国某公司多支付人民币 50 多万元,造成巨大损失。试问从中能吸取什么教训?

2. 某公司以 FOB 条件出口一批茶具,买方要求公司代为租船,费用由买方负担。由于公司在约定日期内无法租到合适的船,且买方不同意更换条件,以致延误了装运期,买方以此为由提出撤销合同。问买方的要求是否合理?

参考答案

一、填空题

1. 买方、目的港、目的港　　2. 不定港口、不定船期、不定运价

二、单项选择题

1. B　　2. B　　3. B　　4. C　　5. A

三、多项选择题

1. ABCD　　2. BD　　3. ABCD　　4. BC　　5. ABC

四、判断题

1. ×　　2. ×　　3. √　　4. ×　　5. √

五、案例分析

1. 签订合同要考虑港口拥挤等综合因素。

2. 买方要求不合理,在 FOB 条件下,买方必须承担租船订舱的义务,而卖方无此义务。

任务 6
办理航空货物运输

教学要求

1. 了解航空运输的发展历程；

2. 掌握航空货物运输的特点及四种运输方式；

3. 熟悉航空货物运输进、出口业务流程；

4. 掌握航空运单的作用、内容；

5. 掌握航空运价、运费的基本概念，掌握航空货物运价的分类，了解航空货物计费重量的确定。

学时建议

知识性学习:5 课时

实训学习:1 课时

现场观察学习:6 课时(业余自主学习)

【导学语】

2005 年 9 月,某航空货运代理公司接受货主的委托负责将一台重 32 千克、价值 60 万元的医疗精密仪器从新加坡空运至成都。货运代理按照正常的业务程序,向货主签发了航空分运单,并按普通货物的空运费率收取了运费。由于当时新加坡无直达成都的航班,所有空运货物必须在广州办理中转,为此货运代理委托本公司驻广州分部办理中转。但是,由于航空公司工作疏忽,致使该货物在广州至成都的中转途中遗失。为此,双方就该货物的赔偿问题发生争议。航空公司认为普通货物的最高赔偿限额为每千克 20 元,所以只答应赔偿 640 元,但货主坚持应按货物的实际价值 60 万元进行赔偿。航空货运代理公司是否对货物的遗失承担责任?货主提出这样的要求是否具有法律依据呢?你认为货运代理在受理托运时应注意哪些事项?应该提供哪些专业的服务呢?

航空运输业是服务性行业,同时也是高成本、高风险和高回报的行业,竞争极为激烈,对从业人员的要求很高,只有熟练掌握专业知识和操作技能,工作中严谨、细致,才会减少各种差错,使工作能顺利开展。

【学一学】

6.1 了解航空运输的发展

6.1.1 世界航空运输的发展历程

1)初创阶段(1903—1937 年)

1903 年莱特兄弟发明了可操纵的、有持续动力的飞机,实现了人类飞翔的梦想。1909 年 2 月 18 日法国飞行员实现了世界上首次正式的航邮飞行。第一次世界大战后,各国航空公司纷纷成立,相继开办了航空货运业务。但是由于机型小、安全性较差,货物运输仅限于小量的邮件、军需品等。

2)发展阶段(1938—1957 年)

20 世纪 30 年代以后,航空设计和制造技术的不断改进使大型客货两用喷气式飞机问世,尤其在第二次世界大战中,由于战争的需要,航空运输业得到了很大发展。

3）成熟阶段（1958—1997 年）

战争中发展起来的军事技术纷纷民用化，带动民用航空业进入飞速发展时代。与此同时，各国开始大力发展航空工业，开辟国际航线，在世界范围内逐渐建立了航线网，航空运力与运量显著增长。截至 1996 年底，全球约有 720 家定期航空客运承运人和 70 多家定期航空货运承运人，客货总周转量达到 3 146 亿吨公里。

4）变革阶段（1998—今）

目前航空运输业竞争激烈，航空业的发展不仅依赖于航空工业技术的发展，管理水平的高低，政府的政策对航空运输的影响也很大。通过联盟扩大规模经济效益，提高服务品质，是航空运输发展的趋势。

6.1.2 我国航空运输经营状况

新中国的民用航空运输业从 1949 年 11 月 2 日创立，经历了从无到有，从小到大，从弱到强的艰苦曲折的历程。1950 年中国民航只有 12 架飞机，12 条短程航线和 40 个简易机场，年运输总周转量仅为 150 多万吨公里，载客量 1 万人次，货邮运输量 500 多吨。

1974 年中国民航开通国际航线，标志着中国民航开始进入航空运输快速发展的时期。特别是十一届三中全会以来，中国民航事业加快了前进步伐，并取得了非常大的成绩。截至 2005 年全行业旅客运输量达到 1.38 亿人次，比 2000 年翻一番。航空运输总周转量和货邮运输量达到 259.2 亿吨公里和 303.5 万吨，分别比 2000 年增长 111.6% 和 89.2%。航空运输快速增长主要得益于国民经济的快速增长及运输需求的增长，此外新增生产能力投入使用也是航空运输加快增长的推动因素。

6.2 认识航空货物运输的种类

6.2.1 航空货物运输的特点

航空货物运输是指利用飞机运送货物的现代化运输方式。近年来，采用航空运输的方式日趋普遍，航空货运量越来越大，航空运输的地位日益提高。航空货物运输具有以下特点：

1）具有较高的运送速度

到目前为止，飞机仍然是最快捷的交通工具，常见的喷气式飞机的速度大都在

850～900 km/h。当今世界市场竞争十分激烈,行情瞬息多变,时间成本是企业需要考虑的重要因素,航空运输较高的运送速度已成为当前国际市场上商品竞争的有利因素。

2)适合运输鲜活、季节性商品

航空运输适合那些易腐烂、变质的鲜活商品,时效性、季节性强的报刊,节令性商品以及抢险物资、救急品的运输。航空运输大大缩短了货物在途时间,有利于开辟远距离的市场,避免由于运输延迟导致商品失去原有价值或无法销售而产生的费用。

3)破损率低、安全性好

航空运输的地面操作流程环节比较严格,运输管理制度比较完善,这就使货物破损率很低,安全性较好。如果采用空运集装箱的方式运送货物,则更为安全。

4)节省包装等费用、加快资金周转

航空运输保管制度完善,货损货差较少,包装可相应的简化,降低了包装费用和保险费用。另外,航空运输速度快,货物在途时间短、交货速度快,可以降低商品的库存数量、减少仓储费、保险费和利息支出等。产品流通速度加快,也加快了资金周转速度。

5)不受地面条件影响,深入内陆地区

航空运输利用天空这一自然通道,不受地理条件的限制,对于地面条件恶劣交通不便的内陆地区非常合适,有利于当地资源的出口,促进当地经济的发展。航空运输使本地与世界相连,对外的辐射面广,而且航空运输相比较公路运输与铁路运输占用土地少,对寸土寸金、地域狭小地区发展对外交通无疑是十分适合的。

当然,航空运输也有自己的局限性,主要表现在:

①运费高。航空货运的运输费用较其他运输方式高,不适合低价值货物。

②运量小。飞机的舱容有限,对大件货物或大批量货物的运输有一定的限制。

③易受恶劣气候影响。

6.2.2　航空货物运输的方式

航空货物运输的方式主要有以下几种:

1）班机运输

（1）班机运输的概念

班机运输是指飞机在固定航线上飞行，定期开航，定始发站、途经站和目的站。班机运输是民航运输生产活动的基本形式。

（2）班机运输的特点

①迅速准确：因为班机定期开航，固定航线、始发站、途经站和目的站，能够准确、迅速地到达通航的城市。

②方便货主：收、发货人可以确切地掌握起运和到达时间，保证货物安全迅速地运达目的地，对运送鲜活、易腐的货物以及贵重货物非常有利。

③舱位有限：一般航空公司都使用客货混合机型，因而舱位有限，不能满足大批量货物的运输要求。

2）包机运输

（1）包机运输的概念

包机运输是指包机人为一定的目的包用航空公司的飞机运载货物。

（2）包机运输的种类

包机运输可分为整架包机和部分包机。

①整架包机。指航空公司或包机代理公司，按照与租机人双方事先约定的条件和费用，将整架飞机租给租机人，从一个或几个航空站装运货物至指定目的地的运输方式。这种运输方式适合运送大批量的货物，运费不固定，一次一议，通常较班机运费低。但办理整架包机至少需在装运前一个月与航空公司洽谈并签订协议，以便航空公司安排运载并向起降机场及有关政府部门申请、办理过境、入境或着陆等有关手续。

②部分包机。指几家航空货运代理公司联合包租一架飞机，或者由包机公司把一架飞机的舱位分别租给几家航空货运代理公司。部分包机适用于托运一吨以上但不足装一整架飞机的货物。运费较班机低，但运送时间则比班机要长。

（3）包机运输的特点

①能够解决班机舱位不足的矛盾。

②货物全部由包机运出，节省时间和多次发货的手续。

③弥补没有直达航班的不足，且不用中转。

④减少货损、货差或丢失的现象。

⑤在空运旺季缓解航班紧张状况。

⑥有利于解决海鲜、活动物的运输问题。

3）集中托运

（1）集中托运的概念

集中托运是航空货运代理公司把若干单独发货人的货物集中起来组成一整批货物，组成一票货，填写一份总运单向航空公司办理托运集中发运到同一站，由航空货运代理公司在目的地指定的代理人收货、报关并分拨给各实际收货人的运输方式。

（2）集中托运的限制

①集中托运适合办理普通货物，贵重物品、危险物品、活动物及文物不能办理。

②集中托运适合办理目的地相同或临近的货物。

（3）集中托运的特点

①节省运费。航空货运公司的集中托运运价一般都低于航空协会的运价，可以节省运费。

②接货方便。采用集中托运，航空货运公司可将货物直接运达目的地，为货主接货提供方便。

③提早结汇。发货人将货物交与航空货运代理取得货物分单后，可持分运单到银行尽早办理结汇。

集中托运已成为世界范围内普遍采用的一种货运方式，并已形成了较完善有效的服务系统，这种方式也是我国空运进出口货物的主要运输方式。

4）航空快递

（1）航空快递的概念

航空快递也叫国际快递服务，一般是指航空快递公司和航空公司合作，以最快的速度在货主、机场和用户之间交接货物的快速运输方式。这种运输方式适合急需药品和医疗器械、贵重物品、图样资料、单证、货样和书报杂志等小件物品的运输。

（2）航空快递的主要形式

①门到场的快递服务。

快件到达目的地机场后，当地快件公司及时将有关到货信息告知收货人，清关、提货手续可由收货人自己办理，也可委托快件公司或其他代理公司办理。适用于货物价值较高或目的地海关当局对货物或物品有特殊规定的快件。

②门到门(也称桌到桌)的快递服务。

发货人需要发货时,打电话给快递公司。快递公司派人到发货人所在地取件,根据不同的目的地进行分拣、整理、核对、制单、报关,利用最近的航班,通过航空公司将快件运往世界各地。快件发出后,将所发快件的航班号、货名、收货人及地址通知目的站的快件公司接货。航班抵达后,目的站的快件公司负责办理清关、提货手续,将快件及时送交收货人手中,并将有关信息反馈到发件地的快递公司。

③快递公司派人随机送货。

这种方式是指发件的快递公司指派专人携带快件在最短的时间内,采用最快捷的交通方式,将快件送交到收货人手中。

门到场的服务,简化了发件人的手续,但需要收货人安排清关、提货手续;门到门服务是最方便、最快捷,使用最普遍的方式;专人派送服务是一种特殊服务,费用较高,使用较少。

6.3 办理航空货物运输

6.3.1 航空货物运输出口业务流程

航空货物出口业务流程是指发货人与航空货运代理公司就出口货物运输达成意向后,将货物交付托运,直到货物装上飞机的整个操作过程。其业务运作的基本流程如图 6.1 所示。

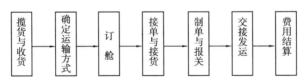

图 6.1 航空货物运输出口业务流程

1)揽货与收货

揽货是指航空货运代理公司为争取更多的业务而向出口单位进行的推销活动。收货是指按照航空公司的有关规定和收货条件进行收货。

2)确定运输方式

航空货物运输的经营组织方式通常有以下几种:班机运输、包机运输、集中托运及航空快递。航空货运代理公司和托运人根据货物的性质及运输要求选择一种合适的运输方式。

3）订舱

订舱是航空货运代理公司根据货主的要求和货物标志的特点向航空公司申请运输并预订舱位的行为。航空货运代理可依据货主的要求选择最佳航线和承运人，并为货主争取最合理的运价。舱位订妥后，货运代理应及时通知货主备单、备货。

4）接单与接货

接单就是航空货运代理公司在订妥舱位后，从发货人手中接过货物出口所需的一切单证，其中主要是报关单证。

接货一般与接单同时进行，是指航空货运代理公司把即将发运的货物从货主手中接过来运送到机场，或送入周转仓库，或者直接装板或装箱。

5）制单与报关

制单就是缮制航空货运单。根据发货人填写的货物托运书以及报关单证和收货凭证，制作操作交接单，填上所收到的各种单证的份数，给每份交接单配一份航空总运单或分运单。

报关是发货人或货运代理在货物发运前，向出境地海关办理出口手续。

6）交接发运

交接发运是向航空公司交单交货，由航空公司安排航空运输。交单就是将随机单据和应承运人留存的单据交给航空公司。交货就是把与单据相符的货物交给航空公司。

7）费用结算

根据货物的计费重量、有关运价及货物的声明价值计算出货物的航空运费。涉及的其他费用还包括地面运输费、各种服务费和手续费等。

6.3.2 航空货物运输进口业务流程

航空货物进口业务流程是指从飞机到达目的地机场，航空公司将货物卸下飞机开始，直到货物交付收货人的全过程。其业务运作的基本流程如图6.2所示。

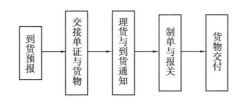

图 6.2　航空货物运输出口业务流程

1）到货预报

发货前由发货人将运单、航班、件数、重量、品名、实际收货人及其地址、联系电话等内容发给目的地代理公司。

2）交接单证与货物

航空货物入境时，与货物相关的单证也随机到达。货物卸下后，存入航空公司或机场的监管仓库，进行进口货物舱单录入，并将舱单上的总运单号、收货人、发站、到站、件数、重量、货物品名、航班号等相关信息通过计算机传输给海关留存，供报关用。航空公司向代理公司或收货人发提货通知。

交接单证时要做到单单核对，即交接清单与总运单核对；单货核对，即交接清单与货物核对。当发现货物短缺、破损或存在其他异常时，应向民航取得商务事故记录作为索赔的依据。

3）理单与到货通知

货物到达目的港后，货运代理应及时整理有关单证并尽早向收货人发出到货通知，告知收货人配齐有关单证尽快报关提货。

4）制单与报关

制单与报关可以由收货人自行办理，也可以由货代公司代办。制单与报关是指按海关要求，依据运单、发票、装箱单及证明货物合法进口的有关批准文件，制作"进口货物报关单"等单证，然后办理进口报关。

5）货物交付

办完报检、报关等进口手续后，货主需凭盖有海关放行章、检验检疫章的进口提货单到所属监管仓库付费提货。货物交接时，需再次检查货物的外包装情况，如有短缺、破损，监管仓库应向收货人作出说明。

6.4 填写航空货物运输的单证

6.4.1 航空运单的概念和分类

1)航空运单的概念

航空运单是承托双方之间的运输合同,是由承运人或其代理人签发的一份重要的货物运输单据。航空运单有别于海运提单,但与国际铁路运单相似,它不是物权凭证,不能凭以提取货物,不能背书转让,因此,是不可议付的单据。收货人是凭航空公司的到货通知单和有关证明提货。

2)航空货物运单的分类

(1)航空主运单(MAWB,Master Air Waybill)

凡由航空公司签发的航空运单就称为主运单。它是航空公司据以办理货物运输凭证和交付的依据,是航空公司和航空货运代理公司(作为托运人)订立的货运合同。集中托运的情况下,每一批航空运输的货物都有相对应的航空主运单。

航空主运单正本一式三份,每份都印有背面条款,第1份(绿色)由承运人留存,作为收取费用和记账的凭证;第2份(粉红色)随货物带交收货人,作为收货人核收货物的依据;第3份(蓝色)交托运人,作为承运人接收货物的初步证据。其余副本九份由航空公司按规定分发。

(2)航空分运单(HAWB,House Air Waybill)

航空分运单是由航空货运代理公司在办理集中托运时,签发给各个托运人的货运单。是航空货运代理公司与托运人之间签订的货运合同。

航空分运单有正本一式三份,副本若干份。正本第1份交托运人;第2份由航空货运代理公司留存;第3份随货物同行交收货人。

6.4.2 航空运单的性质和作用

航空运单是承运人与托运人之间签订的运输契约,也是承运人或其代理人签发的货物收据。航空运单不仅应有承运人或其代理人签字,还必须有托运人签字。

1)航空运单是运输合同

航空运单是发货人与航空运输承运人之间缔结的货物运输合同。在发货人或其代理和承运人或其代理履行签署手续并署名日期后,运单即开始生效,并在货物到达目的地交付给运单上所记载的收货人之后,运单效力即告中止,即承运人完成了全程运输责任。

2)航空运单是货物收据

航空运单是承运人签发的已接收货物的证明,因此航空运单也是货物收据。在发货人将货物发运后,承运人或其代理人就会将其中一份交给托运人(即发货人联),作为已经接收货物的证明。除非另外注明,它是承运人收到货物并在良好条件下装运的证明。

3)航空运单是运费账单

航空运单分别记载着属于收货人负担的费用,属于应支付给承运人的费用和应支付给代理人的费用,并详细列明费用的种类、金额,因此可作为运费账单和发票。承运人也往往将其作为记账凭证。

4)航空运单是报关单证之一

出口时航空运单是报关单证之一。在货物到达目的地机场进行进口报关时,航空运单也通常是海关查验放行的基本单证。

5)航空运单是保险证书

如果承运人承办保险或发货人要求承运人代办保险,则航空运单也可用来作为保险证书。

6)航空运单是承运人内部业务的依据

航空运单随货同行,证明了货物的身份。运单上载有有关该票货物发送、转运、交付的事项,承运人会据此对货物的运输作出相应安排。

6.4.3　填写航空货物运单

不同的航空公司有自己独特的航空运单格式,但各航空公司所使用的航空运单则大多借鉴 IATA 所推荐的标准格式,差别并不大。所以我们这里只介绍这种标准格式的填写,见表 6.1。下面就有关栏目简要说明如下:

①始发站机场或城市的三字代码。

②到达站机场的全称,必要时注明城市和国家。

③托运人姓名、地址、所在国家及联络方法。

表6.1 航空运单样本

中国民用航空总局 GENERAL ADMINISTRATION OF CIVIL AVIATION OF CHINA 国际货物托运书　　　　　　　　货运单号码 SHIPPER'S LETTER OF INSTRUCTION　　　NO. OF AIR WAYBILL								
始发站(1) AIRPORT OF DEPAR- TURE SHANGHAI		到达站(2) AIRPORT OF DES- TINATION HONGKONG		供承运人用 FOR CARRIER USE ONLY				
				航班/日期(7) FIGHT/DATE			航班/日期 FIGHT/DATE	
线路及到达站 ROUTING AND DESTINATION								
至	第一承运人	至	至	至	至	至	至	
TO：	FIRST CARRIER	TO：	TO：	TO：	TO：	TO：	TO：	
收货人账号(5) CONSIGNEE'S ACCOUNT NUMBER		收货人姓名及地址(4) CONSIGNEE'S NAME AND ADDRESS		已预留吨位 BOOKED				
ROSE FRANCE IMPORT AND EXPORT CO. ,24 SANT MART RUE PARIS				唛头：				
另请通知　ROSE FRANCE IMPORT AND EX- PORT CO. ,ALSO NOTIFY 24 SANT MART RUE PARIS								
托运人账号(5) SHIPPER'S ACCOUNT NUMBER		托运人姓名及地址(3) SHIPPER'S NAME AND ADDRESS						
SINOTEX UNITED IMPORT & EXPORT LTD 3208 32FL. , JINMAO BUILDONG PUDONG NEW DISTRICT SHANGHAI								
托运人声明的价值(6) SHIPPER'S DECLARED VALUE		保险金额(8) AMOUNT OF INSUR- ANCE		所附文件 DOCUMENT ACCOMPANY TO AIR WAYBILL				
供运输用 FOR CARRIAGE	供海关用 FOR CUSTOMS							

续表

件数(9) NO. OF PACKAGES	实际毛重 （公斤）(10) ACTUAL GROSS WEIGHT(kg)	运价类别(11) RATE CLASS	收费重量(13) CHAGEABLE WEIGHT	费率 RATE/ CHARGE	货物品名及数量 （包括体积或尺寸）(12) NATURE AND QUANTITY OF GOODS(INCL. DIMENSIONS OR VOLUME)
30CTNS	840.00KGS				LEATHER SLIPPERS
在货物不能交收货人时，托运人指示处理方法 SHIPPER'S INSTRUCTION IN CASE OF INABLITY TO DELIVER SHIPMENT AS CONSIGNED					
处理情况（包括包装方式，货物标志及号码等）(14) HANDLING INFORMATION(INCL. METHOD OF PACKING, INDENTIFY MARK AND NUMBERS ETC.)					
托运人证实以上所填全部属实并愿意遵守承运人的一切载运章程 THE SHIPPER CERTIFIES THAT THE PARTICULAR ON THE FACE HEREOF ARE CORRECT AND AGREE TO THE CONDITIONS OF CARRIAGE OF THE CARRIER.					
托运人签字(15) SHIPPER'S SIGNATURE		日期(16) DATE		经手人 AGENT	

④收货人姓名、地址全称、所在国家及联络方法。为使货物运达目的港后能顺利交付收货人，准确无误填写十分重要。

⑤必要时填写托运人、收货人账号。

⑥托运人声明的价值。

填写供运输用的声明价值金额，该价值即为承运人负赔偿责任的限额，承运人按有关规定向托运人收取声明价值费。但如果所交运的货物毛重每千克不超过20美元（或其等值货币），无需填写声明价值金额，可在本栏内填入"NVD"（No Value Declared 无声明价值），如本栏空着未填写时，承运人或其代理人可视为货物未声明价值。

填写供海关用的声明价值金额，因为国际货物通常要受到目的站海关的检查，向目的站海关申报货物价值，海关根据此栏所填数额征税。若无声明价值则填写"NCV"（No Commercial Value 无商业价值）。

⑦航班及日期。填入已订妥的航班及日期。

⑧保险金额。只有在航空公司提供代保险业务而客户也有此需要时才填写。

⑨件数。如各种货物运价不同需分别填写,总件数另行填写。

⑩毛重。分别填写时,总重量另行填写。

⑪运价类别。针对不同的航空运价共有 6 种代码,它们是 M(起码运费)、C(特种运价)、S(高于普通货物运价的等级货物运价)、R(低于普通货物运价的等级货物运价)、N(45 千克以下货物适用的普通货物运价)、Q(45 千克以上货物适用的普通货物运价)。

⑫货物品名及数量(包括体积尺寸)。填写货物体积按长、宽、高的顺序,以厘米为单位填写最大的长、宽、高。

⑬计费重量。填写航空公司据以计算运费的计费重量,该重量可以与货物毛重相同也可以不同。

⑭处理情况。本栏填写货物上的唛头标记、号码和包装等;货物在运输途中需要注意的特殊事项以及其他需要说明的特殊事项。

⑮托运人签字。标志托运人同意承运人的装运条款。

⑯运单签发日期。日期应为飞行日期,如货运单在飞行日期前签发,则应以飞行日期为货物装运期。

6.5　认识航空货物运输的运价和运费

6.5.1　航空货物运价和运费的基本概念

1)航空货物运价的概念

航空货物运价是指承运人为运输货物而对规定的重量单位(或体积)收取的费用称为运价。运价指机场与机场间的空中费用,不包括承运人、代理人或机场收取的其他费用。

2)航空货物运费的概念

航空货物运费是根据适用运价所计算出的发货人或收货人应当支付的每批货物的运输费用。

3)航空货物运价的分类

(1)普通货物运价

普通货物运价又称一般货物运价,是航空货物运输中使用最广泛的一种运价,仅适用于计收一般货物的运价。

普通货物的运价随运输量的增加而降低。一般以 45 kg 作为重量分界点,45 kg(或 100 磅)以下的普通货物运价,运价类别代号为"N"。45 kg(或 100 磅)及其以上的普通货物运价,运价类别代号为"Q"。45 kg 以上的普通货物运价较 45 kg 以下的普通货物运价低。

另外,根据航线货流量的不同,为了吸引更多的货载,许多航空公司对更高的重量点还可以公布更低的运价,如 100 kg、200 kg、300 kg、500 kg 甚至 1 000 kg 等各档运价。托运的货物越多,则每千克收取的运价越低。

(2)等级货物运价

等级货物运价是指于规定地区或地区间指定等级的货物所适用的运价。等级货物运价通常是在普通货物运价的基础上增加或减少一定的百分比构成的。等级货物运价可以分为两种:

①等级运价加价,运价代号"S"。运价是按 45 kg 以下的普通货物的运价的150% ~200% 计收。适用货物如:活动物、贵重物品、尸体。

②等级运价减价,运价代号"R",运价是按 45 kg 以下的普通货物运价的 50% 计收。适用货物如:报纸杂志、书籍等出版物以及作为货物托运的行李。

(3)特种货物运价

特种货物运价又称指定商品运价,是指自特定的始发站至指定的目的地而公布的适用于特定商品、特定品名的一种运价。特种货物的运价一般低于普通货物运价,运价代号"C"。

特种货物运价是由参加国际航空协会的航空公司,根据在一定航线上有经常性特种商品运输的发货人的要求,或者为促进某地区的某种货物的运输,向国际航空协会提出申请,经同意后制订的。

(4)起码运费

起码运费是航空公司承运一批货物所能承受的最低运费。起码运费的类别代号为"M"。它是根据航空公司办理一批货物所必然产生的固定费用而制订的。不论货物的重量或体积大小,收取的运费都不能低于公布的起码运费。

不同的国家和地区有不同的起码运费。中国民航的起码运费是按货物从始发港到目的港普通货物 5 kg 运费为基础,或根据民航和其他国家航空公司洽谈同意的起码费率征收的。

4)各种运价使用注意事项

①在这几种运价中,运价只能选择其中之一适用。如遇多种运价均适用时,选择适用运价的顺序为特种货物运价、等级货物运价、一般货物运价。

②运价是指从一机场到另一机场,而且只适用于单一方向。不包括其他额外费用,如提货、报关、接交和仓储费用等。

③运价的计量单位一般为元/kg 或元/lb。

④运价通常使用当地货币公布,并按出具运单之日所适用的运价计费。

6.5.2 航空货物运费的计算

1)计费重量

计费重量是指据以计算运费的货物重量。航空公司规定,计费重量按照实际重量和体积重量两者中较高的一种计收。在货物体积小、重量大时,按实际重量计算;在货物体积大、重量小时,按体积重量计算。在集中托运时,一批货物由几件不同的货物组成,有轻泡货,也有重货,其计费重量则采用整批货物的总毛重或总的体积计量,按实际重量和体积重量两者之中较高的一个计算。计费重量以 0.5 kg 为最小单位,重量尾数不足 0.5 kg 的按 0.5 kg 计算;0.5 kg 以上不足 1 kg 按 1 kg 计算,以磅为单位时,计费重量的最小单位是 1lb,不是 1lb 的按 1lb 计算。

(1)实际重量

实际重量是指一批货物包括包装在内的实际总重量。凡重量大而体积相对小的货物用实际重量作为计费重量。

(2)体积重量

货物体积大而重量相对小的称为轻泡货物,体积重量的计算方法如下:

①不考虑货物的几何形状,分别量出货物的最长、最宽和最高部分,单位为厘米或英寸;

②三者相乘算出货物的体积;

③将体积折算成千克(或磅)。我国民航规定以 6 000 cm³ 折合 1 kg 为计算标准。

【例6.1】 某公司出口某批货物一箱,毛重为 40 kg,包装尺寸为 80 cm × 80 cm × 40 cm。问该批货物的计费重量是多少千克?

【解】 该批货物的体积重量为:
$$(80 \times 80 \times 40) \div 6\,000 \approx 42.7 \text{ kg}$$

计费重量取实际重量和体积重量的高者,故应取 42.7 kg,又以 0.5 kg 为最小单位,最终计费重量应为 43 kg。

2）基本运费

①根据货物的品名、性质确定适用的运价种类：特种货物运价、等级货物运价、普通货物运价；

②计算确定货物的计费重量；

③根据计费重量确定适用的运价：N、Q 或其他重量分界点对应的运价；

④货物的运费一般是以货物的计费重量乘以相对应的重量等级的运价而得。但由于对较高的重量等级提供较低的运价，因此，一批 40 kg 重的货物按 45 kg 以下的运价计收运费时，可能反而高于一批 45 kg 重的货物按 45 kg 以上的运价所计收的运费。所以，当一个较高的起码重量能够提供较低的运费时，则可使用较高的起码重量作为计费重量，并使用较高的计费重量分界点的费率计收运费。这个原则也适用于那些以一般货物运价加或减一定百分比的等级运价。

【例6.2】 某航线某种货物的运价为 M（175）、N（35）、Q（30）、100（26.66）、300（24.3）单位均为元/ kg。一批该普通货物的实际重量为 285 kg，体积重量为 200 kg。问基本运费应取多少？

【解】 ①比较实际重量和体积重量，应以 285 kg 作为计费重量。

②按计费重量计算：

$$26.66 \times 285 = 7\ 598.1\ \text{元}$$

③采用较高重量分界点的运价计算，注意：这时应以对应的重量分界点作为计费重量。

$$24.3 \times 300 = 7\ 290\ \text{元}$$

①与②二者比较，取低者，则基本运费为 7290 元。

想一想：

如果例题 6.1 中的货物也适用以上运价，那么它的基本运费应是多少？

3）声明价值附加费

《华沙公约》规定，对由于承运人自身的疏忽或故意而造成的货物损坏、丢失或延迟等所承担的责任，其最高赔偿金额为每千克货物毛重 20 美元或每磅 9.07 美元，或同等价值的当地货币。

如果货物的价值超过了毛重每千克 20 美元，发货人希望在发生货损货差时得到全额赔偿，在交运货物时，就应向承运人声明货物的价值，称为"供运输用的声明价值"，并以该声明价值作为承运人应负赔偿责任的限额；而承运人根据货物的声明价值向发货人收取声明价值附加费。

货物的声明价值是针对整批货物而言，不得办理部分货物的声明价值或整批

货物办理两种不同的声明价值。声明价值费的收取依据货物的实际毛重,计算公式为:

声明价值附加费 =(声明价值 – 货物毛重×20 美元/千克)×声明价值费费率
$$(6.1)$$

声明价值费的费率通常为 0.5%。

【例6.3】 若例题6.2中,发货人供运输用的声明价值为 8 000 美元,问应收取多少美元的声明价值附加费?

【解】 声明价值附加费 =(声明价值 – 货物毛重×20 美元/千克)×声明价值费费率

　　　　　　 =(8 000 – 285 ×20)美元×0.5%

　　　　　　 =11.5 美元

应对该批货物收取 11.5 美元的声明价值附加费。

4)其他附加费

除了声明价值附加费外,其他附加费还包括制单费、货到付款服务费、提货费、地面运输费等,一般只有在承运人或航空货运代理人提供服务时才收取。

【做一做】

阅读资料

联邦快递与发展中的航空物流

大学时代的施伟德写了篇 20 页左右的学期论文,在论文中,他构想了以航空中心为基础的空运配送模式。不过,他的论文只得了 C,因为教授认为买飞机专门用来送货的想法很荒谬,但这个受到冷落的创意却并没有被它的主人放弃。1971年 6 月 18 日,在施伟德 27 岁那年注册了新公司——联邦快递公司(Fedex),并选择了美国田纳西州的孟菲斯作为其"中心辐射式"运输的中心。

20 世纪 70 年代以前,美国孟菲斯并不是一个令人熟知的地方。如今,这里却是连续 16 年全球货运吞吐量第一大机场,联邦快递、UPS 和 DHL 在这里都有业务,而联邦快递超级转运中心的货运量,贡献了孟菲斯国际机场 90% 以上的吞吐量。该市位于美国中南部,地理位置比较理想,气候条件适于飞行。联邦快递这个名字创造了一个新行业:通过转运中心及航线网络系统进行隔夜交货的速递方式。这一模式,后来成为国际快递巨头的共同选择。从此,联邦快递被作为经典案例写入商学院的教科书。

如今,在孟菲斯机场,每天晚上都有上百架联邦快递的飞机在这里起落。每天夜里,在联邦快递面积达364公顷的超级转运中心,长达300多英里(1英里≈1.61千米)的传送带平均每小时处理95 000个包裹。来自世界各地的不同物品,小至电子产品、香水,大至发动机源源不断地被运来。货物从飞机上载、下载的时间都不超过30分钟,货物卸下来后就会进行第一次扫描,每个包裹上都已经由发货人贴上了数据码,上面有运单号码、货物重量等,然后各种拖车就拖着整托盘的进港货物进入分拣中心,当包裹在传送带上运送时,传送带上的传感器就立刻可以捕捉到这个电子"身份证",经过无数的扫描机,包裹也就被自动送到不同的传送带,然后被自动机械手推至不同的目的地托盘上,准确无误地送到离港飞机的位置,依次装机。到凌晨4时,孟菲斯机场的飞机开始起飞,向目的地进发,飞机到达各个目的地后,还需要再分拣,然后装上不同路线的送货卡车,迅捷、精确地送到目的地。

据预测,世界航空货运量在未来20年中将以年均6.4%的速度增长,而同期客运平均年增长率为4.7%。进入21世纪以来,全球较具规模的航空公司都纷纷把货运业务分拆成独立运作的货运航空公司,再额外提供其他配套、增值服务,将航空物流塑造成为利润中心。

亚洲航空货运市场将引领世界航空货运业,其中,中国国内和亚洲内部市场将分别以10.6%和8.5%的年平均增长率增长。在中国市场,航空运输成为迅速发展的中国运输业市场中的重要运输形式,预计到2021年,随着中国经济继续保持显著增长,直接外资投入继续保持强势,再加上已加入世贸组织,中国会越来越多地需要快速运输货物,将中国企业同其国际合作伙伴联系到一起,进一步促进中国新兴航空速递和航空货运行业的发展。

在中国广州白云机场,已建成一处转运中心,开展与孟菲斯机场和杭州萧山机场的转运中心相似的活动:停机坪上,传送机中,转运中心内,1 200名员工将静候着指挥中心的信号。亚洲24个主要城市的货物,将聚集在广州新白云机场,分拣后运送到世界各地;而全球220多个国际及地区运往亚洲的货物,也将来这里"驻足"。这也将是联邦快递在美国本土外最大级别的国际转运中心。

阅读思考:

随着我国航空货运的迅速增长和中国航空市场的开放程度不断加大,我国航空公司面对机遇和挑战,应如何争夺航空市场的份额?

【任务回顾】

通过对本章的学习,使我们初步掌握了航空货运的基本知识,知道了航空货运的基本程序,会根据客户的需求正确填写货物运单,并对航空运费的计算有一定的了解。

【名词速查】

1. 班机运输

班机运输是指飞机在固定航线上飞行,定期开航,定始发站、途经站和目的站。是民航运输生产活动的基本形式。

2. 包机运输

包机运输是指包机人为一定的目的包用航空公司的飞机运载货物。

3. 集中托运

集中托运是航空货运代理公司把若干单独发货人的货物集中起来组成一整批货物,组成一票货,填写一份总运单向航空公司办理托运集中发运到同一站,由航空货运代理公司在目的地指定的代理人收货、报关并分拨给各实际收货人的运输方式。

4. 航空快递

航空快递也叫国际快递服务,一般是指航空快递公司和航空公司合作,以最快的速度在货主、机场和用户之间交接货物的快速运输方式。

5. 航空运单

航空运单是一种运输合同,是由承运人或其代理人签发的一份重要的货物运输单据。

6. 航空主运单

凡由航空公司签发的航空运单就称为航空主运单。

7. 航空分运单

航空分运单是由航空货运代理公司在办理集中托运时,签发给各个发货人的货运单。

8. 航空货物运价

航空货物运价是指承运人为运输货物对规定的重量单位(或体积)收取的费用称为运价。

9. 航空货物运费

航空货物运费是根据适用运价所计算出的发货人或收货人应当支付的每批货物的运输费用。

10. **普通货物运价**

普通货物运价又称一般货物运价,是航空货物运输中使用最广泛的一种运价,仅适用于计收一般货物的运价。

11. **等级货物运价**

等级货物运价是指于规定地区或地区间指定等级的货物所适用的运价。

12. **特种货物运价**

特种货物运价又称指定商品运价,是指自特定的始发站至指定的目的地而公布的适用于特定商品、特定品名的一种运价。

13. **起码运费**

起码运费是航空公司承运一批货物所能承受的最低运费。

【任务检测】

一、填空题

1. 世界航空运输的发展历程可分为初创阶段、发展阶段、＿＿＿＿＿＿＿＿＿＿和＿＿＿＿＿＿＿＿＿＿。

2. 航空货物运输的主要方式有班机运输、包机运输、＿＿＿＿＿＿和＿＿＿＿＿＿。

3. 航空快递的主要形式有＿＿＿＿＿＿、＿＿＿＿＿＿和派专人随机送货。

4. 航空货物的计费重量取＿＿＿＿＿＿和＿＿＿＿＿＿两者中较高的。

5. 等级货物运价的代号是＿＿＿＿＿＿,起码运费的代号是＿＿＿＿＿＿。

二、单选题

1. ＿＿＿＿＿＿是航空运输的最大优势。

　　A. 舒适　　　　　B. 灵活　　　　　C. 速度快　　　　　D. 单位运输成本高

2. 国际航空运输中,如发生货损货差,根据《华沙公约》规定,最高赔偿为每千克货物＿＿＿＿＿＿。

　　A. 15 美元　　　B. 20 美元　　　C. 30 美元　　　　D. 40 美元

3. 航空货运代理公司的主要业务是办理＿＿＿＿＿＿。

　　A. 部分包机　　B. 整架包机　　C. 集中托运　　　D. 航空快递

4. 当采用指定商品运价、等级货物运价和普通货物运价计算的运费总额均低于所规定的起码运费时,按＿＿＿＿＿＿计收运费。

　　A. 普通货物运价　　　　　　　　B. 等级货物运价

　　C. 起码运费　　　　　　　　　　D. 指定商品运价

5. 由航空货运公司在办理集中托运业务时签发给每一发货人的运单称为_____。

    A. 航空分运单   B. 航空主运单   C. 航空货运单   D. 航空运单

6. 航空公司规定计费重量量按_____计。

    A. 实际重量

    B. 实际重量和体积重量两者之中较高的一种

    C. 体积重量

    D. 实际重量和体积重量两者之中较低的一种

7. A 点至 B 点,某种普通货物为 4 kg,M 级运费为人民币 37.5 元,而 45 kg 以下货物运价即等级运价为人民币 8 元/kg,应收运费为_____元。

    A. 32   B. 37.5   C. 32 或 37.5   D. 35

三、多选题

1. 航空货物运输的特点是( )。

    A. 具有较高的运送速度

    B. 受气候条件影响较小

    C. 可节省包装、保险、利息等费用

    D. 适宜运输大宗的货物

2. 当前航空运输的主要货源有( )。

    A. 鲜活产品   B. 家电产品   C. 电子产品   D. 商务文件

    E. 精密机械产品

3. 航空货运单的作用( )。

    A. 是一种承运合同   B. 是接收货物的证明

    C. 是相关责任人费用结算的凭证   D. 是保险的依据

4. 航空运输主要适合运载的货物有( )。

    A. 价值高的货物   B. 价值低的货物

    C. 紧急需要的物资   D. 体积小的货物

四、判断题

1. 航空货运代理可以将鲜活鱼苗办理集中托运。   ( )

2. HAWB 是航空分运单的缩写。   ( )

3. 航空运单可转让买卖。   ( )

4. 航空货运代理人不能作为收货人。   ( )

5. 航空运输中,不论使用哪一种运价,运费都不能低于公布的起码运费。   ( )

6. 空运特种货物运价往往高于普通货物运价。   ( )

7.包机只适合于货物运输,不适合于旅客运输。　　　　　　　　（　　）

五、思考题

1.包机运输的分类及特点是什么?

2.集中托运的限制和特点是什么?

3.简述航空运输业务的进口业务流程。

4.简述航空运输业务的出口业务流程。

5.航空运单的性质和作用有哪些?

6.航空货物各种运价在使用中有哪些注意事项?

六、计算题

北京某公司出口一批服装到大阪,共10箱,每箱毛重12.4 kg,每箱尺寸80 cm×40 cm×30 cm。某航空公司北京到大阪的航班这种普通货物的公布直达运价如下(单位:元)M(200)、N(38.00)、Q(30.00)、200(23.00)。发货人表明"供运输用的声明价值"为3 000美元。

问:1.该批货物的计费重量为多少千克?

2.该批货物的基本运费为多少元?

3.对该批货物应收取多少元的声明价值附加费?

参考答案

一、填空题

1.成熟阶段、变革阶段　　2.集中托运、航空快递　　3.门到场、门到门

4.实际重量、体积重量　　5.S 和 R、M

二、单选题

1.C　　2.B　　3.C　　4.C　　5.A　　6.B　　7.B

三、多选题

1.AC　　2.ABCDE　　3.ABCD　　4.ACD

四、判断题

1.×　　2.√　　3.×　　4.×　　5.√　　6.×　　7.×

五、思考题

1.答:

包机运输可分为整架包机和部分包机。

包机运输的特点

①解决班机舱位不足的矛盾。

②货物全部由包机运出,节省时间和多次发货的手续。

③弥补没有直达航班的不足,且不用中转。

④减少货损、货差或丢失的现象。

⑤在空运旺季缓解航班紧张状况。

⑥解决海鲜、活动物的运输问题。

2.答:

(1)集中托运的限制:

①集中托运适合办理普通货物,贵重物品、危险物品、活动物及文物不能办理。

②集中托运适合办理目的地相同或临近的货物。

(2)集中托运的特点:

①节省运费。发货人可以得到低于航空公司的运价,从而节省运费。这种运输方式在航空运输中使用比较普遍,是航空货运代理的主要业务之一。

②提供方便。将货物集中托运,航空货运代理延伸了航空公司的服务,可使货物运输到航空公司到达地点以外的地方,方便了货主。

③提早结汇。发货人将货物交与航空货运代理取得货物分单后,可持分运单到银行尽早办理结汇。

3.答:

(1)到货预报

(2)交接单证与货物

(3)理单与到货通知

(4)制单与报关

(5)货物交付

4.答:

(1)揽货与收货

(2)确定运输方式

(3)订舱

(4)接单与接货

(5)制单与报关

(6)交接发运

(7)费用结算

5.答:

(1)航空运单是承运合同。

(2)航空运单是货物收据。

(3)航空运单是运费账单。

（4）航空运单是报关单证之一。

（5）航空运单是保险证书。

（6）航空运单是承运人内部业务的依据。

6.答：

（1）在这几种运价中,运价只选择其中之一计算,如遇两种运价均适用时,首先应选用特种货物运价,其次是等级货物运价,再次才是一般货物运价。

（2）运价是指从一机场到另一机场,而且只适用于单一方向,不包括其他额外费用,如提货、报关、接交和仓储费用等。

（3）运价一般以千克或磅为计算单位。

（4）运价通常使用当地货币公布,并按出具运单之日所适用的运价计费。

六、计算题

1.实际重量为 $12.4 \times 10 = 124$ kg

体积重量为 $(80 \times 40 \times 30) \div 6\ 000 \times 10 = 160$ kg

所以计费重量为 160 kg 。

2.按计费重量计算: $160 \times 30 = 4\ 800$ 元

采用更高的重量分界点计算: $200 \times 23 = 4\ 600$ 元

所以基本运费为 4 600 元。

3.声明价值附加费 $= (3\ 000 - 12.4 \times 10 \times 20) \times 0.5\% = 2.6$ 美元

任务 7
办理集装箱运输

教学要求

1. 掌握集装箱运输的定义和特点；

2. 了解集装箱运输的关系人；

3. 熟悉集装箱运输的主要单证；

4. 理解集装箱货物的分类、装箱方式及交接方式；

5. 掌握集装箱货物的流转程序，了解集装箱运输的计费特点。

学时建议

知识性学习：5 课时

实训学习：1 课时

现场观察学习：6 课时（业余自主学习）

【导学语】

集装箱运输的发展过程

一、世界集装箱运输的现状与发展趋势

集装箱运输起源于英国 19 世纪初,后来相继传到美国、德国、法国及其他欧美国家。如今,集装箱运输在世界范围内得到了飞速发展,已成为世界各国国际贸易的最优运输方式。

1966 年以前集装箱运输处于初始阶段,但其优越性已经得以显示,这为以后集装箱运输的大规模发展打下了良好的基础。1967—1983 年,集装箱运输的优越性越来越被人们承认,以国际贸易为主的海上运输使国际集装箱运输得到了迅猛发展,世界交通运输进入集装箱化时代的关键时期。1984 年以后,世界航运市场摆脱了石油危机所带来的影响,开始走出低谷,集装箱运输又重新走上稳定发展的道路。此时,发达国家件杂货物运输的集装箱化率已超过 80%,铁路集装箱运输占铁路货物运输的比重也上升到 20%～40%。如美国部分铁路公司已经达到49%、法国为 40%、英国为 30%、德国为 20%。日本也基本上把全部适箱货物都纳入集装箱运输,占货运量的 33%。2001—2008 年世界海运集装箱贸易费如表 7.1所示。

随着集装箱运输进入成熟阶段以及经营管理的现代化,特别是国际集装箱多式联运的出现,将海运、公路、铁路和航空等运输方式有机衔接在一起,以其便捷、安全、经济的优势广泛应用于国际贸易。

表 7.1　2001—2008 年世界海运集装箱贸易量

年份 \ 集装箱量	2001	2002	2003	2004	2005	2006	2007	2008
总量/百万 TEU	68	76	84	96	106	117	130	143
年度增长率/%	2.2	11.8	10.5	14.3	10.8	10.4	11.0	9.8

资料来源:《2009—2010 年中国集装箱运输市场研究及发展预测分析报告》

二、我国集装箱运输的现状与发展趋势

我国集装箱运输始于 20 世纪 50 年代中期的铁路集装箱运输。20 世纪 70 年代,我国海上集装箱运输正式启动。自 20 世纪 80 年代以来,伴随着我国国民经济的快速增长以及世界经济一体化和贸易全球化的蓬勃发展,中国集装箱运输突飞猛进。在我国沿海城市,几乎所有的港口都开展了集装箱运输业务,有的已经成为了国际性枢纽大港。2007 年,是中国集装箱运输发展历史上具有里程碑意义的一年,中国集装箱吞吐量达到 1.13 亿 TEU,首次突破一亿大关,比 2006 年增长 22.3%。

中国集装箱运输的增长速度始终以远远超过世界平均增幅的水平发展。现今中国已初步形成了布局合理、设施较完善、现代化程度较高的集装箱运输体系。中国已初步建成环渤海、长江三角洲、东南沿海、珠江三角洲和西南沿海 5 个规模化、集约化、现代化的港口群体,将进一步促进中国港口集装箱运输的发展,2007 年,上海港已超越中国香港港,位居世界集装箱港口第二位。深圳港、青岛港、宁波—舟山港、广州港、天津港、厦门港等都保持着快速发展的势头。

国际集装箱市场的需求主要取决于世界经济、国际贸易、集装箱贸易量的增长水平,航运市场的景气程度,旧箱更新量,新投入运营的集装箱船的箱位量以及能源、原材料价格和供应等多方面的因素。

看完了这篇文章,我们知道了集装箱运输在国际贸易中的重要性。下面就让我们学习有关集装箱运输的知识。

【学一学】

7.1　认识集装箱运输

7.1.1　集装箱概述

1)集装箱的定义

(1)集装箱的定义

集装箱(Container)是指具有一定规格和强度的专供周转使用的大型装货容器。在我国台湾和香港等地称为货柜、货箱。根据国际标准化组织 ISO/TC 104 技术委员会及我国《集装箱名词术语》的规定,提出了作为一种运输货物容器的集装箱应具备如下基本条件:

①具有足够的强度足以长期反复使用;

②适合在多种运输方式之间转换,运输中途无需换装;

③具有快速装卸和搬运的装置,特别是便于从一种运输方式转移到另一种运输方式;

④便于货物装满或卸空;

⑤具有 1 立方米(或 35.32 立方英尺)以上的容积。

（2）集装箱标准

①国际标准集装箱。

集装箱标准化经历了一个发展过程。国际标准化组织 ISO/TC 104 技术委员会自 1961 年成立以来,对集装箱国际标准作过多次补充、增减和修改,现行的国际标准为第 1 系列共 13 种,其宽度均一样(2 438 mm)、长度有 4 种(12 192 mm、9 125 mm、6 058 mm、2 991 mm)、高度有 4 种(2 896 mm、2 591 mm、2 438 mm、<2 438 mm)。第 2 系列和第 3 系列均降格为技术报告。集装箱的标准化促进了集装箱在国际的流通,对国际货物流转的合理化起了重大作用。

国际标准集装箱外部尺寸和额定重量如表 7.2 所示,第一系列集装箱长度关系见图 7.1。

表 7.2　国际标准集装箱外部尺寸和额定重量

箱型号	外部尺寸						额定重量	
	长度		宽度		高度		千克/kg	磅/lb
	公制/mm	英制/ft	公制/mm	英制/ft	公制/mm	英制/ft		
1AAA	12 192	40	2 438	8	2 896	9.5	30 480	67 200
1AA					2 591	8.5		
1A					2 438	8		
1AX					<2 438	<8		
1BBB	9 125	29.94	2 438	8	2 896	9.5	25 400	56 000
1BB					2 591	8.5		
1B					2 438	8		
1BX					<2 438	<8		
1CC	6 058	19.88	2 438	8	2 591	8.5	24 000	52 900
1C					2 438	8		
1CX					<2 438	<8		
1D	2 991	9.81	2 438	8	2 438	8	10 160	22 400
1DX					<2 438	<8		

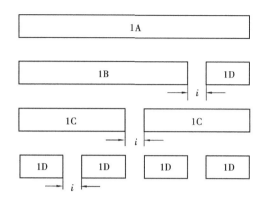

图 7.1　国际第 1 系列集装箱长度关系图

图中间距 $i = 76$ mm

$1A = 1B + i + 1D = 9\ 125 + 76 + 2\ 991 = 12\ 192$ mm

$1B = 1D + i + 1D + i + 1D = 3 \times 2\ 991 + 2 \times 76 = 9\ 125$ mm

$1C = 1D + i + 1D = 2 \times 2\ 991 + 76 = 6\ 058$ mm

为了便于计算集装箱数量,以 20 ft 的集装箱作为换算标准箱,简称 TEU (Twenty foot Equivalent Units)。即:40 ft 集装箱 = 2 TEU;30 ft 集装箱 = 1.5 TEU; 20 ft 集装箱 = 1 TEU;10 ft 集装箱 = 0.5 TEU。

②国家标准集装箱。

各国政府参照国际标准并考虑本国的具体情况,来制订本国的集装箱标准。 我国现行国家标准《系列 1 集装箱分类、尺寸和额定重量》(GB 1413—1998)规定 的集装箱型号、尺寸及额定重量和国际标准是一致的。

③地区标准集装箱。

此类集装箱标准,是由地区组织根据该地区的特殊情况制订的,此类集装箱仅 适用于该地区。如根据欧洲国际铁路联盟(VIC)所制订的集装箱标准而建造的集 装箱。

④公司标准集装箱。

某些大型集装箱船公司,根据本公司具体情况和条件而制订的集装箱标准,这 类箱主要在该公司运输范围内使用。如美国海陆公司的 35 ft 集装箱。

此外,目前世界还有不少非标准集装箱。如非标准长度集装箱有美国海陆公 司的 35 ft 集装箱、总统轮船公司的 45 ft 及 48 ft 集装箱;非标准高度集装箱,主要 有 9 ft 和 9.5 ft 两种高度集装箱;非标准宽度集装箱有 8.2 ft 宽度集装箱等。由于 经济效益的驱动,目前世界上 20 ft 集装箱使用量逐年增加,受到客户的普遍欢迎。

2）集装箱的分类

这里仅介绍在海上运输中常见的国际货运集装箱类型。

（1）按箱体材料分类

①钢制集装箱。

其框架和箱壁板皆用钢材制成。最大优点是强度高、结构牢、焊接性和水密性好、价格低、易修理、不易损坏。主要缺点是自重大、抗腐蚀性差，使用年限为11～12年。

②铝制集装箱。

铝制集装箱有两种：一种为钢架铝板，另一种仅框架两端用钢材，其余用铝材。优点主要是自重轻、不生锈、美观、弹性好、不易变形。缺点主要是造价高，受碰撞时易损坏。使用年限为15～16年。

③不锈钢制集装箱。

一般多用不锈钢制作罐式集装箱。不锈钢制集装箱的主要优点是强度高、不生锈、耐腐性好，缺点是造价高。

④玻璃钢制集装箱。

玻璃钢集装箱是在钢制框架上装上玻璃钢复合板构成的。主要优点是隔热性、防腐性和耐化学性均较好，强度高，易清扫，修理简便等。主要缺点是自重较大，造价较高。

（2）按用途分类

①干货集装箱（Dry Cargo Container）。

干货集装箱也称杂货集装箱，这是一种通用集装箱，其使用范围极广。这种集装箱通常为封闭式，在一端或侧面设有箱门。用来运输无需控制温度的杂货，如文化用品、化工用品、电子机械、工艺品、日用品、纺织品及仪器零件等，见图7.2。

②开顶集装箱（Open Top Container）。

开顶集装箱也称敞顶集装箱，这是一种没有刚性箱顶的集装箱，但有可折式顶梁支撑的帆布、塑料布或涂塑布制成的顶篷，其他构件与干货集装箱类似。开顶集装箱适于装载较高的大型货物和需吊装的重货，如钢铁、木材，特别是像玻璃板等易碎的重货，利用吊车从顶部吊入箱内，不易损坏，而且也便于在箱内固定，见图7.3。

③台架式及平台式集装箱（Platform Based Container）。

台架式集装箱是没有箱顶和侧壁，甚至有的连端壁也去掉而只有底板和4个角柱的集装箱。这种集装箱可以从前后、左右及上方进行装卸，作业方便。这一集

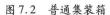

图 7.2　普通集装箱

图 7.3　开顶集装箱

装箱的采用打破了过去一直认为集装箱必须具有一定容积的概念。

台架式及平台式集装箱适合装载形状不一的长大件和重货件货物,如重型机械、钢材等,但这种集装箱没有水密性,怕水湿的货物不能装运。

④通风集装箱(Ventilated Container)。

通风集装箱一般在侧壁或端壁上设有通风孔,适于装载不需要冷冻而需通风、防止汗湿的货物,如水果、蔬菜等。如将通风孔关闭,可作为杂货集装箱使用。

⑤冷藏集装箱(Reefer Container)。

这是专为运输冷冻食品,要求保持一定温度的货物而设计的集装箱。它分为带有冷冻机的机械式冷藏集装箱和没有冷冻机由船舶的冷冻装置供应冷气离合式冷藏集装箱。适用装载肉类、水果等货物。冷藏集装箱造价较高,营运费用较高,使用中应注意冷冻装置的技术状态及箱内货物所需的温度。

⑥散货集装箱(Bulk Container)。

散货集装箱除了有箱门外,在箱顶部还设有 2~3 个装货口,适于装载粉状或粒状货物。使用时要注意保持箱内清洁干净,两侧保持光滑,便于货物从箱门卸货,见图 7.4。

⑦动物集装箱(Pen Container)。

这是一种专供装运牲畜的集装箱。为了实现良好的通风,箱壁用金属丝网制造,侧壁下方设有清扫口和排水口,并设有喂食装置。

⑧汽车集装箱(Car Container)。

这是专为装运小型轿车而设计制造的集装箱。其结构特点是无侧壁,仅设有框架和箱底,可装载一层或两层小轿车。汽车集装箱一般不是国际标准集装箱,见图 7.5。

⑨罐式集装箱(Tank Container)。

这是一种专供装运液体货而设置的集装箱,如酒类、油类及液状化工品等货

图7.4 散货集装箱

图7.5 汽车集装箱

物。它由罐体和箱体框架两部分组成,装货时货物由罐顶部装货孔进入,卸货时,则由排货孔流出或从顶部装货孔吸出,见图7.6。

⑩服装集装箱(Garment Container)。

也称挂衣箱,在箱内上、侧梁上装有许多横杆,每根横杆上垂下若干带扣,将成衣衣架上的钩直接挂在带扣上。这种服装装载法属于无包装运输,它不仅节约了包装材料和包装费用,而且也减少了人工,提高了服装的运输质量,见图7.7。

图7.6 罐式集装箱

图7.7 服装集装箱

(3)按结构分类

按结构集装箱有固定式和拆装式两类。固定式集装箱是普通的不能拆开再装配的集装箱,拆装式集装箱主要部件可以拆装和折叠,在回空和保管时能够缩小其体积,有利于提高车船的装载能力。

(4)按箱主分类

按箱主分集装箱有托运人自备集装箱、承运人所属集装箱及租箱公司的集装箱。

7.1.2 集装箱运输概述

1)集装箱运输的概念

集装箱运输是指以集装箱作为运输单元进行货物运输的一种运输方式。它是一种新型的、高效率和高效益的运输方式,在国际贸易中发挥越来越重要的作用。

2)集装箱运输的特点

集装箱运输作为货物运输的一种先进的运输方式,解决了普通货船运输件杂货存在的运输效率低、时间长,货损、货差严重、货运手续繁杂等缺点。集装箱运输的特点主要体现在以下几方面:

(1)运输效益高

①简化包装,大量节约包装费用。

集装箱作为一种能反复使用的运输设备,其本身就是一种极好的包装。使用集装箱可以简化包装,有的甚至无需包装,可大大节约包装费用。

②减少货损货差,提高货运质量。

集装箱是一个坚固密封的箱体,可以对货物进行保护,即使经过长途运输或多次换装,箱内货物也不易受损。其次货物装箱并铅封后,途中无需拆箱倒载,一票到底。因此集装箱运输可减少被盗、潮湿、污损等引起的货损和货差。

③减少营运费用,降低运输成本。

由于集装箱装卸效率高,装卸时间缩短,对船公司而言,可提高航行率,降低船舶运输成本。对港口而言,可以提高泊位通过能力,从而提高吞吐量,增加收入。

(2)运输效率高

首先,集装箱装卸机械化程度很高,使装卸环节的设施性能大大提高,从而提高了装卸效率。例如,普通货船装卸,一般每小时为 35 t,而集装箱装卸,每小时可达 400 t 左右。其次集装箱运输方式减少了运输中转环节和收发货的交接手续,方便了货主,加快了货物周转运送。另外,机械化和自动化装卸大大缩短了车船在港站的停留时间,加快了货物的送达速度。例如在海运方面,实行集装箱化后,货物由美国运送到欧洲的时间缩短 50% 左右。铁路方面,据德国资料统计,货车的周转时间从原来的 84 小时缩短到 44 小时。

(3)需要高额投资

集装箱运输是一种资本高度密集的行业。根据有关资料表明,集装箱船每立方英尺的造价约为普通货船的 3.7 ~ 4 倍。其次,集装箱运输港口的投资也相当大。专用集装箱泊位的码头设施包括码头岸线和前沿、货场、货运站、维修车间、控制塔、门房,以及集装箱装卸机械等,耗资巨大。

(4)协作要求高

集装箱运输涉及面广、环节多、影响大,是一个复杂的运输系统工程。如果某一环节失误,必将影响全局,甚至导致运输生产停顿和中断。因此,要求搞好整个运输系统各环节、各部门之间的高度协作,只有这样,才能保证集装箱运输系统高效率地运转。

(5)适于组织多式联运

集装箱运输在不同运输方式之间换装时,无需逐件搬动箱内货物,这就大大提高了换装作业效率,适于不同运输方式之间组织多式联运。在换装转运时,海关及有关监管单位只需加封或验封转关放行,从而提高了运输效率。

7.2 认识集装箱运输的关系人及主要单证

7.2.1 集装箱运输的关系人

随着集装箱运输的逐步发展、成熟,一些与集装箱有关的新的运输机构也相应的发展起来,它们与托运人、收货人、货运代理等共同形成了与集装箱运输特点相适应的运输体系。

1)经营集装箱货物运输的实际承运人

实际承运人是掌握运输工具并参与集装箱运输的承运人。通常拥有大量集装箱,以利于集装箱的周转、调拨、管理以及集装箱与车、船的衔接。实际承运人包括经营集装箱运输的船公司、联营公司、公路集装箱运输公司、铁路集装箱运输公司等。

2)无船承运人

无船承运人专门经营集装箱货运的揽货、拆装箱、内陆运输及经营中转站或内陆站业务,可以掌握运输工具,也可不掌握。它在实际承运人与托运人之间起着中间桥梁作用,对真正货主来讲,它是承运人,而对实际承运人来说,它又是托运人。通常无船承运人应受所在国法律制约,在政府有关部门登记。

3)集装箱租赁公司

集装箱租赁公司是随集装箱运输发展而兴起的一种新兴行业,它专门经营集装箱的出租业务。

4)集装箱码头(堆场)经营人

集装箱码头(堆场)经营人是指接受作业委托人的委托,在其控制或者有权使用的场地,提供或安排集装箱的堆存、装卸、驳运、储存、装拆等业务的部门。集装箱码头经营人不是承运人,不是海上货物运输合同的当事人,但是由于其港口业务通常是集装箱运输中不可缺少的重要环节,因而是集装箱运输的重要关系方。

5)集装箱货运站

集装箱货运站是处理拼箱货的场所。它办理拼箱货的交接、配载、积载后,将箱子送往集装箱堆场,并接受集装箱堆场交来的进口货箱,进行拆箱、理货、保管,最后拨给各收货人。同时也可按承运人的委托进行铅封和签发场站收据等业务。集装箱货运站一般在内陆交通比较便利的大中城市设立,提供集装箱的交接、中转或其他运输服务。

6)联运保赔协会

联运保赔协会是由船公司互保的一种保险组织,对集装箱运输中可能遭受的一切损害进行全面统一的保险。这是集装箱运输发展后所产生的新的保险组织。

7.2.2 集装箱运输的主要单证

在集装箱货物进出口业务中,根据集装箱运输的特点,主要采用了集装箱提单、集装箱装箱单、设备交接单、场站收据、提货单、交货记录等,现分别介绍如下:

1)集装箱提单

集装箱提单是负责集装箱运输的经营人或其代理人,在收到集装箱货物后签发给托运人的货物运输收据。它是货物的物权凭证,是承运人与托运人之间运输契约成立的证明,是集装箱货物运输主要的货运单据。需要注意的是,集装箱提单应该说明集装箱内所装货物数量、件数,以便发生货损货差时能按箱内货物的件数索赔,否则承运人只按集装箱数进行理赔。

2)集装箱装箱单

集装箱装箱单是详细记载每一个集装箱内所装货物名称、数量、尺码、重量、标志和箱内货物积载情况的单证。在国际集装箱运输中,每个载货集装箱都要根据已装进箱内的货物情况制作这样的单证,它是详细记载箱内货物情况的唯一单证,所以集装箱装箱单是一张极为重要的单证。其功能主要体现在以下几个方面：

①在装箱地作为向海关申报货物出口的代用单证；

②是发货人、集装箱货运站与集装箱堆场之间的货物交接单；

③是发货人向承运人提供集装箱内所装货物的明细清单；

④在进口国及途经国是办理集装箱保税运输手续的单证之一；

⑤单证上记载的货物和集装箱重量是计算船舶吃水和稳定性的基本数据；

⑥当发生货损时，是处理索赔事故的原始依据之一。

由此可见，集装箱装箱单的内容记载得准确与否，对保证集装箱货物运输的安全有着非常重要的意义。

3)设备交接单

设备交接单是进出港区、场站时，用箱人、运箱人与管箱人或其代理人之间交接集装箱及其他设备的凭证。当集装箱或其他设备在集装箱码头或货运站借出或回收时，由码头或货运站制作设备交接单，经双方签字后，作为两者之间设备的交接凭证。双方在交接时无论有无问题都需签字并以此单作为分清双方责任的依据。如货物在运输过程中发生短少残损，设备交接单也是进行索赔和理赔的重要单证之一。

设备交接单分出场(港)设备交接单和进场(港)设备交接单两种，办理交接单的手续通常都是在堆场的门口进行，出场、进场时都应由堆场的工作人员与用箱人、运箱人共同检查集装箱及设备的情况。对空箱的交接要求是：箱体完好(指无损伤、变形、破口擦伤等)、水密、不漏光、清洁、干燥、无味、箱号清晰、特种集装箱的机械及电器运转正常。对重箱的交接要求是：箱体完好(指无损伤、变形、破口、擦伤等)，箱号清晰，封志完好，特种集装箱的机械电器运转正常。

4)场站收据

场站收据是承运人签发的，证明已经收到托运货物并对货物开始负有责任的凭证。场站收据一般是由发货人或其代理人根据承运人已制订的格式进行填制，并随货物一起运至集装箱码头堆场，由承运人或其代理人在收据上签字后交还给发货人，证明托运的货物已收到。发货人据此向承运人或其代理人换取待装提单，并根据买卖双方在信用证中的规定可向银行结汇。

承运人或其代理人在签署场站收据时，应仔细审核收据上记载的内容与运来的货物实际情况是否相符，如货物的实际情况与收据记载的内容不一，则必须修改。如发现货物或集装箱有损伤情况，则一定要在收据的备注栏内加批注，说明货物或集装箱的实际状况。

5）提货单

提货单是收货人凭正本提单向承运人或其代理人换取的可向场站提取货物的凭证,也是承运人或其代理人对场站发出的放箱交货的通知。提货单仅仅作为交货的凭证,并不具有提单那样的流通性。

承运人在卸货场站的代理人向收货人发出提货通知书的目的在于要求收货人事先做好提货准备,以便集装箱货物抵达后能尽快疏运出港,避免货物在港口、堆场积压,使集装箱堆场能更充分地发挥其中转、换装作用,使集装箱更快地周转。

6）交货记录

交货记录是承运人把货物交付给收货人,双方共同签署的证明货物已经交付,承运人对货物责任已告终止的单证。交货记录中货物的具体出库情况由场站、港区的发货员填制,并由提货人签名。

7.3　认识集装箱货物的分类、装箱及交接

7.3.1　集装箱货物分类

1）按货物性质分类

（1）普通货物

普通货物可称为杂货,不需要特殊方法进行保管和装卸的货物。其特点是货物批量不大,但价值较高,具有较强的运费承担能力。

（2）特殊货物

特殊货物指在货物形态上具有特殊性、运输时需要用特殊集装箱装载的货物。如需要冷藏的货物,液体货物,活的动植物,易腐货物,危险货物等。

2）按货物是否适合装箱分类

（1）最适合于装箱的货物

这类货物在物理属性方面完全适合于集装箱运输,而且这类货物的货价一般都很高,承受运价的能力也很强,是集装箱运输公司激烈争夺的"抢手货"。这类货物通常包括医药品、工艺品、各种电器、精密仪器、纺织品等。

（2）适合于装箱的货物

这类货物通常是指其物理属性与运价均可为集装箱运输所接受的货物。但与

最适合于集装箱的货物相比,其价格和承受运价的能力相应要低一些。这类货物通常包括电缆电线、袋装食品、金属制品、面粉等。

（3）临界于装箱的货物

这类货物使用集装箱运输,在物理属性及形态上是可行的;但其货价较低,承受的运价也较低。这类货物包括钢材、生铁、原木等。

（4）不适合于装箱的货物

这类货物由于物理状态和经济上的原因不能使用集装箱,如原油、矿石、砂糖等货价较低的大宗货,长度超过1 219 cm(40 ft)的金属构件,桥梁,废钢铁等。

7.3.2　集装箱货物的装箱方式

根据集装箱货物装箱数量和方式可分为整箱和拼箱两种。

①整箱(Full Container Load,FCL),是指货方自行将货物装满整箱以后,以箱为单位托运的集装箱装箱方式。这种情况在货主有足够货源装载一个或数个整箱时通常采用,除有些大的货主自己置备有集装箱外,一般都是向承运人或集装箱租赁公司租用一定的集装箱。空箱运到工厂或仓库后,在海关人员的监管下,货主把货装入箱内、加锁、铅封后交承运人并取得站场收据,最后凭收据换取提单或运单。

②拼箱(Less Than Container Load,LCL),是指承运人(或代理人)接受货主托运的数量不足整箱的小票货运后,根据货类性质和目的地进行分类整理,把去同一目的地的货集中到一定数量拼装入箱。由于一个箱内有不同货主的货拼装在一起,所以叫拼箱。这种情况在货主托运数量不足装满整箱时采用。拼箱货的分类、整理、集中、装箱(拆箱)、交货等工作均在承运人码头集装箱货运站或内陆集装箱转运站进行。

7.3.3　集装箱货物的交接方式

1)集装箱货物交接方式

如上所述,集装箱货物装箱方式分为整箱和拼箱两种,因此在交接方式上也有所不同,大致有以下四类:

（1）整箱交,整箱接(FCL/FCL)

货主在工厂或仓库把装满货后的整箱交给承运人,收货人在目的地以同样整箱接货,换言之,承运人以整箱为单位负责交接。货物的装箱和拆箱均由货方负责。

（2）拼箱交、拆箱接（LCL/LCL）

货主将不足整箱的小票托运货物在集装箱货运站或内陆转运站交给承运人，由承运人负责拼箱和装箱。运到目的地货运站或内陆转运站，由承运人负责拆箱，拆箱后，收货人凭单接货。货物的装箱和拆箱均由承运人负责。

（3）整箱交，拆箱接（FCL/LCL）

货主在工厂或仓库把装满货后的整箱交给承运人，在目的地的集装箱货运站或内陆转运站由承运人负责拆箱后，各收货人凭单接货。

（4）拼箱交，整箱接（LCL/FCL）

货主将不足整箱的托运货物在集装箱货运站或内陆转运站交给承运人，由承运人分类调整，把同一收货人的货集中拼装成整箱，运到目的地后，承运人以整箱交，收货人以整箱接。

上述各种交接方式中，以整箱交、整箱接效果最好，也最能发挥集装箱的优越性。

2）集装箱交接地点及方式

（1）交接地点

①集装箱码头堆场（container yard，CY）是多种运输方式联运的枢纽，一般设置在港口，能承接来自不同运输方式之间货物的顺利转换和运载工具的停留、挂靠作业，拥有办理集装箱业务的设施设备和技术，能够承接、保管、分拨和调运进出港站的集装箱。

②集装箱货运站（container freight station，CFS）一般设置在内陆有大宗货物集散的地区。CFS 是处理拼箱货的场所，它办理拼箱货的交接、配载积载后，将集装箱送往 CY，并接受 CY 交来的进口货箱，进行拆箱、理货、保管、最后拨给各收货人。同时也可按承运人的委托进行铅封和签发场站收据、代办报关和保险等业务。

③发货人或收货人的工厂或仓库。一般在工厂或仓库的门口。

（2）集装箱交接方式

集装箱运输中，根据贸易条件所规定的交付地点不同可分为以下 9 种，见图7.8。

①门到门（Door to Door）：由发货人工厂或仓库至收货人工厂或仓库；

②门到场（Door to CY）：由发货人工厂或仓库至目的地或卸箱港的集装箱堆场；

③门到站（Door to CFS）：由发货人工厂或仓库至目的地或卸箱港的集装箱货

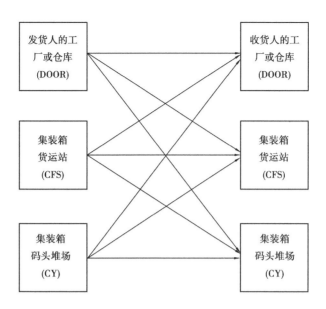

图 7.8　集装箱的交接方式

运站；

④场到门（CY to Door）：由起运地或装箱港的集装箱堆场至收货人的工厂或仓库。

⑤场到场（CY to CY）：由起运地或装箱港的集装箱堆场至目的地或卸箱港的集装箱堆场。

⑥场到站（CY to CFS）：由起运地或装箱港的集装箱堆场至目的地或卸箱港的集装箱货运站；

⑦站到门（CFS to Door）：由起运地或装箱港的集装箱货运站至收货人的工厂或仓库；

⑧站到场（CFS to CY）：由起运地或装箱港的集装箱货运站至目的地或卸箱港的集装箱堆场；

⑨站到站（CFS to CFS）：由起运地或装箱港的集装箱货运站至目的地或卸箱港的集装箱货运站。

以上 9 种交接方式，进一步可归纳为：①门到门：这种运输方式的特征是，在整个运输过程中，完全是集装箱运输，并无货物运输，故最适宜于整箱交、整箱接。②门到场站：这种运输方式的特征是，由门到场站为集装箱运输，由场站到门是货物运输，故适宜于整箱交、拆箱接。③场站到门：这种运输方式的特征是，由门至场站是货物运输，由场站至门是集装箱运输，故适宜于拼箱交、整箱接。④场站到场站：这种运输方式的特征是，除中间一段为集装箱运输外，两端的内陆运输均为货物运输,故适宜于拼箱交、拆箱接。

7.4 办理集装箱运输

7.4.1 集装箱货物的流转程序

由于集装箱货物运输是建立在大规模生产方式基础上的,所以它必须将分散的小批量货源预先在内陆的某几个点集中,等组成大批量的货源后,通过内陆、内河运输至集装箱码头堆场。集装箱货物流转过程中,货物的交接主要有拼箱货和整箱货两种不同形式,因此集装箱货物的流转分为拼箱货流转(图7.9)和整箱货流转(图7.10)。

图7.9 拼箱货物流转程序

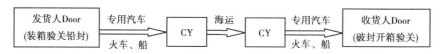

图7.10 整箱货物流转程序

1)拼箱货流转程序

①发货人自己负责将货物运至集装箱货运站;
②集装箱货运站负责备箱、配箱、装箱;
③集装箱货运站负责将装载的集装箱货物运至集装箱码头堆场;
④根据堆场计划将集装箱暂存堆场,等待装船;
⑤根据装船计划,将集装箱货物装上船舶;
⑥通过海上运输,将集装箱货物运抵卸船港;
⑦根据卸船计划,从船上卸下集装箱货物;
⑧根据堆场计划在堆场内暂存集装箱货物,等待货运站前来提货;
⑨集装箱货运站掏箱交货;
⑩集装箱空箱回运。

2）整箱货流转程序

①发货人在自己工厂或仓库,将货物装箱;

②通过内陆运输,将集装箱货物运至集装箱码头;

③根据堆场计划在堆场内暂存集装箱货物,等待装船;

④根据装船计划,将集装箱货物装上船舶;

⑤通过海上运输,将集装箱货物运抵卸船港;

⑥根据卸船计划,从船上卸下集装箱货物;

⑦根据堆场计划在堆场内暂存集装箱货物;

⑧通过内陆运输,将集装箱货物运至收货人工厂或仓库;

⑨收货人在自己工厂或仓库掏箱地点掏箱;

⑩集装箱空箱回运。

7.4.2　集装箱运输的费用

1）集装箱运输的费用构成

集装箱运输的费用主要包括基本运费和集装箱服务、管理等方面的费用。其中基本运费与一般传统的班轮运输一样,是根据商品的不同等级而规定不同的费率。集装箱服务、管理费用包括拆装箱费、装卸费、滞期费、堆场费、保管手续费等。

在集装箱运输中,不同交接方式的运费构成是不同的,拼箱货与整箱货的运费构成也不相同,但都采取合理收费,薄利多运的原则,灵活运用回扣。国际上惯常的做法有:根据数量的多寡给予优惠或回扣;根据不同地区给予回扣;根据不同的商品给予回扣;根据双方的合作关系给予回扣。

2）集装箱运输计费特点

集装箱运输中以箱计费的特点,使集装箱运输的计费方式实现了统一化和简单化,大大方便了运输经营人和货主。

（1）最低运费

为了保证营运收入不低于营运成本,各船公司都制订了起码的收费标准(即最低费率)。

①拼箱货的最低运费与传统班轮的最低运费的规定基本相同,即在每一条航线上,各规定一个最低运费额。任何一批货运,其运费金额低于规定的最低运费额时,均须按最低运费额计算。

②整箱货的最低运费与拼箱货的规定不同。整箱货最低运费的标准不是金额，而是运费吨。凡是以整箱托运的货物，为避免运费的收入不够运输成本，对不同规格的集装箱分别规定最低应计收的运费吨和尺码吨。如实际运费低于最低运费，则按最低运费标准计算。

（2）最高运费

最高运费的规定是集装箱运输独有的特点。最高运费仅适用于集装箱整箱运输，其含义是即使货主自装的实际装箱的货物尺码吨越过规定的最高计费吨，承运人仍按箱子的计费吨收取运费，超出部分免收运费。各船公司规定的最高计费吨一般习惯按箱子内容积的85%计算。因此当装运轻泡货物时，可能发生实际装载货物的尺码超出箱子规定的最高计费吨的情况。例如20 ft 干货箱最高计费吨为21.5 m³，而箱内实装9级货27 m³，运费仍按21.5 m³计收，超出的5.5 m³免收运费。但国际标准对集装箱总重量有严格规定，超重是绝对不允许的。

3）节省集装箱货物运费的途径

（1）合理利用箱容和载重量

集装箱运价实行包箱费且有最高收费限制，这意味着箱内货物装得越多，免费部分就越多，运费节省也越多。货方在装箱时，可以通过每箱中不同种类货物的合理搭配来充分利用箱容和载重量，达到节省费用的目的。

（2）改进货物包装

有些货物因外包装形状、尺码与箱子内体积（形状、尺码）不相适应而造成箱容的浪费。

（3）根据货物价值选择是否装箱

运费承受能力差的低价货物尽量不装箱运输，高价货物使用集装箱运输。集装箱货等级费率与传统件杂货等级费率比较，等级低的货物费率高于传统运输，而等级高的货物费率大大低于传统货运。在这种情况下，诸如矿石、铸铁件、粮食、饲料等等级低的货物宜用普通件杂货船运输，而不用集装箱运输，可节省费用；反之，诸如各种电器、服装等等级高的货物使用集装箱运输要便宜得多。等级越高使用集装箱运输越能节省运费。

【做一做】

一、阅读资料

无水港的发展

1. 无水港的含义

国际进出口业务和现代物流理念的发展推进了港口业务在内陆的发展,出现了"无水港"。"无水港"是指在内陆地区建立的具有报关、报验、签发提单等港口服务功能的物流中心。在无水港内设置有海关、动植物检疫、商检、卫检等监督机构为客户通关提供服务。同时,货代、船代和船公司也在无水港内设立分支机构,以便收货、还箱、签发以当地为起运港或终点港的多式联运提单。内陆的进出口商则可以在当地完成订舱、报关、报检等手续,将货物交给货代或船公司。无水港类型上包括公路港、铁路港、航空港等。

2. 无水港的意义

无水港的建设有利于沿海港口扩大腹地和增加货源,对其良性发展起到很好的支持作用。现代的无水港还是一个物流中心,是沿海港口所参与的供应链的一个环节,它与沿海港口紧密联系,起着为后者疏散汇集货物的作用。无水港也承担着使"内陆地区"变成"沿海地区"的重要角色。另外,无水港的出现,还可以大大降低货物运输的港口费用。

3. 天津港的无水港

目前,将港口功能向内陆延伸创建无水港比较典型的有天津港、宁波港、营口港等。下面以天津港为例进行说明。

天津港建立的无水港有北京朝阳陆港口岸、石家庄内陆港、河南省公路港、包头无水港、宁夏惠农陆路口岸以及德州国际陆港等,极大地完善了天津港与内陆运输通道,实现无水港、天津港与国际航运的贯通,形成国际联运体系,目前建立的无水港电子信息平台,实现了与腹地的通关作业一体化,进一步提高通关效率,为内陆地区铺就一条连接港口、通向世界的"黄金水道"。

例如石家庄内陆港位于石家庄经济技术开发区,占地208亩,总投资9 005万元。一期工程已建成4万平方米的保税监管仓库及其他附属设施,通过能力1.57

万标准箱。2006年12月,天津港集团与石家庄内陆港公司签订了"无水港"合资协议,成立了河北冀津国际物流有限公司,联合经营内陆港。目前以出口箱货为主,实行公路运输。石家庄内陆港作为华北地区最大的国际物流园区,将形成汽车及零配件、药品及纺织、服装、粮油、建材等多项目、多内容的物流中心,具有港口、国际集装箱多式联运、中转及第三方物流等多种功能,实现真正意义上的沿海港口与边境口岸功能向内陆地区的延伸。

随着集装箱多式联运的发展,集装箱运输逐渐从海上向内陆推进。内陆集装箱运输网络具有巨大的经济效益和社会效益,它不仅为广大货主提供周到的服务,而且扩展了港口的内陆腹地。

阅读思考:

1. 无水港的建立对于集装箱运输来说有什么意义?

2. 天津港与其无水港区之间有什么关系?

二、实训活动

◎ **内容**

集装箱认识实践

◎ **目的**

通过搜集集装箱的资料和参观调研集装箱货运站或堆场,掌握集装箱业务办理的要点。

◎ **人员**

①实训指导:任课老师;

②实训编组:学生按5~6人分成若干组,分工协作。

◎ **时间**

3~5天

◎ **步骤**

①搜集集装箱相关图片,认识不同类型的集装箱并掌握其特点。

②搜集世界和我国集装箱运输发展的历程。

③参观一集装箱货运站或堆场,了解集装箱货物的种类及特点,了解集装箱主要装卸机械,了解集装箱运输的基本工作流程。

◎ **要求**

①广泛查阅资料,内容正确。

②利用业余时间,根据具体情况选择一集装箱货运站或堆场参观和调研。

③各小组将查阅的资料和参观企业的总结体会以幻灯片等形式进行展示。

◎ 认识

集装箱运输是国际贸易运输的一种非常重要的运输方式,是以后从事物流货运代理的一项重要业务。了解集装箱运输的相关知识,熟悉集装箱业务的办理要点,对将来从事相关工作是必要的。

【任务回顾】

通过对本章的学习,使我们初步掌握了集装箱和集装箱运输的基础知识;了解集装箱运输的关系人和主要单证;熟悉集装箱货物的分类、装箱方式和交接方式;知道如何办理集装箱运输。

【名词速查】

1.集装箱

集装箱(Container)是指具有一定规格和强度的专供周转使用的大型装货容器。应具备:

①具有足够的强度足以长期反复使用;

②适合在多种运输方式之间转换,运输中途无需换装;

③具有快速装卸和搬运的装置,特别是便于从一种运输方式转移到另一种运输方式;

④便于货物装满或卸空;

⑤具有 1 立方米(或 35.32 立方英尺)以上的容积。

2.集装箱运输

集装箱运输是指以集装箱作为运输单元进行货物运输的一种运输方式。

3.无船承运人

无船承运人是专门经营集装箱货运的揽货、装拆箱、内陆运输及经营中转站或内陆站业务,可以掌握运输工具,也可不掌握。

4.整箱

整箱(Full Container Load,FCL),是指货方自行将货物装满整箱以后,以箱为单位托运的集装箱装箱方式。

5.拼箱

拼箱(Less Than Container Load,LCL),是指承运人(或代理人)接受货主托运的数量不足整箱的小票货运后,根据货类性质和目的地进行分类整理,把去同一目的地的货集中到一定数量拼装入箱的方式。

【任务检测】

一、填空题

1.集装箱货物按货物性质分为_____和_____。

2.集装箱货物的 4 种交接方式是:整箱交整箱接、_____、_____和_____。

3.在集装箱货物运输中,根据整箱货、拼箱货的不同,其主要的交接地点有 3 种可能,即_____、_____和发货人或收货人的工厂或仓库(Door)。

4.集装箱运输的费用主要包括_____和_____。

二、单选题

1.超高货、捆装货适合选用_____的集装箱。

  A. 开顶集装箱   B. 平台集装箱

  C. 散货集装箱   D. 台架式集装箱

2.液体货、气体货适合选用_____的集装箱。

  A. 开顶集装箱   B. 平台集装箱

  C. 罐式集装箱   D. 台架式集装箱

3._____属于适合装集装箱的货物。

  A. 摩托车   B. 原油   C. 矿砂   D. 钢管

4.下列货物属于不适合装集装箱的货物的是_____。

  A. 摩托车   B. 医药品   C. 矿砂   D. 缝纫机

5.下面_____交接方式为整箱货接和整箱货交的方式。

  A. CFS to CFS   B. CY to CY   C. CY to CFS   D. CFS to CY

6.下列属于一个发货人发货给几个人收货人收货的货物组织形式是_____。

  A. 拼箱货装,整箱货拆   B. 拼箱货装,拼箱货拆

  C. 整箱货装,整箱货拆   D. 整箱货装,拼箱货拆

7.下列属于几个发货人发货给一个人收货人收货的货物组织形式是_____。

A. 拼箱货装,整箱货拆 　　　　B. 拼箱货装,拼箱货拆

C. 整箱货装,整箱货拆 　　　　D. 整箱货装,拼箱货拆

三、判断题

1. 无船承运人不是运输合同当事人。　　　　　　　　　　（　　）

2. 集装箱运输时的实际运费如果低于最低运费,则按最低运费标准计算;若超过集装箱的最高计费吨,则按实际的计费吨收取。　　　　　　（　　）

四、简答题

1. 集装箱运输有哪些特点?

2. 简述拼箱货的流转程序。

3. 简述整箱货的流转程序。

参考答案

一、填空题

1. 普通货物;特殊货物　　　2. 拼箱交拆箱接;整箱交拆箱接;拼箱交整箱接

3. 集装箱码头堆场(CY);集装箱货运站(CFS)　　　4. 基本运费;集装箱服务、管理等方面的费用

二、单项选择题

1. D　　2. C　　3. A　　4. C　　5. B　　6. D　　7. A

三、判断题

1. ×　　2. ×

四、思考题

1. 答:

(1)高效益的运输方式

①简化包装,大量节约包装费用。

②减少货损货差,提高货运质量。

③减少营运费用,降低运输成本。

(2)高效率的运输方式

(3)高投资的运输方式

(4)高协作的运输方式

(5)适于组织多式联运

2. 答:

①发货人自己负责将货物运至集装箱货运站;

②集装箱货运站负责备箱、配箱、装箱；

③集装箱货运站负责将装载的集装箱货物运至集装箱码头堆场；

④根据堆场计划将集装箱暂存堆场，等待装船；

⑤根据装船计划，将集装箱货物装上船舶；

⑥通过海上运输，将集装箱货物运抵卸船港；

⑦根据卸船计划，从船上卸下集装箱货物；

⑧根据堆场计划在堆场内暂存集装箱货物，等待货运站前来提货；

⑨集装箱货运站掏箱交货；

⑩集装箱空箱回运。

3. 答：

①发货人在自己工厂或仓库，将货物装箱；

②通过内陆运输，将集装箱货物运至集装箱码头；

③根据堆场计划在堆场内暂存集装箱货物，等待装船；

④根据装船计划，将集装箱货物装上船舶；

⑤通过海上运输，将集装箱货物运抵卸船港；

⑥根据卸船计划，从船上卸下集装箱货物；

⑦根据堆场计划在堆场内暂存集装箱货物；

⑧通过内陆运输，将集装箱货物运至收货人工厂或仓库；

⑨收货人在自己工厂或仓库掏箱地点掏箱；

⑩集装箱空箱回运。

任务 8
办理多式联运

教学要求

1. 掌握国际多式联运的概念和应具备的条件；

2. 了解国际多式联运经营人的资质要求；

3. 了解大陆桥运输的发展概况。

学时建议

知识性学习:2 课时

【导学语】

某物流公司接到了成都一制鞋企业的运输需求,要求从成都运输 7 万双时装鞋到巴黎。公司的运输管理部门经理将任务下达给运输物流员具体负责,要求尽快确定运输方案。运输物流员分析了作业量、运输对象、时间要求和运输起止点等实际情况,最终确定使用国际多式联运并上报公司。

国际多式联运是一种什么样的运输方式? 物流公司运输方案的具体内容是什么呢? 我们学习完以下知识后,你就会对国际多式联运有初步的认识。

【学一学】

8.1 了解国际多式联运

8.1.1 国际多式联运概述

1)国际多式联运的概念

国际多式联运是随着集装箱运输的发展而产生并发展起来的新型运输组织方式,又称国际复合运输或国际综合一贯制运输,一般以集装箱为运输媒介,将不同的运输方式有机地组合在一起,构成连续的、综合的一体化货物运输。到 20 世纪80 年代,集装箱运输已进入国际多式联运时代。如今,提供优质的国际多式联运服务已成为集装箱运输经营人增强竞争力的重要手段。

根据 1980 年 5 月召开的国际多式联运公约会议上通过的《联合国国际货物多式联运公约》(简称《公约》),结合 1997 年我国交通部和铁道部共同颁布的《国际集装箱多式联运管理规则》,对国际多式联运做如下定义,即"国际多式联运是指按照多式联运合同,以至少两种不同的运输方式,由多式联运经营人将货物从一国境内接管货物的地点运至另一国境内指定地点交付的货物运输"。

2)国际多式联运应具备的条件

根据以上定义,我们知道多式联运与传统的单一运输方式有很大的不同。国际多式联运是通过一次托运,一次收费,一份单证,统一理赔,将货物的全程运输作为一个完整的单一运输过程来安排。它与传统单一运输方式相比具有以下特征:

(1)订立多式联运合同

该合同明确规定了负责全程运输的多式联运经营人(承运人)与发货人(托运

人)之间的权利、义务、责任、豁免的合同关系和多式联运的性质。多式联运经营人根据合同规定,负责组织完成货物的全程运输并一次收取全程运费。

（2）多式联运经营人对全程运输负责

按照多式联运合同,多式联运经营人必须对自接管货物起至交付货物时止的全程运输负责,并承担货物在全程运输中的任何实际运输区段的灭失损害或延误交付所造成损失的赔偿责任。

在分段联运中,托运人必须与不同运输区段承运人分别订立不同的合同。而在多式联运中,托运人只与多式联运经营人订立多式联运合同,产生业务和法律上的关系,而与分承运人之间不发生任何业务和法律上的关系。分承运人与多式联运经营人之间是承托关系。

（3）是至少两种不同运输方式组成的连贯运输

这是判断一个联运是否为多式联运的一个重要因素。如海—铁,海—空,铁—公等组合形态都符合多式联运的基本形态要求。但航空公司盛行的汽车接送货物运输业务是作为航空运输的延伸,目前许多船公司开展的海—海联运属于同一种运输方式的联运,故《公约》规定,这些都排除在多式联运之外,以避免多式联运法规与单一运输方式法规之间的矛盾。

（4）是国际的货物运输

多式联运所承运的货物必须是一种国际货物运输,这有别于同一国境内采用不同运输方式组成的联合运输,主要是涉及国际运输法规的适用问题。

（5）全程单一的运费费率

多式联运经营人根据运输成本、经营管理费用以及合理利润,制订货物从发运地至目的地的全程单一费率,并以包干形式一次性向货主收取。这种方式大大简化和方便了货物运费的计算。

（6）签发全程多式联运单证

多式联运经营人在接管货物后必须签发全程多式联运单证,它是一种有价证券和物权证书,发货人凭单证可向银行结汇,收货人可凭此单证向多式联运经营人或其代理人提取货物。

3）国际多式联运的优越性

国际多式联运是货物运输的一种较高组织形式,是今后国际集装箱运输发展的方向,开展国际集装箱多式联运具有许多优越性,主要表现在以下几个方面:

(1)简化托运、结算及理赔手续,节省人力、物力和有关费用

在国际多式联运方式下,不论运输距离有多远以及几种运输方式共同完成,也不论途中经过多少次转换,所有一切运输事项均由多式联运经营人负责办理。而托运人只需办理一次托运,订立一份合同,支付一次费用,购买一次保险,如果运输过程中出现责任问题,都由多式联运经营人对全程运输负责。与传运输方式比较,不仅手续简便,而且责任更加明确。

(2)减少中间环节,缩短货运时间,降低货损货差,提高货运质量

国际多式联运是以集装箱为媒介的直达连贯运输,各个运输环节和各种运输工具之间配合密切,衔接紧凑,货物所到之处中转迅速及时,大大减少货物的在途停留时间,从而从根本上保证了货物安全、迅速、准确、及时地运抵目的地,同时也相应的降低了货物的库存量和库存成本。

同时,多式联运系通过集装箱为运输单元进行直达运输,尽管货运途中需经多次转换,但由于使用专业机械装卸,且不涉及箱内货物,因而货损货差事故大为减少,从而在很大程度上提高了货物的运输质量。

(3)降低运输成本,节省运输费用

由于多式联运可实行门到门运输,因此对货主来说,在货物交由第一承运人以后即可取得货运单证,并据以结汇,从而提前了结汇时间。这不仅加速了货物占用资金的周转,而且可以减少利息的支出。

此外,由于货物是在集装箱内进行运输的,因此从某种意义上来看,可相应的节省货物的包装,理货和保险等费用的支出。由于国际多式联运经营人大多同各区段承运人订有长期服务合同,所以可以以优惠的运费率完成运输。

(4)提高运输管理水平,实现运输合理化

对于区段运输而言,由于各种运输方式的经营人各自为政,自成体系,因而其经营业务范围受到限制,货运量相应也有限。而一旦由不同的经营人共同参与多式联运,经营的范围可以大大扩展,同时可以最大限度地发挥其现有设备作用,选择最佳运输线路组织合理化运输,为实现"门到门"的直达连贯运输奠定了有利基础。

8.1.2　国际多式联运的组织与管理

国际集装箱多式联运是一种现代的运输方式,只有现代化的生产组织手段与科学的管理技术才能与之相适应。同时,具备一定的技术与经济条件才能保证国际多式联运的顺利开展,并发挥其优越性。

1)经营国际多式联运业务应具备的条件

国际多式联运是综合运用多种运输方式以完成国际货物运输的一种运输组织形式。因此,开展国际多式联运应具备比单一运输方式更为先进、更为复杂的技术条件。这些条件包括:

(1)具有国内外多式联运经营的网络

国际多式联运是跨国运输,因此,经营国际多式联运必须根据业务的需要,通过建立业务委托代理、合营公司或设立自己的分支机构的方式建立国内外业务合作网,负责办理国内外运输以及交接手续。

(2)建立国内外集装箱场站

要在国内外建立自己的中转机构,当然也可以采用与当地同行合资、联营等形式。

(3)实行单一的多式联运费率

由于国际多式联运环节多,采用单一费率是国际多式联运的基本特征之一。但制定单一的包干费率是一个复杂的问题,需要综合考虑多种因素,使制定的费率具有竞争性。国际多式联运的单一费率的主要构成包括运输成本、经营管理费用以及合理的利润。

(4)建立一支专业队伍

组织全球范围内的国际多式联运,其涉及面之广,接触的部门之多较之任何一种单一的运输方式都更为复杂,且随时都有可能出现一些意料之外的事件,因此,必须有一批知识面广、业务娴熟、经验丰富的专业队伍,才能运筹帷幄,决胜千里,运输快捷,服务周到。

(5)要有雄厚的资金

开展国际多式联运必须具备雄厚的资金。

2)国际多式联运经营人的资质要求

国际多式联运经营人是指其本人或委托他人以本人的名义与托运人订立一项多式联运合同并以承运人身份承担完成此项合同责任的人。他是事主,而不是发货人的代理人或参加多式联运的承运人的代理人,他是货物的总承运人,承担履行合同的义务。因为国际多式联运经营人是多式联运的组织者或主要承担人,从加强国际多式联运的有效管理和控制的角度来考虑,确定国际多式联运经营人的资格是必要的,它是保证多式联运顺利开展的前提条件。多式联运经营人要在法律

上和服务上适应多式联运的需要,必须满足下列条件:

第一,具有从事国际多式联运所需的专业知识、技能和经验;

第二,具有一个较为完整的在国际货物运输业务往来中形成的分支机构和代理网络;

第三,具有与经营业务相适应的资金能力。

我国根据国外的实践经验,结合我国的实际情况,在1997年发布的《国际集装箱多式联运管理规则》中对国际集装箱多式联运经营人提出了下列资格要求:

①具有中华人民共和国企业法人资格。

②具有与从事多式联运业务相适应的组织机构、固定的营业场所、必要的经营设施和相应的专业管理人员。

③该企业具有三年以上国际货物运输或代理经历,有相应的国内外代理。

④注册资金不低于人民币1 000万元,并有良好的资信。增设经营性的分支机构时,每增设一个分支机构增加注册资金人民币100万元。

⑤符合国家法律、法规规定的其他条件。

8.2 认识大陆桥运输

8.2.1 大陆桥运输产生的背景

大陆桥运输是集装箱运输开展以后的产物。20世纪50年代初,日本运输公司将集装箱经太平洋运至美国西海岸,然后再利用横贯美国东西部的铁路运至美国东海岸,然后装船继续运往欧洲。由此产生了世界上大陆桥的雏形——美国大陆桥。

大陆桥的正式办理是在1967年,由于阿以战争,苏伊士运河被迫关闭,航运中断,而巴拿马运河又堵塞,远东与欧洲之间的海上货运船舶,不得不改道绕航非洲好望角或南美洲德雷克海峡,导致航程和运输时间大大延长,又逢油价猛涨,造成航运成本猛增。而当时正值集装箱运输兴起,在这种历史背景下,大陆桥运输应运而生。从远东港口至欧洲的货运,于1967年底首次开辟了美国大陆桥运输路线,把原来全程海运,改为海、陆、海运输方式,结果取得了较好的经济效果,达到了缩短运输里程、降低运输成本、加速货物运输的目的。

8.2.2 大陆桥运输的概念

大陆桥运输(Land Bridge transport),是指以横贯大陆上的铁路、公路运输系统作为中间桥梁,把大陆两端的海洋运输连接起来的运输方式。从形式上看,是海陆海的连贯运输,但实际在做法上已在世界集装箱运输和多式联运的实践中发展出多种形式。

采用大陆桥运输,中途要经过多次装卸,如果采用传统的海陆联运,不仅增加运输时间,而且大大增加装卸费用和货损货差。以集装箱为运输单位,则可大大简化理货、搬运、储存、保管和装卸等作业环节,同时集装箱是经海关铅封,中途不用开箱检验,可以迅速直接转换运输工具,故采用集装箱是开展大陆桥运输的最佳方式。

大陆桥运输全程由海运段和陆运段组成,缩短了海运路程,但增加了装卸次数。所以在某地域大陆桥运输能否发展,主要取决于它与全程海运比较在运输费用,运输时间等方面的综合竞争力。

8.2.3　国际多式联运的组织形式

由于国际多式联运具有其他运输组织形式无可比拟的优越性,因而这种国际运输新技术已在世界各主要国家和地区得到广泛的推广和应用。目前,有代表性的国际多式联运运输组织形式主要有:

1)海陆联运

海陆联运是国际多式联运的主要组织形式,也是远东/欧洲多式联运的主要组织形式之一。目前组织和经营远东/欧洲海陆联运业务的主要有班轮公会的三联集团、北荷、冠航和丹麦的马士基等国际航运公司,以及非班轮公会的中国远洋运输公司、中国台湾长荣航运公司和德国那亚航运公司等。这种组织形式以航运公司为主体,签发联运提单,与航线两端的内陆运输部门开展联运业务,与大陆桥运输展开竞争。

2)陆桥运输

在国际多式联运中,陆桥运输起着非常重要的作用。它是远东/欧洲国际多式联运的主要形式。所谓陆桥运输是指采用集装箱专用列车或卡车,把横贯大陆的铁路或公路作为中间"桥梁",使大陆两端的集装箱海运航线与专用列车或卡车连接起来的一种连贯运输方式。严格地讲,陆桥运输也是一种海陆联运形式。只是因为其在国际多式联运中的独特地位,故在此将其单独作为一种运输组织形式。目前,远东/欧洲的陆桥运输线路有西伯利亚大陆桥、北美大陆桥、新欧亚大陆桥和OCP运输。

（1）西伯利亚大陆桥

西伯利亚大陆桥是利用俄罗斯西伯利亚铁路作为陆地桥梁,把太平洋远东地区与波罗的海和黑海沿岸以及西欧大西洋口岸连起来。此条大陆桥运输线东自海参崴的纳霍特卡港口起,横贯欧亚大陆,至莫斯科,然后分三路,一路自莫斯科至波罗的海沿岸的圣彼得堡港,转船往西欧、北欧港口;一路从莫斯科至俄罗斯西部国境站,转欧洲其他国家铁路(公路)直运欧洲各国;另一路从莫斯科至黑海沿岸,转船往中东、地中海沿岸。所以,从远东地区至欧洲,通过西伯利亚大陆桥有海—铁—海,海—铁—公路和海—铁—铁3种运送方式。

西伯利亚大陆桥于1971年由苏联对外贸易运输公司正式确立。现在全年货运量高达10万标准箱(TEU),最多时达15万标准箱。使用这条陆桥运输线的经营者主要是日本、中国和欧洲各国的货运代理公司。其中,日本出口欧洲杂货的3/5,欧洲出口亚洲杂货的1/5是经这条陆桥运输的。由此可见,它在沟通亚欧大陆,促进国际贸易中所处的重要地位。

西伯利亚大陆桥是目前世界上最长的一条陆桥运输线。它大大缩短了从日本、远东、东南亚及大洋洲到欧洲的运输距离,并因此而节省了运输时间。从远东经俄罗斯太平洋沿岸港口去欧洲的陆桥运输线全长13 000 km。而相应的全程水路运输距离(经苏伊士运河)约为20 000 km。从日本横滨到欧洲鹿特丹,采用陆桥运输不仅可使运距缩短1/3,运输时间也可节省1/2。此外,在一般情况下,运输费用可节省20% ~30%,因而对货主有很大的吸引力。

由于西伯利亚大陆桥所具有的优势,因而随着它的声望与日俱增,也吸引了远东、东南亚以及大洋洲地区到欧洲的不少运输,使西伯利亚大陆桥在短短的几年时间中就有了迅速发展。但是,西伯利亚大陆桥运输在经营上管理上存在的主要问题如下:

①运输能力易受冬季严寒气候影响,港口有数月冰封期;

②货运量西向大于东向约二倍,来回运量不平衡,集装箱回空成本较高,影响运输效益;

③铁路设备陈旧,港口装卸能力不足导致运力紧张。

随着我国兰新铁路与中哈边境的土西铁路的接轨,一条新的"欧亚大陆桥"形成,为远东至欧洲的国际集装箱多式联运提供了又一条便捷路线,使西伯利亚大陆桥面临严峻的竞争形势。

(2)新亚欧大陆桥

新亚欧大陆桥东起中国的连云港,西至荷兰鹿特丹港,全长10 837 km,其中在我国境内4 143 kmn,途经中国、哈萨克斯坦、俄罗斯、白俄罗斯、波兰、德国和荷兰7个国家,可辐射到30多个国家和地区。1990年9月,我国陇海—兰新铁路的最西段乌鲁木齐至阿拉山口的北疆铁路与哈萨克铁路在德鲁日巴站正式接轨,1992年

9月正式通车,标志着该大陆桥的贯通。

该陆桥为亚欧开展国际多式联运提供了一条便捷的国际通道。远东至西欧,经新亚欧大陆桥比经苏伊士运河的全程海运航线缩短运距 8 000 km;比通过巴拿马运河缩短运距 11 000 km。远东至中亚、中近东,经新亚欧大陆桥比经西伯利亚大陆桥,缩短运距 2 700 ~ 3 300 km。近年来,该大陆桥运量逐年增长,并具有巨大的发展潜力。该陆桥的开通将有助于缓解西伯利亚大陆桥运力紧张的状况。

（3）北美大陆桥

北美大陆桥是指利用北美的大铁路从远东到欧洲的"海陆海"联运。该陆桥运输包括美国大陆桥运输和加拿大大陆桥运输。美国有两条大陆桥运输线,一条是从西部太平洋沿岸至东部大西洋沿岸的铁路和公路运输线,全长约 3 200 km;另一条是从西部太平洋沿岸至东南部墨西哥湾沿岸的铁路和公路运输线,长 500 ~ 1 000 km。例如,集装箱货从日本东京到欧洲鹿特丹港,采用全程水运（经巴拿马运河或苏伊士运河）通常需 5 ~ 6 周时间,而采用北美陆桥运输仅需 3 周左右的时间。

随着美国和加拿大大陆桥运输的成功营运,北美其他地区也开展了大陆桥运输。墨西哥大陆桥就是其中之一。该大陆桥横跨特万特佩克地峡,连接太平洋沿岸的萨利纳克鲁斯港和墨西哥湾沿岸的夸察夸尔科斯港,陆上距离 182 km。墨西哥大陆桥于 1982 年开始营运,目前其服务范围还很有限,对其他港口和大陆桥运输的影响还很小。

在北美大陆桥强大的竞争面前,巴拿马运河可以说是最大的输家之一。随着北美西海岸陆桥运输服务的开展,众多承运人开始建造不受巴拿马运河尺寸限制的超巴拿马型船,从而放弃使用巴拿马运河。可以预见,随着陆桥运输的效率与经济性的不断提高,巴拿马运河将处于更为不利的地位。

（4）其他陆桥运输形式

北美地区的陆桥运输不仅包括上述大陆桥运输,而且还包括小陆桥运输和微桥运输等组织形式。

小陆桥运输从运输组织方式上看与大陆桥运输并无大的区别,只是其运送货物的目的地为沿海港口。北美小陆桥在缩短运输距离、节省运输时间上效果是显著的。以日本/美东航线为例,从大阪至纽约全程水运（经巴拿马运河）航线距离 9 700 km,运输时间 21 ~ 24 天。而采用小陆桥运输,运输距离仅 7 400 km,运输时间 16 天,可节省 1 周左右的时间。

微桥运输与小陆桥运输基本相似,只是其交货地点在内陆地区。进出美、加内陆城市的货物采用微桥运输既可节省运输时间,也可避免双重港口收费,从而节省费用。例如,往来于日本和美东内陆城市匹兹堡的集装箱货,可从日本海运至美国西海岸港口,如奥克兰,然后通过铁路直接联运至匹兹堡,这样可完全避免进入美东的费城港,从而节省了在该港的港口费支出。

(5)OCP 运输

OCP(Overland Common Point)译作"陆路共通点",是我国对美国签订贸易合同,在运输条款中经常见到的一个词语,是指美国西海岸有陆路交通工具与内陆区域相连通的港口。

在美国内陆区域,是以洛矶山脉为界,即除紧临太平洋的美国西部 9 个州以外,其以东地区均为适用 OCP 的地区范围,约占美国的 2/3 的地区。

按 OCP 的运输条款规定,凡是经过美国西海岸规定港口转往内陆地区的货物,可以享受内陆地区的优惠费率,比当地运费率低 3% ~5% ,同时享有每吨 3~5 美元的海运运费优惠。

OCP 是一种成熟的国际航运惯例。只适用于美国或加拿大内陆区域,所以,货物的最终目的地必须属于 OCP 地区范围。

OCP 是一种特殊的国际运输方式,它虽然由海运和陆运两种运输方式完成,但分别是由两个承运人签发单据,运输责任和风险也是分段负责。因此它并不属于国际多式联运。但由于 OCP 运输的便捷,使原来的海陆直达至美国东海岸各港口的货物被吸引到美国西海岸,因此,经营该航线的船公司越来越多。现在,OCP 已成为国际贸易和国际运输的一个专有名词。

3)海空联运

海空联运又被称为空桥运输。在运输组织方式上,空桥运输与陆桥运输有所不同:陆桥运输在整个货运过程中使用的是同一个集装箱,不用换装,而空桥运输的货物通常要在航空港换入航空集装箱。不过。两者的目标是一致的,即以低费率提供快捷、可靠的运输服务。

海空联运方式始于 20 世纪 60 年代,当时是远东船将运至美国西海岸的货物,再通过航空运至美国内陆地区或美国东海岸。1960 年底,苏联航空公司开辟了经由西伯利亚至欧洲航空线,1968 年,加拿大航空公司参加了国际多式联运,直至 20 世纪 80 年代,海空运输得以较大的发展,出现了经由中国香港、新加坡、泰国等至欧洲航空线。

采用这种运输方式,运输时间比全程海运少,运输费用比全程空运便宜。这种联运组织形式是以海运为主,只是最终交货运输区段由空运承担。总的来讲,运输距离越远,采用海空联运的优越性就越大。因此,从远东出发将欧洲、中南美以及

非洲作为海空联运的主要市场。目前,国际海空联运线主要有:

①远东—欧洲:目前,远东与欧洲间的航线有以温哥华、西雅图、洛杉矶为中转地,也有以中国香港、曼谷、海参崴为中转地。此外还有以旧金山、新加坡为中转地。

②远东—中南美:近年来,远东至中南美的海空联运发展较快,因为此处港口和内陆运输不稳定,所以对海空运输的需求很大。该联运线以迈阿密、洛杉矶、温哥华为中转地。

③远东—中近东、非洲、澳大利亚:这是以中国香港、曼谷为中转地至中近东、非洲的运输服务。在特殊情况下,还有经马赛至非洲、经曼谷至印度、经中国香港至澳大利亚等联运线,但这些线路货运量较小。

【做一做】

一、阅读资料

中远集团的集装箱运输与新亚欧大陆桥

随着中国北疆铁路与哈萨克斯坦铁路接轨,一条濒临东海连接我国主要港口,西出新疆阿拉山口、横穿亚欧大陆、终抵大西洋东岸西欧各港口的新亚欧大陆桥已全线贯通。这条新大陆桥的开通,对于形成亚欧非三大洲、太平洋、大西洋的物流新格局,促进我国中、西部地区的对外开放,加强我国远洋运输在国际集装箱运输中的地位,都具有重要意义和作用。

1. 中远集团的国际集装箱运输

作为中国最大的航运企业集团,中远集团在发展远洋航运事业方面紧跟世界科学技术前进的步伐,从船舶运输、国际物流、信息处理等方面,均应用了世界最先进的技术。目前,中远集团拥有各类大型运输船舶579艘1662万载重吨,航行于世界150多个国家和地区的1100多个港口。其中集装箱运输船队数量居世界各航运公司第二位,共拥有船舶156艘,总箱位17.4万TEU。

国际集装箱运输是中远集团的龙头产业之一。1994年以来陆续投入了技术先进的500~3 800 TEU全集装箱船13艘,服务航速达23.5节,比原有集装箱船提高近30%,缩短了交货期,提高了服务质量,降低了运输成本,使中远集团在世界三大航线的集装箱船的单船载箱量有了很大的提高。

在大陆桥运输方面,中远集团作为跨国运输公司,充分利用北美大陆桥实现国际集装箱运输的多式联运,中远集团开辟中国—长滩、奥克兰,中国—西雅图、温哥华等航线,均为每周一班,采用大型集装箱干线班轮,开展国际集装箱多式联运。

中远集团在国内已通过全国8个最大的口岸站天津、大连、广州、上海、青岛、满洲里、二连、深圳等进行新亚欧大陆桥国际集装箱运输,取得了很好的效果。中远集团为了推进新亚欧大陆桥的进程,在连云港成立了中远连云港远洋公司,并积极组织新亚欧大陆桥过境国际集装箱货物的运行。

2.新亚欧大陆桥的特点

①大陆桥的两端桥头多。该大陆桥东端同时由大连、天津、连云港、上海、广州、深圳等港口和车站上桥。路线多,可综合发挥各港站的中转换装作业能力与线路输送能力,机动灵活。西端桥头也多,主要有鹿特丹、汉堡、安特卫普、敖德萨、圣彼得堡等港。

②吸引范围广。由于新亚欧大陆桥的腹地宽广,吸引范围大,预计将来的集装箱源是充足的。日本、韩国、东南亚各国以及大洋洲国家和中国香港、中国台湾等地区,均有可能利用它运输集装箱货物,可形成过境的固定箱源。返程西欧、东欧、近东、中东至远东的货流也是非常充裕的。如果各方面条件具备每年运量可达7万~8万箱。

③沿陆桥两岸物资丰富。这座大陆桥在我国的骨干,由陇海线和兰新线架起,途经各省区,资源蕴藏丰富,且亟待开发。它的沟通,对促进我国中西部经济带形成,促进西部地区的经济发展十分有利。根据国家总体战略部署,加速"大陆桥经济带"的开发,不断完善大陆桥的功能,是建设陆桥经济带的一项长期的共同战略任务。从长远来说,将给国际集装箱海运带来深远影响,将进一步推进国际集装箱多式联运的发展和提高整个集装箱运输的经营效果。

④地理位置适中,运距短。新亚欧大陆桥比西伯利亚大陆桥运距缩短了3 000 km,径路更便捷,运费更便宜,竞争力更强。

⑤自然条件优越,气候适宜。新亚欧大陆桥的东、南端桥头堡,均为不冻港,可全年不间断地作业。而西伯利亚大陆桥,一年中有3个多月的冰冻期,需破冰船协助作业,不仅成本高,且能力受限制。

阅读思考:
1.分析新亚欧大陆桥的开通对中远集团的发展战略的影响?
2.讨论新亚欧大陆桥对我国经济的影响?

【任务回顾】

通过对本章的学习,使我们初步掌握了国际多式联运的概念和应具备的条件,了解了国际多式联运的优越性以及经营国际多式联运的相关条件和资质要求,了解了大陆桥运输的有关知识。通过以上知识的掌握,要求学生能够理解国际集装箱联运在国际贸易中的重要性。

【名词速查】

1.国际多式联运

国际多式联运是指按照多式联运合同,以至少两种不同的运输方式,由多式联运经营人将货物从一国境内接管货物的地点运至另一国境内指定地点交付的货物运输。

2.国际多式联运经营人

国际多式联运经营人是指其本人或委托他人以本人的名义与托运人订立一项多式联运合同并以承运人身份承担完成此项合同责任的人。

3.大陆桥运输

大陆桥运输(Land Bridge Transport),是指以横贯大陆上的铁路、公路运输系统作为中间桥梁,把大陆两端的海洋运输连接起来的运输方式。

【任务检测】

一、填空题

1.国际多式联运是指按照_____,以_____的运输方式,由_____将货物从一国境内接管货物的地点运至另一国境内指定地点交付的货物运输。

2.在分段联运中,托运人必须与_____分别订立不同的合同。而在多式联运中,托运人只与_____订立多式联运合同,产生业务和法律上的关系。

二、单选题

1.多式联运经营人对货物承担的运输责任是_____。

  A.自己运输区段   B.全程运输

  C.实际承运人运输区段 D.第三方运输区段

2.以下属于多式联运组合形态的联运方式有_____。

  A.海—铁—海   B.铁—铁

  C.公—空—公   D.海—海

三、多选题

1.在国际贸易中,开展以集装箱运输的国际多式联运,有利于( )。

A. 简化货运手续　　　B. 加快货运速度　　　C. 降低运输成本

D. 节省运杂费用　　　E. 提高运输费用

2. 构成国际多式联运的基本条件必须是(　　　)。

A. 具有一份多式联运合同

B. 多次托运、多次收费

C. 国际且至少由两种不同运输方式组成的连续运输

D. 使用一份全程多式联运单据,多式联运经营人对货物运输全程负责

E. 按不同运输方式进行保险和理赔

四、判断题

1. 大陆桥运输是指利用横贯大陆的铁路作为中间桥梁把大陆两端的海洋运输连接起来组成的运输方式。　　　　　　　　　　　　　　　　(　　　)

2. 多式联运经营人是直接与托运人订有多式联运合同的人,既是发货人的货运代理人,又是承运人的揽货代理人。　　　　　　　　　　　　　(　　　)

五、问答题

1. 国际多式联运有哪些优越性?

2. 国际多式联运应具备的条件是什么?

3. 国际多式联运的组织形式有哪些?具体有哪些陆桥运输路线?

参考答案

一、填空题

1. 多式联运合同、至少两种不同的、多式联运经营人　　2. 不同运输区段承运人、多式联运经营人

二、单项选择题

1. B　　2. A

三、多项选择题

1. ABCD　　2. ACD

四、判断题

1. ×　　2. ×

五、思考题

1. 答:

(1)简化托运、结算及理赔手续,节省人力、物力和有关费用。

(2)减少中间环节,缩短货运时间,降低货损货差,提高货运质量。

（3）降低运输成本,节省运输费用。

（4）提高运输管理水平,实现运输合理化。

2.答:

（1）订立多式联运合同。

（2）多式联运经营人对全程运输负责。

（3）是至少两种不同运输方式组成的连贯运输。

（4）是国际的货物运输。

（5）全程单一的运费费率。

（6）签发全程多式联运单证。

3.答:

1）海陆联运;2）陆桥运输;3）海空联运

（1）西伯利亚大陆桥　（2）新欧亚大陆桥　（3）北美大陆桥　（4）小陆桥运输和微桥运输

任务 9
进行物流运输决策

教学要求

1. 运输线路决策的重要作用；

2. 了解起讫点不同的运输线路优化模型；

3. 了解运输问题表上作业法的算法步骤；

4. 了解运输问题图上作业法的算法步骤；

5. 了解配送线路问题的解法。

学时建议

知识性学习：8 课时

现场走访：2 学时

实训学时：视学生基础和接受能力适当安排

【导学语】

物流运输决策是拍脑袋拍出来的吗？决策依据是什么？为了将来在职场的发展还应该学些什么？也许你知道田忌赛马、丁谓修宫的典故，也许你听说过曼哈顿计划……本任务将介绍运筹学在物流运输决策中的一些应用。

本任务从运输线路的安排入手介绍管理运筹学的一些理论和方法,主要有:单一起讫点的最短径路问题;多起讫点的物资调运问题;配送线路及车辆的合理安排问题。

【学一学】

运输是实现货物空间位移的手段,也是物流活动的核心环节。随着市场经济的不断发展,产品销售渠道逐渐向纵深化延伸,单票销售越来越零星;消费者要求产品的送达速度加快,并要做到门到门的全程服务。多品种、小批量物流成为现代物流的重要特征。因此,对货物运输的质量要求也越来越高。而做好运输管理工作是提供高质量物流服务的重要保证。为此,组织合理化运输就应该以"及时、准确、经济、安全"为基本原则。同时,这也正是物流运输管理工作所追求的目标。

运输设备需要巨大的资金投入,运作中成本也很高,因此,在企业可接受的利润率和客户服务水平限制下,开发最合理车辆路线计划非常重要。

一般而言,合理的车辆路线计划对承运人是十分重要的:更高的车辆利用率、更高的服务水平、更低的运输成本、更少的设备资金投入、更好的决策管理。对托运人而言,路线计划可以降低他们的成本并提高其所接受的服务水平。优化运输线路问题的类型有:单一起讫点、起讫点不同问题;多起讫点的直达运输问题;起讫点是同一地点的问题,等等。

9.1 起讫点不同的运输线路优化模型

对单个起点和终点的网络运输路线选择问题,在不考虑其他运输因素的情况下,最简单和直观的解决方法是最短路线法。最短路线的度量单位可能是时间、距离或费用等。最短路线具体的求解方法主要有迭代法、标号法两种。

下面介绍运用迭代法求解最短路线问题的基本步骤。在运输线路模型中,网络由节点和线组成,点与点之间由线连接,线代表点与点之间运行的成本、距离、时间或时间和距离加权的组合。最初,除起点外,所有节点都被认为是未解的,即均未确定是否在选定的运输路线上,计算从起点开始。

①第 n 次迭代的目标。找出第 n 个距起点最近的节点(n = 1,2,…),重复此过程,直到所找的最近节点是终点为止。

②第 n 次迭代的输入值。在前面的迭代过程中,找出 n − 1 个距起点最近的节点,及其距起点最短的路径和距离。这些节点和起点统称为已解的节点,其余的称为未解的节点。

③第 n 个最近节点的候选点。每个已解的节点直接和一个或多个未解的节点相连接,这些未解的节点中以最短路线连接的即是候选点。

④第 n 个最近节点的计算。将每个已解节点及其候选点之间的距离和从起点到该已解节点之间的距离加起来,总距离最短的候选点即是第 n 个最近的节点,也就是起点到达该点最短距离的路径。

下面通过实例来说明最短路线是如何计算的。

【例9.1】 图9.1 所示的是一张高速公路网示意图,其中 A 是起点,J 是终点,B,C,D,E,F,G,H 和 I 是网络中的节点,节点与节点之间以线路连接,线路上标明了两个节点之间的距离,以运行时间(分)表示。要求确定一条从起点 A 到终点 J 的最短的运输路线。

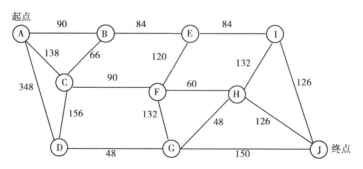

图9.1 高速公路网示意图

【解】　首先,列出一张如表9.1所示的表格。第一个已解的节点就是起点 A,与 A 点直接连接的未解的节点有 B,C 和 D 点。

第一步,由图可知,B 点是距 A 点最近的节点,记为 AB。由于 B 点是唯一选择,所以它成为已解的节点。

第二步,找出距 A 点和 B 点最近的未解的节点,并在表中列出距各个已解节点最近的连接点,这时有 AC,BC 两条路线。注意从起点通过已解的节点到某一节点所需时间应该等于到达这个已解节点的最短时间加上已解节点与未解节点之间的时间,也就是说,从 A 点经过 B 点到达 C 的时间为 AB + BC = 90 + 66 = 156 分。而从 A 直达 C 的时间为 138 分。现在 C 也成了已解的节点。

表9.1　最短路线方法计算表

步骤	直接连接到未解节点的已解节点	与其连接的未解节点	相关总成本/min	第 n 个最近节点	最小成本/min	最新连接
1	A	B	90	B	90	AB *
2	A B	C C	138 90 + 66 = 156	C	138	AC
3	A B C	D E F	348 90 + 84 = 174 138 + 90 = 228	E	174	BE *
4	A C E	D F I	384 138 + 90 = 228 174 + 84 = 258	F	228	CF
5	A C E F	D D I H	384 138 + 156 = 294 174 + 84 = 258 228 + 50 = 278	I	258	EI *
6	A C F I	D D H J	384 138 + 156 = 294 228 + 50 = 278 258 + 126 = 384	H	278	FH

续表

步骤	直接连接到未解节点的已解节点	与其连接的未解节点	相关总成本/min	第 n 个最近节点	最小成本/min	最新连接
7	A	D	384	D	294	CD
	C	D	138 + 156 = 294			
	F	G	228 + 132 = 360			
	H	G	278 + 48 = 326			
	I	J	258 + 126 = 384			
8	D	G	294 + 48 = 342	G	326	HG
	F	G	228 + 132 = 360			
	H	G	278 + 48 = 326			
	I	J	258 + 126 = 384			
9	I	J	258 + 126 = 384	J	384	IJ *
	G	J	326 + 150 = 476			
	H	J	278 + 126 = 404			

第三次迭代要找到与各已解节点直接连接的最近的未解节点,如表 9.1 所示,有 3 个候选点,从起点到这三个候选点 D,E,F 所需的时间,相应为 348 分、174 分、228 分,其中连接 BE 的时间最短,为 174 分,因此 E 点就是第三次迭代的结果。

重复上述过程直到到达终点 J,即第九步,最小的路线时间是 384 分,最优路线为 A→B→E→I→J,这些路径在表 9.1 中用"＊"表示。

在节点很多时用手工计算比较繁杂,如果把网络的节点和连线的有关数据存入数据库中,最短路线方法就可用电子计算机求解。用计算机求解时还可以对运行时间和距离都设定权数,就可以得出比较具有实际意义的路线方案了。

9.2 多起讫点运输线路的决策

多个起讫点直达运输主要是指将多个供应点的供应分配到多个顾客需求点,常用在产品从工厂到仓库的配送、从仓库向顾客供应等情况。这类经典的运筹学问题称为物资调运问题,求解这类问题常用表上作业法或图上作业法。

9.2.1 表上作业法

对于平衡运输问题,首先需要建立一个运输模型,然后运用表上作业法或图上作业法进行求解。所谓表上作业法就是把货物运输最优方案的确定过程在产销平衡表上进行的一种方法。下面我们讨论利用表上作业法求解产销平衡运输模型的

方法,其基本步骤可归纳如下:

①列出货物产销平衡表及运价表。

②确定初始调运方案。

③求检验数,判断最优方案。

④调整调运量,进行方案调整,得到新的调运方案。

⑤重复②、③、④三步,经有限次调整,即可得到最优调运方案。

下面举例说明求解产销平衡运输模型的具体方法。

【例9.2】 设某种产品有 A1,A2 和 A3 三个生产厂,联合供应 B1,B2,B3 和 B4 四个需求地。其供应量、需求量和单位产品的运价如表9.2所示,产量和需求量的单位是吨,单位产品运价的单位是百元/吨。试求运输费用最少的运输方案。

表9.2 单位产品运价、产量和需求量表

	B1	B2	B3	B4	产量/吨
A1	3	11	3	10	7
A2	1	9	2	8	4
A3	7	4	10	5	9
需求量/吨	3	6	5	6	20

【解】 1.列出货物产销平衡表及运价表(见表9.3)

表9.3 货物产销平衡及运价表

	B1	B2	B3	B4	产量/吨	B1	B2	B3	B4
A1					7	3	11	3	10
A2					4	1	9	2	8
A3					9	7	4	10	5
需求量/吨	3	6	5	6	20				

2.确定初始调运方案。确定初始调运方案通常有3种方法:西北角法,最小元素法和伏格尔法。这里仅介绍最小元素法的运用。

首先找出具有最小运输成本的路径,并最大限度地予以满足;然后按"最低运输成本优先集中供应"的原则,依次安排其他路径的运输量。在该例题中,运用最小元素法制订出初始运输方案,步骤如下:

①在运价表中最小运价为1,这表示先将 A2 的产品供应给 B1,在表 9.4 的(A2,B1)的交叉格处填上 3。这时 B1 的需要全部满足,在以后运输量分配时不再考虑,故在运价表中划去 B1 列。A2 除满足 B1 的全部需要外,还多余 1 吨产品。

②在未划去的元素中再找出最小运价2,确定 A2 多余的 1 吨供应 B3,B3 尚需 4 吨物资,这时 A2 的物资全部运出,在运价表中划去 A2 行。

③在未划去的元素中再找出最小运价3,这样一步步地进行下去,直到单位运价表上的所有元素划去为止,最后在产销平衡表上得到一个调运方案,见表9.4。

表 9.4　初始调运方案

	B1	B2	B3	B4	产量/吨	B1	B2	B3	B4
A1	×	×	4	3	7	3	11	3	10
A2	3	×	1	×	4	1	9	2	8
A3	×	6	×	3	9	7	4	10	5
需求量/吨	3	6	5	6	20				

该方案的总运费为:S0 = 4×3 + 3×10 + 3×1 + 1×2 + 6×4 + 3×5 = 86

注意:

a. 调运方案中调运量(数字格)的个数 = 产地个数 + 需求地个数 − 1。

b. 在确定初始方案时,若在(i,j)格填上某数字后,出现 Ai 处的产量等于 Bj 处的销量,会出现同时划去 Ai 行和 Bj 列。此时必须在运量表上被划去行和列相应位置的任一空格处填上一个"0",以满足数字格为:产地个数 + 需求地个数 − 1 个的需要。

c. 方案中不能含有以数字格为顶点的闭回路。

所谓闭回路是在已给出的调运方案的运输表上从一个空格出发,沿水平或垂直方向前进,当碰到数字格时转 90°后,继续前进,直到回到出发的那个空格,由此形成的封闭的折线叫作闭回路。这个闭回路的顶点,除这个空格外,其他均为数字格。可以证明,每个空格都存在唯一的闭回路。

闭回路的几何特征为:每一个顶点都是拐角点;每一条边都是水平或竖直的;平衡表中一行或一列若含有闭回路的顶点,有且只有两个。

闭回路如图 9.2(a)、(b)、(c)所示。

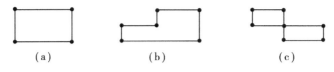

(a)　　　　　　　　(b)　　　　　　　　(c)

图 9.2　闭回路

3. 求检验数,判断最优方案。

最优性检验就是检查所得到的方案是不是最优方案。检查的方法为计算检验数。求检验数的方法有两种:闭回路法和位势法。下面介绍闭回路法。

检验数的求法:从初始方案的任一空格出发,寻找该空格所在的唯一闭回路,该闭回路顶点所在格除该空格外均为数字格,从运价表中找出各顶点所对应的运价,规定该空格为第 1 个顶点,闭回路的其他顶点依次为第 2 个顶点、第 3 个顶点……。空格的检验数 λ_{ij} =(闭回路上的奇数次顶点单位运费之和)—(闭回路上的偶数次顶点单位运费之和)。

如表 9.5 所示:空格(A1,B1)的检验数 λ_{11} = (3 + 2) - (3 + 1) = 1

表 9.5　确定闭合回路

	B1	B2	B3	B4	产量	B1	B2	B3	B4
A1	×	×	4	3	7	3	11	3	10
A2	3	×	1	×	4	1	9	2	8
A3	×	6	×	3	9	7	4	10	5
需求量	3	6	5	6	20				

按上述作法,可计算出表 9.5 的所有空格的检验数,见表 9.6。

表 9.6　空格的检验数

空　格	闭回路	检验数
(A1,B1)	(11)—(13)—(23)—(21)—(11)	1
(A1,B2)	(12)—(14)—(34)—(32)—(12)	2
(A2,B2)	(22)—(23)—(13)—(14)—(34)—(32)—(22)	1
(A2,B4)	(24)—(23)—(13)—(14)—(24)	−1
(A3,B1)	(31)—(34)—(14)—(13)—(23)—(21)—(31)	10
(A3,B3)	(33)—(34)—(14)—(13)—(33)	12

最优方案的判别:所有的检验数均大于等于零

当非基变量的检验数出现负值时,则表明当前的方案不是最优方案。在这种情况下,应该对方案进行调整,即找到一个新的方案使目标函数值下降。

4.调整调运量,进行方案调整,得到新方案。

调整步骤:

①我们在所有为负值的检验数中,选其中最小的检验数,将它对应的空格调整为数字格,如在本例中,$\lambda_{24} = -1$,选空格($A2$,$B4$)为调整对象。

②以该空格为起点找一条闭回路,除($A2$,$B4$)外其余顶点必须为数字格。确定调整量 $\theta = \min($偶数顶点的调运量$) = \min(1,3) = 1$。

③在闭回路上进行调整:对闭回路上每个偶数顶点格的运输量 $-\theta$,对闭回路上各奇数顶点格的运输量 $+\theta$。调整后,将闭回路中为 0 的一个数格作为空格。从而得出一新的运输方案,该运输方案的总运费比原运输方案减少,改变量等于 θ。调整见表9.7,调整后的方案见表9.8。

表9.7　调运方案的调整

	B1	B2	B3	B4	产量	B1	B2	B3	B4
A1	×	×	4 + 1	3 − 1	7	3	11	3	10
A2	3	×	1 − 1	× + 1	4	1	9	2	8
A3	×	6	×	3	9	7	4	10	5
需求量	3	6	5	6	20				

表9.8　调整后的调运方案

	B1	B2	B3	B4	产量	B1	B2	B3	B4
A1	×	×	5	2	7	3	11	3	10
A2	3	×	×	1	4	1	9	2	8
A3	×	6	×	3	9	7	4	10	5
需求量	3	6	5	6	20				

此方案的总运费为 $S_1 = S_0 + \lambda_{24}\theta = 86 - 1 \times 1 = 85$

5.对新方案进行最优检验:方法如前所述,结果如表9.9所示。

所有的检验数均非负数,表9.8所示方案为最优方案。

注意:①在最终调运方案表中,若有某个空格(非基变量)的检验为 0 时,则表明该运输问题有多重(无穷多)最优解。

②在用闭回路法调整时,当闭回路上偶数顶点处运量有几个相同的最小值

时,只能选择其中一个作为调整量。而经调整后,得到退化解。为保证调整后只能有一个空格,其余均要保留数"0",表明它们仍是数字格,以保证数字格数 = 产地个数 + 需求地个数 − 1 个的需要。当出现退化解,并作改进调整时,可能在某闭回路上有标记为(− 1)的取值为 0 的数字格,这时应取调整量 θ = 0。

③运输问题的某一方案有多个空格的检验数为负,在继续进行调整时,取它们中的任一变量为换入变量均可使目标函数值得到改善,但通常取检验数中最小者对应的空格为换成数字格。

表 9.9　调整后的方案空格的检验数

空　格	闭回路	检验数
(A1,B1)	(11)—(14)—(24)—(21)—(11)	0
(A1,B2)	(12)—(14)—(34)—(32)—(12)	2
(A2,B2)	(22)—(24)—(34)—(32)—(22)	2
(A2,B3)	(23)—(24)—(14)—(13)—(23)	1
(A3,B1)	(31)—(34)—(24)—(21)—(31)	9
(A3,B3)	(33)—(34)—(14)—(13)—(33)	12

9.2.2　图上作业法

图上作业法主要用来解决交通图上的物资调运问题,还可以应用它解决车辆调度、组织循环运输、尽量减少车辆的空驶、提高车辆的里程利用率、基建工程中的土方运输、机床负荷安排等问题。下面介绍运用图上作业法解决物资调运问题。

1)关于图上作业法的几个概念

(1)交通示意图

标明物资调运的供应地、供应量、需求地、需求量以及中转点的交通线路图,如图 9.3 所示,图中圆圈代表供应地,里边的数字代表供应量;方框代表需求地,里边的数字代表需求量。

(2)交通流程图(调运方案)

标有物资流向(箭线)和流量(加括号的数字)的交通示意图。见图 9.4 所示,该流程图实际表示一个调运方案。

在交通图上标注流量和流向时应注意:箭头标注在"前进方向"(一般是从发点指向收点)右侧,流量标注在箭头的右侧。这样,才能区别内圈流量和外圈流量。

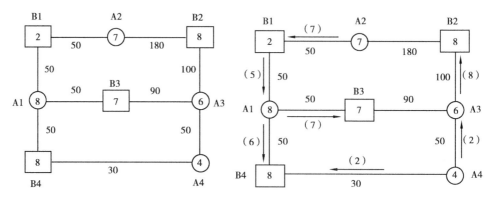

图9.3 交通示意图

图9.4 交通流程图

(3)两种不合理的运输现象

通常浪费运力的不合理运输现象有两种,一种是对流运输,一种是迂回运输。所谓对流运输,是指同一种或可以相互替代的物资在同一运输方式的同一段路线上或不同运输方式的平行线路上往返运输,见图9.5。

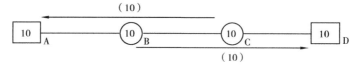

图9.5 BC段发生对流运输

所谓迂回运输,就是成圈(构成回路)的道路上,从一点到另一点有两条路线,一条是小半圈,一条是大半圈,如果选择的路线的里程大于闭回路总路程的一半,则就是迂回运输。

图9.6中圈B1—A1—B2—A2—B1,总圈长2+3+4+4=13,总圈长的一半是6.5,运输路线内圈长4+3=7,大于总圈长的一半,所以,该方案存在迂回运输,不是最优方案。应进行调整,图9.7为调整后的方案,运输路线内圈长为3,运输路线外圈长为2+4=6,都小于总圈长的一半,因此,不存在迂回运输。

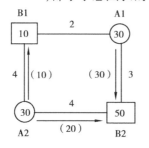

图9.6 迂回运输

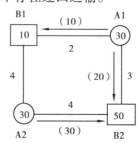

图9.7 无迂回运输

（4）最优调运方案

运用线型规划理论可以证明，一个运输方案，如果没有对流运输和迂回运输现象。它就是一个最优方案。

2）图上作业法解决物资调运问题

（1）交通图不含闭合回路

①交通图不含闭合回路时，确定初始调运方案的方法是：从各个端点向中心依次确定，交汇点最后确定，这样得到的流程图中，没有对流运输现象。

②调运量的个数：供应点数 ＋ 需求点数 −1

【例9.3】　图9.8为不含回路的交通示意图，试确定合理的运输路线，并画出交通流程图。

【解】　图9.8所示为不含闭合回路的交通图，从端点 A1 开始，把 7 个单位的物资供给 B1，尚余 5 个单位，再供应给 A2；端点 B2 的 8 个单位物资由 A2 供给，A2 尚余 5 个单位，供给 B3；端点 A4 的 4 个单位供给 A3，B4 的 8 个单位由 A3 供给，A3 尚余 2 个单位供给 B3：这样就得出一个最优调运方案，见图9.9。

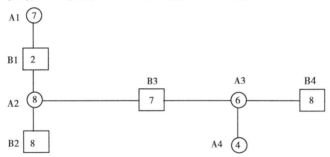

图9.8　不含回路的交通流程图

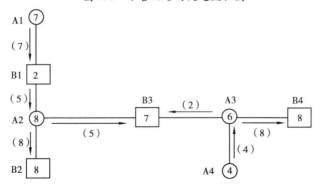

图9.9　不含回路的交通流程图

（2）交通图含闭合回路

交通图含有闭合回路时,采用"丢边破圈法",即丢一边,破一圈,直至无圈,对每一个闭回路,去掉一条边,直到化为无圈的交通图,再按上述方法确定初始方案。

【例9.4】 图9.3为含有闭合回路的交通示意图,试确定合理的运输路线,并画出交通流程图。

【解】 第一步:在图9.3所示的交通图中,去掉 A2—B2 和 B4—A4 两条边,化为不含回路的交通图,见图9.10,并确定初始方案,如图9.10所示。

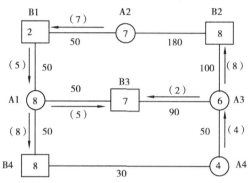

图9.10 含有回路的交通流程图——初始方案

该方案总调运周转量为

$$S = 7 \times 50 + 5 \times 50 + 8 \times 50 + 5 \times 50 + 2 \times 90 + 8 \times 100 + 2 \times 50 = 2\ 330$$

注:确定初始方案时,选择去掉哪几条边视具体情况而定,一般选择距离最长的线路。

第二步:检验和调整,消除迂回运输现象。

最优流程图应该是每一条没有流量的边所对应的圈(该圈的其余边均为有流量的边),其内圈长和外圈长均不超过总圈长的一半。

满足上述条件的圈称为合格圈,不需要调整,否则,称为不合格圈,即该圈有迂回现象,需要进行调整。

①调整量 θ 的确定:

若内圈长大于总圈长的一半,则 θ = min（内圈流量）

若外圈长大于总圈长的一半,则 θ = min（外圈流量）

②调整方法:

若内圈长大于总圈长的一半,则所有的外圈流量 + θ,无流量边加上大小为 θ 的流量,所有的内圈流量 − θ,让一条调整后流量为零的边成为无流量边;

若外圈长大于总圈长的一半,调整方法与上述方法相类似。

图 9.10 的初始方案中,对边 A2—B2 所对应的唯一圈 A2—B2—A3—B3—A1—B1—A2,总圈长的一半 = (180 + 100 + 90 + 50 + 50 + 50)/ 2 = 260

内圈长 = 90

外圈长 = 50 + 50 + 50 + 100 = 250

该圈是合格圈,不需要调整。

对边 B4—A4 所对应的唯一圈 B4—A4—A3—B3—A1—B4

总圈长的一半 = (30 + 50 + 90 + 50 + 50)/ 2 = 135

内圈长 = 50

外圈长 = 50 + 50 + 90 = 190

大于总圈长的一半,该圈是不合格圈,需要进行调整。

调整量 θ = min(8,4,2) = 2

调整:所有的外圈流量减去 2,让流量为零的边 B3—A3 成为无流向边;

所有的内圈流量加上 2,为原无流量边 B4—A4 加上 2 单位流量。

调整后的方案如图 9.11 所示,经检验,该方案为最优方案。

最优方案总周转量为 S = 2 330 －2×(90 － 30) = 2 210

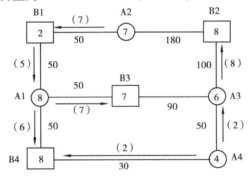

图 9.11　含有回路的交通流程图——最优方案

9.3　车辆运行方案决策

此类问题属于起讫点相同的运输问题,主要是指车辆从起点出发访问一定数量顾客后又回到起点的线路确定问题。现实生活中存在着许多这样的问题,如配送车辆送货、邮递员送报、送奶工送牛奶、垃圾车辆收集垃圾等。

此类问题可以归结为网络分析中的旅行商问题,所谓旅行商问题,可以表述为:"一个旅行商从某城市出发,经过所有要到达的城市后,返回到出发地,那么他如何选择行程路线,以使总路程最短(或费用、时间最少)?"解决旅行商问题目前有多种算法,如最邻近法、节约算法、神经网络、遗传算法、免疫算法等。这里仅介绍旅行商问题的节约算法。

节约算法求解旅行商行程路线的基本思路是：见图9.12，假设 P 点是起点，A 和 B 分别是所要到达地点，它们相互之间的道路距离分别为 a 和 b，如果旅行商从 P 分别到 A 和 B 地，那么总里程为 2a + 2b；如果旅行商从 P 到 A 再到 B，然后回到 P，则总里程为 a + b + c。两种方法的里程差是 (2a + 2b) − (a + b + c) = a + b − c。如果 a + b − c > 0，那么第二种方法将使总里程得到节约；如果旅行商需要到达许多地点，那么可以根据节约距离的大小顺序连接各点并规划出旅行路线。下面举例说明节约算法的基本步骤。

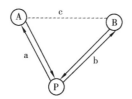 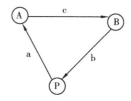

图9.12　节约里程算法

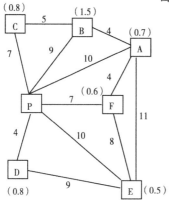

图9.13　物资调运需求图

【例9.5】　假设 P 是配送中心所在地，A—F 是 P 的 6 个配送点，它们之间的距离（单位为 km）如图9.13 所示，括号内的数字是配送量（单位为 t）。现在可以利用的配送车辆是装载量为 2 t 和 4 t 的两种厢式货车，并限制车辆一次运行距离不超过 30 km；试求车辆的最佳配送路线。

【解】　第一步：算出相互之间的最短距离。根据图9.13 中配送中心至各用户之间、用户与用户之间的距离，得出配送路线最短的距离矩阵如图9.14 所示。

	P					
A	10	A				
B	9	4	B			
C	7	9	5	C		
D	4	14	13	11	D	
E	10	11	15	17	9	E
F	7	4	8	13	11	8	F

图9.14　配送中心配送线路网络图

第二步:根据最短距离矩阵图9.14,计算出各用户之间的节约行程,如图9.15所示。

	A					
B	15	B				
C	8	11	C			
D	0	0	0	D		
E	9	4	0	5	E	
F	13	8	1	0	9	F

图9.15　配送线路节约行程图

第三步:对节约行程按大小顺序进行排列,如表9.10所示。

表9.10　节约行程排序表

序号	连接点	节约行程	序号	连接点	节约行程
1	A—B	15	5	A—C	8
2	A—F	13	5	B—F	8
3	B—C	11	6	D—E	5
4	A—E	9	7	B—E	4
4	E—F	9	8	C—F	1

第四步:按照节约行程顺序表,组合成配送路线图。

初始解:从配送中心向各配送点配送,如图9.16所示。此时配送路线 6 条,总运行距离为94km,需用装载量为2 t的货车6辆。

二次解:按照节约行程的顺序大小,依次接A—B、A—F、B—C 以及 P—C、P—F,组成配送路线1,如图9.17所示。该路线装载量为 3.6 t,运行里程为27 km,需用一辆4 t货车。此时总配送路线3条,总运行距离55 km,需要装载量为2 t的货车2辆,装载量为4 t的货车1辆。

最终解:按照节约行程的顺序大小,A—E 和E—F 都有可能连接到二次解的配送路线1中,但

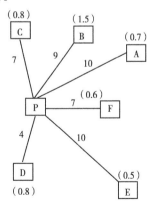

图9.16　初始解方案图

由于受车辆装载量和每次运行距离这两个条件的限制,配送路线1 不能再增加配送点,所以不用连接 A—E 和 E—F。同理也不能再连接 B—E。A,B,C 和 F 已在

配送路线 1 中,不再考虑 A—C、B—F、C—F。接下来按节约行程的顺序是 D—E,连接 D—E 以及 P—D、P—E,组成配送路线 2,如图 9.18 所示。该配送路线装载量为 1.3 t,行程为 23 km,需用一辆 2 t 货车。至此完成了全部配送路线的规划。

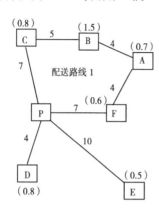

图 9.17　二次解方案图　　　　图 9.18　最终解方案图

　　总的配送路线一共有两条,运行距离为 50 km,需要装载量为 2 t 的货车 1 辆,装载量为 4 t 的货车 1 辆。

【做一做】

实训活动

◎ 内容

走访大型物流公司或运输企业的线路规划人员或邀请有关专家来校办讲座。

◎ 目的

通过走访活动和讲座,了解运输线路策划的方法和步骤,最新算法和计算机辅助决策方法等。

◎ 人员

全体学生

◎ 时间

6 课时

【任务回顾】

通过对本章的学习,使我们掌握了运输线路优化的重要性,了解了运输线路优化基本类型和方法。

【名词速查】

1.运筹学

运筹学是近代应用数学的一个分支,主要是将生产、管理等事件中出现的一些带有普遍性的运筹问题加以提炼,然后利用数学方法进行解决。前者提供模型,后者提供理论和方法。

2.线性规划

线性规划方法是运筹学的一个最重要分支,主要用于研究有限资源的最佳分配问题,即如何对有限的资源作出最佳方式地调配和最有利地使用,以便最充分地发挥资源的效能去获取最佳的经济效益。

【任务检测】

1.简述合理的车辆运行线路计划对承、托双方的益处。

2.图9.19所示的是一张高速公路网示意图,其中 A 是起点,H 是终点,B,C,D,E,F,G 是网络中的节点,节点与节点之间以线路连接,线路上标明了两个节点之间的距离,以运行时间(小时)表示。要求确定一条从起点 A 到终点 H 的最短的运输路线。

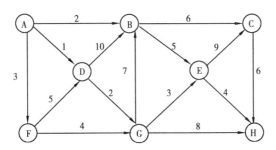

图 9.19　交通示意图

3.某物资调运平衡表和单位运价表见表9.11,试制订总运费最少的调运方案。

表 9.11　物资调运平衡表和单位运价表

销 地 产 地	B1	B2	B3	产量	B1	B2	B3
A1				30	8	6	7
A2				45	4	3	5
A3				25	7	4	8
需求量	60	30	10	100			

4.某配送中心 A 要向所在城市的 B,C,D,E,F,G 供 6 个客户配送货物,A 点距各点间的里程和配送量如图 9.20 和表 9.12 所示,运输车辆有 2.5 t 和 4 t 的两种货车,试确定配送方案。

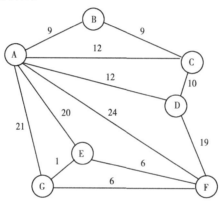

图 9.20　线路示意图

表 9.12　客户需求表

客　户	B	C	D	E	F	G
货物量/吨	0.8	0.7	1.0	1.75	1.1	1.15

5.设某物资调运线路的交通示意图如图 9.21 所示,用图上作业法求最优调运方案。

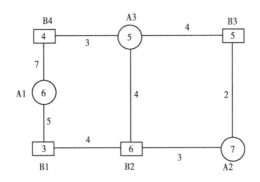

图 9.21　交通示意图

参考答案

1. 一般而言,合理的车辆路线计划对承运人是十分重要的:更高的车辆利用率、更高的服务水平、更低的运输成本、更少的设备资金投入、更好的决策管理。对托运人而言,路线计划可以降低他们的成本并提高其所接受的服务水平。

2. 从 A 点到 G 点的最短路径为 A→D→G→E→H,最短路径长度为 10。

3.

销　地 产　地	B1	B2	B3	产量	B1	B2	B3
A1	15	5	10	30	8	6	7
A2	45			45	4	3	5
A3		25		25	7	4	8
需求量	60	30	10	100			

min $S = 500$

4. 配送线路分为两条:

(1) 配送线路 1: A→E→G→F→A:线路长 51 km,4 t 货车一辆;

(2) 配送线路 2: A→B→C→D→A 或 A→D→C→B→A,线路长:40 km,2.5 t 货车一辆;

配送线路总长 91 km,用 4 t、2.5 t 货车各一辆;

5. 最优方案如图所示,最小周转量 71。

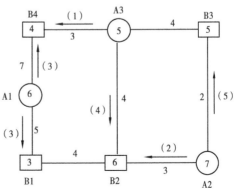

任务 10
办理与运输有关的商务活动

教学要求

1. 了解货物运输保险的意义和作用;

2. 知道陆上货物运输保险的险别及
   其保险范围;

3. 知道海上货物运输保险的险别;

4. 理解保价运输的意义;

5. 知道铁路保价运输的程序;

6. 知道4种解决运输纠纷的途径及其
   特点。

学时建议

知识性学习:6课时

实训:1课时

【导学语】

某日,某货主来货运代理公司托运一批数码产品,价值30万元人民币。

货主:我对运输企业的服务不太放心,如果货物在运输过程中损坏了,甚至是丢失了,我能获得足够的赔偿吗?

货运代理:首先,要看是什么原因导致的货损或灭失;其次,要想获得赔偿,就需要办理货物运输保险;最后,要想获得足够的赔偿,就需要办理保价运输。

货主:货物保险? 保价运输? 如果承运人不及时按规定赔偿我,那我又该怎么办?

货运代理:那就需要通过协商、调解、仲裁或诉讼的途径来解决运输纠纷了。

货主:协商、调解、仲裁、诉讼? 怎么进行? 哪种最好?

货运代理:好,关于这些问题,下面我来给您解释……

【学一学】

10.1　办理货物运输保险

10.1.1　保险的意义和作用

1)保险的意义

从社会观点来看,保险是一种经济补偿制度,它按约定的合同计收保险费,集中多数单位和个人的保险金建立保险基金,利用"分散危险,分摊损失"的办法,对参加保险的少数被保险人由于特定灾害事故所造成的损害给予经济补偿。

从法律角度分析,保险是一种补偿性的契约关系。一方面被保险人必须向保险人提供一定的代价,即按规定交纳保险费;另一方面保险人应对被保险人将来可能遭受的某些损失依合同规定承担经济赔偿责任。

2)运输保险的作用

运输保险是指在运输生产过程中,由于意外事故、自然灾害而给承运的货物、旅客、乘务人员、第三人造成的损失给予补偿的各种保险的总称,包括货物运输保险、运输工具保险、第三者责任险、旅客人身意外伤害保险等。

运输保险不仅可以使货主的利益得到保障,还可以起到保障运输企业正常经营的作用。运输生产是一种危险性很高的作业过程,不确定的外部因素很多,运输企业负担的风险也很大。如果货物在运输途中发生意外事故等而造成的损失,全部由运输企业来承担是不利于运输企业发展的,而办理运输保险可以使运输企业通过保险获得经济补偿,有利于企业经营活动的正常进行。

10.1.2　货物运输保险的特征

货物运输保险属于损害保险范畴,是有形财产险的一种。与其他财产保险相比,货物运输保险具有以下特点:

①货物运输保险的标的为处于运动中的货物,而其他有形财产保险的标的多是处于静止状态的财产。

②货物运输保险的责任期限一般为一个运程,并无具体严格的限制,而其他有形财产险的责任期限往往为固定的期限,如 1 年。

③货物运输保险的保险单可通过背书而转让,而其他有形财产险的保险单一般不得转让。

④在保险期限内货物运输保险的标的往往是在承运人的管理之下,一旦发生事故,就可能涉及承运人的责任,因此,向有责任的承运人进行追偿是货物运输保险的一项重要内容。

⑤货物运输保险一般为定值保险,即认为保险金额就是保险标的的价值,发生损失后,以其作为计算赔偿的标准。

10.1.3　国内水路、陆路货物运输保险条款

国内水路、陆路货物运输保险包括国内水路货物运输保险、铁路货物运输保险和公路货物运输保险,这 3 种货物运输保险在内容和办理程序上有很多相似之处,在此以铁路货物运输保险为例来作说明。

1)保险标的

凡在国内经铁路运输的货物均可成为本保险之标的。但蔬菜、水果、活牲畜、禽鱼类和其他动物不在保险标的范围内;金银、珠宝、玉器、首饰、古币、古书、古画、邮票、艺术品、稀有金属等珍贵财物需经投保人与保险人特别约定,并在保险单(凭证)上载明,否则也不在保险标的范围以内。

2)保险责任

(1)基本险

由于下列保险事故造成保险货物的损失和费用,保险人依照有关约定负责

赔偿：

①火灾、爆炸、雷电、冰雹、暴风、暴雨、洪水、海啸、地陷、崖崩、突发性滑坡、泥石流；

②由于运输工具发生碰撞、倾覆、出轨或隧道、码头坍塌造成损失；

③在装货、卸货或转载时，因意外事故造成的损失；

④在发生上述灾害、事故时，因施救或保护货物而造成货物的损失及所支付的直接合理的费用。

（2）综合险

综合险一般包括下列责任范围：

①因受震动、碰撞、挤压而造成货物破碎、弯曲、凹瘪、折断、开裂的损失；

②因包装破裂致使货物散失的损失；

③液体货物因受震动、碰撞或挤压致使所用容器（包括封口）损坏而渗漏的损失，或用液体保藏的货物因液体渗漏而造成保藏货物腐烂变质的损失；

④遭受盗窃的损失；

⑤因外来原因致使提货不着的损失；

⑥符合安全运输规定而遭受雨淋所致的损失。

上述综合险一般可以有选择地投保。

（3）责任免除

由于下列原因造成保险货物的损失，保险人不负责赔偿：

①战争、军事行动、扣押、罢工、哄抢和暴动；

②核反应、核辐射和放射性污染；

③保险货物的自然损耗，本质缺陷、特性引起的污染、变质、损坏，以及货物包装不善；

④在保险责任开始前，被保险货物已存在的品质不良或数量短差所造成的损失；

⑤属于发货人责任引起的损失；

⑥被保险人或投保人的故意行为或违法犯罪行为。

3）保险金额与保险费

①保险金额，一般是按运输物资的价值计算。具体有两种：一种是按货价，即按发货票及调拨单上的价格计算；也可按货价加运杂费计算。

②保险期限，以整个运输过程为准：以保险货物运离起运地发货人最后一个仓库或储存处所时起，至到达目的地收货人的仓库或储存处所终止。

③保险费：根据投保人选择的基本险或综合险，运输工具、货物种类及运程等计收保险费。

4）保险手续

可到保险公司或保险代理处直接办理手续，常年发货的单位也可同保险公司签订预约合同。一般投保时，投保人要在"投保单"上注明被保险人、运输工具启运日期、起讫及中转地名称、标记、保险货物名称、包装单位及数量、保险金额、投保险别和投保日期。

5）变更及索赔

在改变运输工具、运输线路、保险货物、增减保额等情况下，可书面向保险公司提出申请批改。

当发生了保险范围内的事故造成货物损失时，被保险人向保险人申请索赔，应当提供下列有关单证：

①保险单（凭证）、运单（货票）、提货单、发票（货价证明）；

②承运部门签发的货运记录、普通记录、交接验收记录、鉴定书；

③收货单位的入库记录、检验报告、损失清单及救护货物所支付的直接费用的单据；

④其他有利于保险理赔的单证。

保险人在接到上述索赔单证后，应当根据保险责任范围，迅速核定应否赔偿。赔偿金额一经保险人与被保险人达成协议后，应在 10 天内赔付。

6）赔偿金额

根据《合同法》规定的原则，保险方对于因保险责任造成的损失和费用，在保险金额的范围内按实际损失赔偿，对被保险方为避免和减少保险财产的损失而进行的施救、保护、整理和诉讼费用也应负责偿付。计算货物运输保险的赔偿金额时，要区分足额保险和不足额保险两种情况。

（1）足额保险

保险金额按货价或按货价加运杂费确定的属足额保险。在足额保险的情况下，保险人按实际损失赔偿，但最高赔偿额以保险金额为限。

（2）不足额保险

保险金额低于货价的，属不足额保险。不足额保险的货物，只能根据实际损失按比例赔偿，见公式 10.1 或 10.2，所发生的施救费用也按比例赔偿，见公式 10.3。

$$赔偿金额 = 损失金额 × 保险金额/起运地货物实际价值 \qquad (10.1)$$

或

$$赔偿金额 = 保险金额 × 损失程度 \qquad (10.2)$$

$$应赔偿施救费用 = 施救费用 × 保险金额/起运地货物实际价值 \quad (10.3)$$

货物发生保险责任范围内的损失,如果根据法律规定或者有关约定,应当由承运人或其他第三者负责赔偿一部分或全部损失的,被保险人应首先向承运人或其他第三者索赔。或者被保险人提出要求,保险人也可以先予赔偿,但被保险人应签发权益转让书给保险人,并协助保险人向责任方追偿。

保险货物遭受损失后的残值,应充分利用,经双方协商,可作折价归被保险人,并在赔偿款中扣除。

10.1.4 海洋货物运输保险条款

海上货物运输保险合同的订立,通常是由投保人填制投保单,然后以此向保险人投保,经保险人审核同意,向投保人签发一份保险单,保险合同即告成立。在保险单中,除载明被保险人的名称、保险的货物、运输工具种类与名称、保险的险别、保险起讫地、保险期限、保险金额等项内容外,并规定有保险的责任范围和保险人与被保险人的权利义务等详细条款。保险单是保险合同的书面表现形式。海上货物运输保险合同可以通过背书进行转让。

1)海洋货物运输保险承保的风险与损失

海上货物运输保险承保的风险主要有三类,见表10.1。

表10.1 海上货物运输承保的风险类别

风险类别		包含内容
自然灾害		恶劣气候、雷电、海啸、地震、洪水等人力不可抗拒的灾害
意外事故		运输工具遭受搁浅、触礁、沉没、互撞、与流冰或其他物体碰撞,以及失火、爆炸等由于偶然原因所造成的事故
外来风险	一般外来风险	偷窃、碰损、缺损、雨淋等
	特殊外来风险	由于政治、社会原因造成的风险,如战争、罢工等

海上货物运输保险承保的货物,限于上述风险造成的损失,称为海损,有全部损失和部分损失两大类。见图10.1。

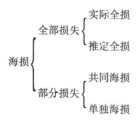

图 10.1　海上货物运输保险承保的损失

① 全部损失,又分为实际全损和推定全损。实际全损是指保险标的发生保险事故后灭失,或者受到严重损坏完全失去原有形体、效用,或者已不能再归保险人所有。推定全损是指货物发生保险事故后,认为实际全损已经不可避免,或者为避免发生实际全损所需支付的费用与继续将货物运抵目的地的费用之和将超过保险价值。

② 部分损失,又分为共同海损和单独海损。

共同海损是指在同一海上航程中,船舶、货物和其他财产遭遇共同危险,为了共同安全,有意地合理地采取措施所直接造成的特殊牺牲、支出的特殊费用。

单独海损是指保险标的由于承保的风险所引起的不属于共同海损的部分损失,它是由承保风险直接造成的,而不是由人有意识地做出的;它只涉及船舶或货物单独一方的利益。

2)海上货物运输保险险别及其责任范围

海上货物运输保险分设平安险、水渍险和一切险三个险别,按其责任范围,平安险最小,水渍险居中,一切险最大。三种基本险的基本责任范围见表 10.2。投保人应根据货物本身的特点、去向和船公司的营运状况等条件选择投保的险别。

表 10.2　海上货物运输基本险的责任范围

险别	原义或别称	基本责任范围
平安险	单独海损不赔	因自然灾害造成的全损、因意外事故造成的货物全损或部分损失、共同海损的损失
水渍险	单独海损也负责赔偿	平安险的责任范围 + 由于自然灾害所造成的部分损失
一切险	综合险	水渍险的责任范围 + 由于外来风险所致的全部或部分损失

平安险、水渍险、一切险都是基本险别;附加险是基本险的补充和扩大,它是不能独立投保的险别,只能在投保某一种基本险的基础上才可加保。

一般附加险包括偷窃、提货不着险,淡水雨淋险,短量险,混杂、沾污险,渗漏险,碰损、破碎险,串味险,受潮、受热险,钩损险,包装破裂险,锈损险。由于保险公司对一般附加险的承保责任范围均已包括在一切险的承保责任范围内,因此,如投保人在投保基本险时选择一切险,就不需要再加保一般附加险。

特殊附加险包括战争险,罢工险,舱面险,进口关税险,拒收险,黄曲霉素险,交货不到险等。由于特殊附加险的保险责任范围不包括在一切险的责任范围内,因此,被保险人如欲取得属于特殊附加险各险别责任范围内的风险保障,不论已投保何种基本险,均需另行加保有关的特殊附加险。

3)海上货物运输保险的除外责任和被保险人责任

(1)除外责任

海上货物运输保险的3种基本险中,保险人对下列原因所造成的货物损失都不负责赔偿:

①被保险人的故意行为或过失行为所造成的货损;

②被保险货物的潜在缺陷和货物本身性质所造成的损失,包括货物已存在的品质不良、包装不善、标志不清所造成的损失,以及因发货人责任所造成的损失;

③被保险货物的自然损耗、自然渗漏和自然磨损所造成的损失;

④被保险货物因市价跌落或运输延误所引起的损失或费用;

⑤属于战争险条款和罢工险条款所规定责任范围和除外责任的货损。

(2)被保险人的责任

被保险人除按约定缴付保险费外,还应承担下列责任:

①及时提货,尽快报损,保留向有关责任方索赔的权利;

②合理施救,积极处理,防止或减少被保险货物的损失;

③保险内容变化,应立即通知保险人并加缴保险费;

④索赔时,备全单证,办妥手续,以使保险人能定损核责结案;

⑤尽到对船舶互撞责任的通知义务。

4)海上货物运输保险责任期限

保险责任期限,是指保险公司承担保险责任时间的起讫规定,又称保险有效期。不同的保险条款对海上货物运输保险责任期限的规定不尽相同。

以"仓至仓"条款为例,该条款规定保险人对保险货物所承担的保险责任,是从保险单所载明的起运港发货人的仓库开始,直到货物运抵保险单所载明的目的港收货人的仓库为止。

5) 海上货物运输保险的索赔

一项有效的索赔必须在规定的期限内提出，即投保人或被保险人从获悉遭受损失当日或次日起，经过一定天数不向保险公司申请赔偿，不提供必要单证，或不领取应得的赔偿，则视为自愿放弃权益，这个期限就是索赔时效。不同的险别、不同的保险合同规定的索赔时效不尽相同，投保人或被保险人要注意在有效的索赔时效内提出索赔。

索赔时应提供保险单、海运提单或其他运单、提货单、发票或货价证明、承运部门签发的货运记录、交接验收记录、鉴定书等材料。

10.2 办理货物保价运输

10.2.1 保价运输的概念和特点

1) 限额赔偿制度

对于因承运人过失责任造成的货物损失，各种运输方式一般都通过法律、行政法规规定了最高的赔偿数额，这就是限额赔偿制度。例如我国《铁路货物运输规程》第 56 条规定，"不保价运输的，不按件数只按重量承运的货物，每吨最高赔偿 100 元，按件数和数量承运的货物，每吨最高赔偿 2 000 元，个人托运的搬家货物，行李每 10 千克最高赔偿额为 30 元，实际损失低于上述赔偿限额的，按货物实际损失的价格赔偿"。

运输企业之所以实行限额赔偿制度，是由于如果所有的货损都按实际损失赔偿，交通运输企业的负担会过重，将会制约交通运输业的发展；另外货物运输过程中，不确定的外部因素很多，如天气的变化、地理条件的限制等，所以运输业的风险是很高的，如果发生事故都要承运人全部包下来也是不公平的；再加上我国的运费水平主要是以运输成本为基础并结合国家经济政策制定的，并未完全考虑货物本身的价格，运输企业如果全额赔偿，将会使得企业承担的货物损失价值与其所获得的收益是不相称的。基于以上原因，实行限额赔偿制度是必要的。

2) 保价运输

根据限额赔偿制度，当发生因承运人过失责任造成的货物损失时，承运人将在赔偿限额内进行赔偿。如果货物价值比较高，赔偿限额往往不能弥补货物的损失，这时货主的损失就得不到完全的补偿。为了满足这些货主的需求，各种运输方式普遍实行了保价运输制度。

保价就是货物的保证价值，也称为声明价格。保价运输，是指托运人在托运货物时声明其货物价格并向承运人支付保价费用,由承运人在货物损失时按声明价格赔偿的一种货物运输。

保价运输的办理实行自愿原则。托运人应在托运时以全批货物的实际价格作为保价金额。

3)货物保价运输与货物运输保险的区别

货物运输保险与货物保价运输的区别见表10.3。

表10.3　运输保险与保价运输的区别

序号	区别内容	保　险	保　价
1	合同主体	投保人(托运人)和保险公司	托运人和承运人
2	合同关系	是一种独立协议	是运输合同的组成部分,是一种责任运输形式
3	责任基础	自然灾害、意外事故等非人为因素造成的损失	因承运人责任造成的货物损失
4	责任起讫期	自签发保险凭证和保险货物运离起运地发货人的最后一个仓库或储存处所起,至该货物运抵保险凭证上注明的目的地的收货人在当地的第一个仓库或储存处所时止	运输合同成立之日起至向收货人交付货物时止
5	索赔时效	从被保险人获悉保险货物遭受损失的当天起算,按照《国内货物运输保险条例》的规定,提出请求的时效是一年	从承运人交付的次日或作出货运记录的次日(货物全部灭失的,自送到期限届满后第30日的次日)起计算,按照《铁路货物运输规程》的规定,要求赔偿或退补费用的有效期为180日
6	目的	对因自然灾害、意外事故等非承运人责任造成的经济损失进行的社会补偿	为了解决因铁路实行限额赔偿不足以补偿托运人、收货人的损失而设立的一种特殊运输制度
7	安全管理	保险公司不参与	承运人有条件对保价货物采取特殊的安全措施
8	资金运用	除用于赔偿外,主要用于整个社会的经济、福利的建设	除用于赔偿外,主要用于改善运输设施,保证运输安全,提高运输质量

10.2.2　铁路货物保价运输

保价运输的办理实行自愿原则。对托运的货物是否保价完全取决于托运人的自愿,但是从货主利益出发,对未投保运输险的货物,还是建议其参加保价运输。因为这种情况下,因承运人责任造成的货物损失,一般实行限额赔偿制度,而这种赔偿限额经常低于货物的实际价值,从而使货主蒙受损失。

1)办理铁路货物保价运输的程序

(1)声明价格和填制运单

托运人要求按保价运输货物时,应在货物运单"托运人记载事项"栏内注明"保价运输"字样,并在"货物价格"栏内以元为单位,填写货物的实际价格。全批货物的实际价格即为货物的保价金额。货物的实际价格还包括税款、包装费用和已发生的运输费用。

按保价运输的货物,应按全批办理,不得只保全批中的一部分。

(2)保价费的缴纳

按保价运输的货物,托运人应缴付保价费,见公式10.4。

$$保价费 = 保价金额 × 货物适用的保价费率 \qquad (10.4)$$

铁路将大量的可运输的货物按一定标准划分为若干类,结合货物性质、价值、运输条件和发生损失的概率等因素,规定了保价费率,见表10.4。

表 10.4　铁路货物保价费率等级

等　级	一级	二级	三级	四级	五级	特一级	特二级
保价费率	1‰	2‰	3‰	4‰	6‰	10‰	15‰

(3)铁路货物保价运输的除外责任

《铁路法》规定,由于下列原因造成的货物损失,即使参加了保价运输,铁路运输企业也不承担赔偿责任:

①不可抗力,如地震、洪水等;

②货物本身的自然属性和合理损耗,如货物生锈、自然减量、易腐货物在允许运到期限内腐烂等;

③托运人、收货人的过错,如托运人装载不当、押运人过错、包装不符合要求等。

2）铁路货物保价运输的索赔

（1）索赔时效

托运人、收货人向承运人要求赔偿的有效期限为 180 天。有效期限按下列规定起算：货物灭失或损坏的，从承运人交给托运人、收货人货运记录的次日起算；货物全部灭失，未编有货物记录的，从运到期限期满后第 31 天起算。

（2）赔偿条件

按照《铁路货物保价运输办法》的有关规定，铁路运输企业承担保价运输货物损失赔偿责任，应符合以下 3 个条件：

①必须有保价运输的货物发生损失的客观事实。货物损失是指铁路运输企业已按保价运输承运的货物出现灭失、短少、变质、污染或损坏 5 种情形。

②货物损失的事实必须发生在保价运输的货物自承运时起到交付时止的期间内。

③承运人对保价运输的货物发生损失没有重大过失；也不存在法定免责的情形。

符合以上条件，承运人应在保价金额内按货物的实际损失赔偿，实际损失超过保价金额的部分不予赔偿。

如果保价运输的货物的损失是由于承运人故意或重大过失造成的，则承运人应该按照实际损失赔偿，不受有无保价运输、是否足额保价的限制。

（3）赔偿额的确定

《铁路货物保价运输办法》第 10 条规定："保价运输的货物发生损失时的赔偿额，按照实际损失赔偿。全批货物损失时，最高不超过保价金额；一部分损失时，则按损失货物占全批货物的比例乘以保价金额赔偿。"

例如，甲、乙两位货主各保价运输一批价值 100 万元的货物，甲填写的保价金额为 100 万元，缴纳了 10 000 元的保价费；乙填写的保价金额为 50 万元，缴纳了 5 000元的保价费。运输过程中两批货物均遭受到 1/2 的短少，损失都是 50 万元。但由于甲足额保价，乙不足额保价，根据"最高不超过保价额"的原则，甲最高可以得到 50 万元的赔偿，乙最高只能得到 25 万元的赔偿。

10.3 运输纠纷及其处理

10.3.1 运输纠纷的类型

运输合同的当事人可能处于不同的国家、地区，由于政治、经济、法律等因素的差异,加上运输活动本身不确定因素比较多,所以当事各方常常会产生这样或那样的争议,争议的类型主要有以下几种。

1)货物灭失纠纷

造成货物灭失的原因很多,例如:因承运人的运输工具如船舶沉没、触礁,飞机失事,车辆发生交通事故等;因政府法令禁运和没收、战争行为、盗窃等;因承运人的过失,如绑扎不牢导致货物落海等。货物灭失有实际灭失和视为灭失两种情况。比如,在公路运输中,双方规定交货时间届满 30 天后,或无规定交货时间应从承运人接管货物 60 天后仍未将货物交给收货人,视为货物灭失。

2)货损、货差纠纷

货损包括货物破损、水湿、汗湿、污染、锈蚀、腐烂变质、混票和虫蛀鼠咬等,货差即货物数量的短缺。货损、货差可能是由于托运方自身的过失造成,如货物本身标志不清、包装不良,货物自身的性质和货物在交付承运人之前的质量、数量与运输凭证不符等;也可能是由于承运人的过失造成,如装载不当、装卸操作不当,未按要求控制货物运输过程中的温度,载货舱室不符合载货要求等。

3)货物延迟交付纠纷

因承运货物的交通工具发生事故,或因承运人在接受托运时未考虑到本班次的载货能力而必须延误到下一班期才能发运,或在货物中转时因承运人的过失使货物在中转地滞留,或因承运人为自身的利益绕航而导致货物晚到卸货地。

4)单证纠纷

承运人应托运人的要求倒签、预借提单,从而影响收货人的利益,收货人在得知后向承运人提出索赔,继而承运人又与托运人之间发生纠纷;或因承运人或其代理在单证签发时的失误引起承托双方的纠纷等。

5)运费、租金等纠纷

因承租人或货方的过失或故意,未能及时、全额交付运费或租金;因双方在履行合同过程中对其他费用如滞期费、装卸费等发生纠纷等。

6)运输工具损害纠纷

因托运人的过失,对船舶、集装箱、汽车、火车及航空器等运输工具或设备造成损害而引起的纠纷。

10.3.2 运输责任的划分

要使运输纠纷得到合理的解决,首先必须明确托运人、承运人、收货人各自的权利、义务和责任。根据《中华人民共和国合同法》规定,运输合同当事人具有以下权利、义务或责任,分别见表10.5、表10.6、表10.7。

当然在不同的运输方式中,这三方当事人的具体权利、义务与责任会有所差异,这是由各种运输方式的特点所决定的。比如,在海洋运输中,托运人有承担共同海损的义务,而其他运输方式中则没有这一义务。

表10.5 托运人的权利义务和责任

基本权利	① 要求承运人按照合同规定的时间将货物送到目的地; ② 在承运人将货物交付收货人之前,托运人可以要求承运人中止运输、返还货物、变更到达地或者将货物交给其他收货人。
基本义务	①如实申报的义务; ② 货物运输需要办理审批、检验等手续的,托运人应当将办理完有关手续的文件提交承运人; ③ 交付运杂费的义务; ④ 应当按照约定的方式包装货物; ⑤ 托运危险物品的,应当按照有关规定对危险物品妥善包装,作出危险物标志和标签,并将有关危险物品的名称、性质和防范措施的书面材料提交承运人; ⑥ 赔偿因变更、中止运输造成承运人的损失。
基本责任	①因托运人申报不实或者遗漏重要情况,造成承运人损失的,托运人应当承担损害赔偿责任; ② 赔偿因托运人变更或中止运输合同而使承运人受到的损失。

表10.6 承运人的权利义务和责任

基本权利	① 收取运杂费; ② 在规定期限内对货物负责保管并有权收取保管费用; ③ 托运人违反货物包装规定的,承运人可以拒绝运输; ④ 托运人违反有关危险货物运输规定的,承运人可以拒绝运输,也可以采取相应措施以避免损失的发生(因此产生的费用由托运人承担); ⑤托运人或者收货人不支付运费、保管费以及其他运输费用的,承运人对相应的运输货物享有留置权(但当事人另有约定的除外); ⑥ 收货人不明或者收货人无正当理由拒绝受领货物的,依照规定,承运人可以提存货物。

续表

基本义务	① 在约定期间或者合理期间内将货物安全运输到约定地点； ② 货物到达后,在规定的期限内负责保管； ③ 货物运输到达后,承运人知道收货人的,应当及时通知收货人。
基本责任	承运人对运输过程中货物的毁损、灭失承担损害赔偿责任。(但承运人证明货物的毁损、灭失是因不可抗力、货物本身的自然性质或者合理损耗以及托运人、收货人的过错造成的,不承担损害赔偿责任。)

表 10.7 收货人的权利义务和责任

基本权利	在约定地点以凭证领取货物的权利；
基本义务	按时提取货物,缴清应付费用；
基本责任	逾期提货的,应当向承运人支付保管费等费用。

10.3.3 解决纠纷的途径

目前,我国解决运输纠纷一般有 4 种途径:当事人自行协商解决、调解、仲裁和诉讼。

运输纠纷发生后,多数情况下,纠纷双方会考虑到多年或良好的合作关系和商业因素,互相理解,争取友好协商解决。这样既有助于纠纷双方积极、迅速地解决问题,还能为以后的继续合作铺平道路。

但如果纠纷双方产生的分歧较大,无法友好协商解决,这时双方可以寻求信赖的行业协会或组织进行调解。在第三方的介入下,双方可以充分地提供纠纷的证据,表述自己的意见,第三方往往能公平、公正地对纠纷双方进行调解,并最终达成纠纷双方都能接受的协议。这种方法有助于快速解决纠纷,有助于纠纷双方继续发展商业合作关系。

如果纠纷经过双方协商,甚至在行业协会或其他组织介入调解后仍然无法解决的,就只能寻求司法或准司法的途径解决了,即仲裁或诉讼。

1)仲裁

仲裁是指纠纷双方在纠纷发生前或纠纷发生后达成协议,自愿将纠纷提交仲裁机构作出裁决的一种解决纠纷的方法。

仲裁机构主要有两种:临时仲裁机构和长设仲裁机构。临时仲裁机构是专为解决某一纠纷而成立的,在审理裁决完该纠纷后,该机构即告解散。长设仲裁机构则有固定的地址和组织机构,制定有仲裁程序规则,是国际商事纠纷最常用的解决场所。

仲裁程序一般有:仲裁的申请、答辩与反诉;仲裁员的选任;仲裁庭的审理、取证和临时保全措施;裁决及仲裁程序的终止等。

小知识

中国海事仲裁委员会物流争议解决中心于2004年2月1日正式设立。经中国国际商会批准,中国海事仲裁委员会有权受理海运,陆运(公路、铁路),空运,多式联运,集装箱的运输、拼箱、拆箱,快递,仓储,加工,配送,仓储分拨,代理,物流信息管理,运输,搬运,装卸,工具,仓储设施的建造、买卖和租赁,物流方案设计与咨询,与物流企业和物流有关的保险,与物流服务有关的侵权,以及其他与物流有关的争议。

纠纷双方在纠纷发生后一致同意寻求仲裁,或在订立运输合同时已选择仲裁作为解决争议的方法时,就可以向仲裁机构申请仲裁。申请仲裁时一般需要提交仲裁协议。仲裁协议是双方当事人对他们之间将来可能发生或已经发生的争议交付仲裁解决的一种书面协议。仲裁协议是仲裁机构受理争议的依据,法院指定或法律另有强制性规定的除外。仲裁协议约束双方当事人只能以仲裁方式解决其争议,不得向法院起诉。

仲裁申请人向约定的仲裁机构提出仲裁申请,按仲裁规则指定一名或多名仲裁员,被申请人也相应的指定一名或多名仲裁员,最后双方共同指定或由仲裁委员会主任指定一名首席仲裁员,以此组成仲裁庭。仲裁员通常是与该行为有关的商业人士或专业人士。

仲裁审理是仲裁庭对案情所作的审查和核实活动的总称。仲裁审理的范围应仅限于仲裁协议中约定的事项。仲裁审理的方式有口头审理和书面审理。口头审理又称听证,即仲裁员和当事人在规定的时间集中于规定的场所,由仲裁员作口头查问,当事人作口头陈述。书面审理方式下,当事人不需要共同出庭陈述,仲裁员只根据当事人提交的书面材料进行审理。书面审理方式极大地方便了当事人,国际商事仲裁大多以书面审理方式进行。当事人也可以对仲裁审理程序加以约定。仲裁审理一般不公开开庭。

仲裁庭根据仲裁规则对该纠纷作出的裁决对双方都具有约束力,仲裁裁决是终局裁决。《民事诉讼法》规定:"经中华人民共和国涉外仲裁机构裁决的,当事人不得向人民法院起诉。一方当事人不履行仲裁裁决的,对方当事人可以向被申请人住所地或者财产所在地的中级人民法院申请执行。"

仲裁充分尊重了当事人的意愿,审理公正、快速,仲裁费用也比诉讼节省。目前,我国调整仲裁的法律主要有 1994 年颁布的《中华人民共和国仲裁法》,关于仲裁裁决在国外执行的公约是《承认与执行外国仲裁裁决的公约》,我国于 1986 年12 月 2 日加入该公约。

2)诉讼

《中华人民共和国民事诉讼法》第 28 条至第 34 条,对因运输合同提起的诉讼作出了管辖权的规定,见表 10.8。

表 10.8   运输纠纷管辖权

序号	纠纷类型	管辖法院	管辖性质
1	因铁路、公路、水上、航空运输和联合运输合同纠纷提起的诉讼	由运输始发地、目的地或者被告住所地人民法院管辖	地域管辖
2	因铁路、公路、水上和航空事故请求损害赔偿提起的诉讼	由事故发生地或者车辆、船舶最先到达地、航空器最先降落地或者被告住所地人民法院管辖	地域管辖
3	因船舶碰撞或者其他海事损害事故请求损害赔偿提起的诉讼	由碰撞发生地、碰撞船舶最先到达地、加害船舶被扣留地或者被告住所地人民法院管辖	地域管辖
4	因海难救助费用提起的诉讼	由救助地或者被救助船舶最先到达地人民法院管辖。	地域管辖
5	因共同海损提起的诉讼	由船舶最先到达地、共同海损理算地或者航程终止地的人民法院管辖	地域管辖
6	因港口作业中发生纠纷提起的诉讼	由港口所在地人民法院管辖	专属管辖

运输纠纷的诉讼适用我国《民事诉讼法》的规定,分为第一审程序、第二审程序、审判监督程序、执行程序。第一审程序又包括起诉和受理、调查和调解,开庭审理等阶段。涉外的运输纠纷在诉讼时遇到的各种事实和法律问题,比国内案件要

复杂。

诉讼时效是指权利人不行使自己的权利,依法律规定其胜诉权即归于消灭的时效制度。即当权利人知道自己的权利被侵犯后,必须在法律规定的诉讼时效内向人民法院的提出请求,保护其合法权益。索赔时效与诉讼时效是两个不同的概念。受损方向责任方提出赔偿要求,称为索赔;而诉讼时效则是指向法院提出诉讼的日期。超出诉讼时效,法院一般不再受理。例如《铁路货物运输合同实施细则》第 22 条规定"承运人同托运人或收货人相互间要求赔偿或退补费用的时效期限为 180 日(要求铁路支付运到期限违约金为 60 日)";《中华人民共和国海商法》第 257 条"就海上货物运输向承运人要求赔偿的请求权,时效期间为一年,自承运人交付或者应当交付货物之日起计算"。这些都是关于索赔时效的规定;而《民法通则》第 135 条"向人民法院请求保护民事权利的诉讼时效期间为两年,法律另有规定的除外",则是关于诉讼时效的规定。

一般来说,诉讼方式与仲裁方式相比,诉讼的程序更严格,所需时间更长,所需费用更高。

【做一做】

一、阅读资料

铁路货物保价运输

某年 2 月 23 日,北京铁路运输法院对一起运输合同纠纷案作出判决。原告由于虚报保价金额,致使自己无法得到法律的完整保护。

去年 9 月 11 日,托运人李某从哈尔滨向北京市某贸易公司发运普通人造板材,600 箱,货物价值 30 万元。为了少缴纳保价费,托运人在铁路货物运单"货物价格"栏只填写了 6 万元。该车到达北京某火车站卸车。卸车后清点实卸人造板材 400 箱,比票面记载短少 200 箱,价值 10 万元。为此,北京市某贸易公司以北京某火车站为被告向法院起诉,要求被告北京某火车站赔偿经济损失 10 万元。

被告火车站辩称,不足额保价责任在托运人,托运人要承担由此而产生的法律后果。铁道部发布施行的《铁路货物保价运输办法》第 10 条规定:"保价运输的货物发生损失时的赔偿额,按照实际损失赔偿。全批货物损失时,最高不超过保价金额;一部分损失时,则按损失货物占全批货物的比例乘以保价金额赔偿。"该批货物托运人只保价 6 万元,按上述规定,赔偿额只能按比例计算:6 万元 ×(200 箱/600 箱)=2 万元。

法院经审理认为,被告在履行运输合同过程中,因货场被盗而丢失原告货物,承运人应对货物短少承担赔偿责任。但由于该批货物为保价运输的货物,如实声明货物的真实价格是托运人的义务,而原告在办理运输时,未按照货物的实际价值办理保价运输,托运人未尽此义务就应承担相应的责任。按照《铁路货物保价运输办法》第 10 条规定,承运人应在保价额内承担赔偿责任,其损失中超过保价额的部分应自行负担。最终,法院判决被告北京某火车站赔偿原告李某经济损失 2 万元。

相关链接:铁路的限额赔偿为世界各国通例。因为铁路运输的特点是低成本、低利润、高风险。它的运费基本上是按重量计算的,有些物品自身价值很高,但收取的运费很低,一旦发生货损,如按实际损失赔偿,铁路承受的损失将会过大。各国为保证其铁路运输的发展,便普遍采取限额赔偿的方法。但是限额赔偿又难以满足托运人对货物损失的赔偿要求,为保证铁路与托运人及收货人权益的对等,于是针对限额赔偿作出了保价运输的规定,从法律上为托运人的合法权益提供保障。

通过本案例,法官提醒托运人,通过铁路托运货物办理保价运输时,应如实声明货物的真实价格,按照货物的实际价值办理保价运输,否则保价运输的货物发生损失时托运人可能得不到全部赔偿。

阅读思考:

1.本案例中,托运人按 6 万元保价,应缴纳多少保价费?(普通人造板材按 2‰的保价费率)

2.如果按真实价值 30 万元保价,应缴纳多少保价费?在本案中能获得多少赔偿?

3.如果货损是由于托运人包装不当造成的,货主还能不能按保价获得足额赔偿?

4.如果货损是由于铁路运输企业的故意行为或重大过失造成的,货主能获得多少赔偿?

二、实训活动

◎内容

物流运输纠纷调查

◎目的

了解物流运输纠纷产生的原因和纠纷的类型,了解纠纷解决的途径和程序。

◎人员

①实训指导:任课老师;

②实训编组:学生按 3～5 人分成若干组。

◎时间

3 ~ 5 天

◎步骤

①由教师推荐网站,并按纠纷类型对学生进行分组。

②组织学生上网,按教师的分组要求,有针对性地学习物流运输纠纷的案例。

③对典型案例分角色、分组讨论。

④写出学习报告。

◎要求

在学习过程中,有针对性地学习物流运输纠纷的案例,并着重对典型案例进行分析,同组同学共同对典型案例进行讨论,以便更好地掌握解决纠纷的途径,更清楚地理解相关运输三方当事人的权利义务与责任,更准确地把握法律规定。

认识

作为物流企业员工,能够知道物流运输纠纷的解决途径和程序,可以使我们在日常工作中更清楚地明白当事人的权利义务与责任,遇到纠纷临危不乱,更好更快地解决纠纷,这对于开展物流运输工作是大有益处的。

【任务回顾】

通过对本章的学习,使我们初步掌握了货物运输保险的责任范围、险别和办理程序;掌握了铁路保价运输的意义和办理方法,以及遇到货损货差时如何获取赔偿;掌握了物流运输纠纷的解决途径和程序,这对于我们更有效地开展物流运输活动是非常必要的。

【名词速查】

1. 运输保险

运输保险是指在运输生产过程中,由于意外事故、自然灾害而给承运的货物、旅客、乘务人员、第三人造成的损失给予补偿的各种保险的总称,包括货物运输保险、运输工具保险、第三者责任险、旅客人身意外伤害保险等。

2. 保价运输

保价运输是指托运人在托运货物时声明其货物价格并向承运人支付保价费用,由承运人在货物损失时按声明价格赔偿的一种货物运输。

3.仲裁

仲裁是指纠纷双方在纠纷发生前或纠纷发生后达成协议,自愿将纠纷提交仲裁机构作出裁决的一种解决纠纷的方法。

【任务检测】

一、单选题

1.张某按货物价值10万元足额投保了铁路货物运输保险。假设发生了保险责任范围内的货损,实际损失3万元。则张某能从保险公司获得_____保险赔偿。

    A.1.8万元   B.3万元   C.5万元   D.10万元

2.张某未按货物价值10万元,而是按6万元不足额投保了铁路货物运输保险。假设发生了保险责任范围内的货损,实际损失3万元。则张某能从保险公司获得_____保险赔偿。

    A.1.8万元   B.3万元   C.5万元   D.10万元

3.海洋货物运输保险的险别中,哪种险别的责任范围最大_____。

    A.平安险   B.水渍险   C.一切险   D.串味险

4.李某办理了铁路保价运输,50吨散装货物,保价金额为5万元(不足额保价),缴纳了500元的保价费。运输过程中,由于承运人的重大过失,造成了6万元的货物损失,请问李某应得到_____的赔偿。

    A.500元   B.5000元   C.5万元   D.6万元

5.李某办理了铁路货物运输,50吨散装货物,价值6万元,既未保险也未保价。运输过程中,由于承运人一般过失,造成了20吨货物的损失,请问李某应得到( )的赔偿。

    A.2000元   B.5000元   C.3万元   D.6万元

二、多选题

1.海上货物运输保险中,基本险包括以下哪些项( )。

    A.平安险   B.水渍险   C.一切险

    D.战争险   E.罢工险

2.海上货物运输保险中,平安险的责任范围包括以下哪些项( )。

    A.因恶劣气候造成的货物部分损失

    B.因船舶搁浅造成的货物部分损失

    C.因海啸造成的货物全损

　　D. 因市价跌落引起的损失

　　E. 由于淡水造成的货物损失

3. 根据《合同法》,托运人的基本义务有哪些( )。

　　A. 如实申报货物运输的情况

　　B. 按照约定或规定的方式包装货物

　　C. 在目的地及时提取货物

　　D. 在目的地负责保管货物

　　E. 交付运杂费

三、判断题

1. 货物运输保险的责任期限往往为一个固定的期限,如1年。 ( )

2. 凡在国内经铁路运输的货物均可为铁路货物运输保险之标的,但蔬菜、水果、活牲畜、禽鱼类和其他动物不在保险标的范围内。 ( )

3. 李某办理了铁路保价运输,保价金额为5万元,则无论发生什么样的货损,他总能得到5万元的赔偿。 ( )

4. 仲裁审理和诉讼审理一样,必须采取口头审理的方式。 ( )

5. 仲裁裁决是终局裁决,当事人不履行仲裁裁决的,对方当事人可以向相应法院申请执行。 ( )

四、思考题

1. 什么是共同海损?

2. 什么是保价运输?

3. 什么是仲裁协议?仲裁协议有什么作用?

参考答案

一、单项选择题

1. B 2. A 3. C 4. D 5. A

二、多项选择题

1. ABC 2. BC 3. ABE

三、判断题

1. × 2. √ 3. × 4. × 5. √

四、思考题

1. 什么是共同海损?

共同海损是指在同一海上航程中,船舶、货物和其他财产遭遇共同危险,为了共同安全,有意地合理地采取措施所直接造成的特殊牺牲、支出的特殊费用。

2. 什么是保价运输?

保价运输是指托运人在托运货物时声明其货物价格并向承运人支付保价费用,由承运人在货物损失时按声明价格赔偿的一种货物运输。

3. 什么是仲裁协议? 仲裁协议有什么作用?

仲裁协议是双方当事人对他们之间将来可能发生或已经发生的争议交付仲裁解决的一种书面协议。

仲裁协议是仲裁机构受理争议的依据,法院指定或法律另有强制性规定的除外。仲裁协议约束双方当事人只能以仲裁方式解决其争议,不得向法院起诉。

参考文献

[1] 牛鱼龙.货运物流实用手册:上册[M].北京:人民交通出版社,2005.

[2] 劳动和社会保障部,中国就业培训技术指导中心组织编写.物流员[M].北京:中国劳动社会保障出版社,2004.

[3] 曲昭仲.物流运输管理与实务[M].北京:机械工业出版社,2005.

[4] 刘作义,郎茂祥.运输商务[M].北京:中国铁道出版社,2003.

[5] 戴实.铁路货运组织[M].北京:中国铁道出版社,2008.

[6] 杨家其.现代物流与运输[M].北京:人民交通出版社,2003.

[7] 刘志学.现代物流手册[M].北京:中国物资出版社,2001.

[8] 杜文.物流运输与配送管理[M].北京:机械工业出版社,2006.

[9] 吴玉贤,高和岩.物流运输管理与实务[M].北京:北京大学出版社,2007.

[10] 陈岩.国际贸易理论与实务[M].北京:清华大学出版社,2007.

[11] 王庆功.物流运输实务[M].北京:中国铁道出版社,2004.

[12] 武德春,武骁.集装箱运输实务[M].北京:机械工业出版社,2004.

[13] 杨志刚.国际集装箱多式联运实务与法规[M].北京:人民交通出版社,2001.

[14] 夏洪山.现代航空运输管理[M].北京:人民交通出版社,2000.

[15] 罗松涛.新编物流运输与实务[M].北京:清华大学出版社,2007.

[16] 于桂芳.物流运输组织管理与实务[M].北京:清华大学出版社,2007.

[17] 徐家骅,沈珺.物流运输管理实务[M].北京.北方交通大学出版社,2006.

[18] 朱隆亮,万耀明.物流运输组织与管理[M].北京:机械工业出版社,2004.

[19] 朱新民.物流运输管理[M].大连:东北财经大学出版社,2004.

［20］缪六莹,王进.运输管理实务［M］.北京:电子工业出版社,2004.

［21］刘锋.物流运筹学［M］.上海:上海交通大学出版社,2005.

［22］沈家华.现代物流运筹学［M］.北京:电子工业出版社,2004.

［23］中国物流网 http://www.china-logisticsnet.com.

［24］四川现代物流信息网 http://www.scxd56.net.

［25］中华人民共和国铁道部 http://www.china-mor.gov.cn/.

［26］人民铁道网 http://www.rmtd.com.cn/.

教师信息反馈表

为了更好地为教师服务,提高教学质量,我社将为您的教学提供电子和网络支持。请您填好以下表格并经系主任签字盖章后寄回,我社将免费向您提供相关的电子教案、网络交流平台或网络化课程资源。

书名:		版次	
书号:			
所需要的教学资料:			
您的姓名:			
您所在的校(院)、系:	校(院)		系
您所讲授的课程名称:			
学生人数:	___人 ___年级	学时:	
您的联系地址:			
邮政编码:	联系电话		(家)
			(手机)
E-mail:(必填)			
您对本书的建议:		系主任签字 盖章	

请寄:**重庆市沙坪坝正街 174 号重庆大学(A 区)**
　　　重庆大学出版社教材推广部
　　　邮编:400030
　　　电话:023-65112084
　　　　　 023-65112085
　　　网址:http://www.cqup.com.cn
　　　E-mail:fxk@cqup.com.cn